Omnes operarii iniquitatis conturbati sunt: et directa est salus in manu Ejus. --- et in sæculum memoria ejus in benedictione. 1. Mach. 3. v. 6. 7.

Das

Jubilierende Marchtall,

oder

Lebensgeschichte

des

Hochseligen Konrad Kneers

weiland dreyzehnten Abtens des besagten unmittelbaren freyen Reichsstifts, des heiligen exempten Ordens von Prämonstrat an der Donau in Schwaben.

Nebst Vortrab von dessen Stiftung, und Nachtrab dessen Vorstehern binnen sechshundert Jahren, aus sichern Urkunden niedergeschrieben

von

P. Sebastian Sailern

bemeldten Reichsstifts Kapitularen, und Pfarrverwesern zu Dietrichskirchen.

— — — — prima repetens ab origine pergam,
Et vacet Annales nostrorum audire laborum.

Æn. I.

Mit Geneigtheit der Obern.

Auf Kosten des Reichsstifts Marchtall. 1771.

Consilium hinc et Virtus.

Dem

Hochwürdigen

des heiligen Römischen Reichs

Prälaten und Herrn

Ignatius

Herr der Herrschaften

Obermarchtall, Uttenweiler und Bremelau ꝛc. ꝛc.

des unmittelbaren,

freyen Reichsstifts Obermarchtall

an der Donau in Schwaben

des heiligen exempten kanonischen Ordens

von Prämonstrat

würdigsten

Prälaten und Herrn,

Unserm gnädigen Herrn.

Hochwürdiger Reichs-Prälat!

gnädiger Herr, Herr!

Niemand in der Welt wird uns verargen, wenn wir diese wenige Blätter, wie es würklich geschieht, in die Hände Euer Hochwürden, und Gnaden zum Zeugnisse unserer kindlichsten Ergebenheit, unserer ungefärbten Gesinnung, und unserer wahrhaften Liebe überreichen. Wir fühlen hierinn solche Triebe, welche uns gebiethen, und solche Reizungen, deren süßen Zwang wir dergestalten empfinden, daß wir uns einer derben Verletzung der kindlichen Pflichten schuldig zu seyn gläubten, so wir jemand anders dieses Werkgen weyhen sollten.

Sie sind es allein, Hochwürdiger Gnädiger! bey Dero Füssen wir diese eingeschränkte, und kurz verfaßte Zeitanekdoten unsers Marchtallischen Reichsstifts zum Opfer unserer unterthänigen Zugethanheit hinlegen, und von der besten Zufriedenheit unserer Herzen eine kleine, doch fröliche Aeusserung machen. Trost, und Lust sind in in unserer Brust so lebhaft, daß sie von selbst ausbrechen; und ist unter uns der Jubel so allgemein, als der Sonnenschein des heutigen Tages, welcher so **Euer Hochwürden und Gnaden**, als uns die erfreulichsten Umstände aus den Morgenstunden mit sich bracht. Er, dieser Tag, ist der ergötzende Beschluß jener sechshundert Jahren, Zeit deren Marchtall unser Reichsstift für Gott, für Kirche, und Religion auf Erde steht; und wir hoffen, daß er auch der Anfang mehrer andern, wenn die Welt von ihrem äußersten Brand noch ferne ist, seyn werde.

Wir entdecken an der Stirne **Euer Hochwürden und Gnaden** eine Heiterkeit, von welcher auch die unsern, wie die Geschöpfe von der Aurore ihr Licht, also ihre helle Züge entlehnen. Die Herzensfreude diese glückliche Mayal-Kalenden erlebt zu haben würket in Hochdenselben ungemeine Dinge; der große Geist Euer

Hoch-

Hochwürden und Gnaden lebt in ausserordentlichen Regungen auf; und wir nehmen an beyden die billigsten Theile unsern Gemüthern die vergnügendsten Unterhaltungen zu gönnen. Der muntere Vater geduldet in den Söhnen keinen Schlummer. Sie folgen dessen Beyspielen, halten sich nach dessen Rührungen fertig, belustigen sich mit dessen ergötzter Seele, und machen sich bey so erquickenden Gegenständen in allen Stücken gleichförmig, wie die Vögel um die bey Sonnen Aufgang singende Statue des Memnons ebenfalls fröhlich zwitzerten.

Es ist uns aber wohl bewußt, daß **Euer Hochwürden und Gnaden** auf Abhaltung des würklich geschloßnen sechsten Jahrhundert nicht auf Pracht, nicht auf kostbare Parasceven, oder Vorrüstungen, nicht auf jauchzende Getöse dachten. Nur die dem allerhöchsten Erhalter unsers Stiftes abzuzinsende Dankbarkeit, nur die tiefeste Anbettung dessen großer, zu unserm Besten immer

mer schaltenden Vorsehung, nur Opfer und Andacht ordneten die frommen Absichten **Hochderoselben**, auf daß der Himmel allein das Hauptsächliche **Dero** Bestrebungen für sich bestimmt sähe. Sie, **Hochwürdiger Gnädiger!** wollen der über die jubilierenden Klöster sich immer feindlich aufhaltenden Welt allen Stoff abgeneigter Muthmaasungen vereiteln, als wollte Marchtall in Uebertriebenheiten, in überflüßigen Geprängen, in schallenden Feyerlichkeiten sich großmachend, und schnaubend brüsten. Nein! so dachten **Hochdieselbe** niemahls. Die leidigen von Theurung, Mangel, und Nothe bemerkten Zeiten, in welchen wir schmachten, misriethen **Euer Hochwürden und Gnaden** allen, obschon auf derley wahre Freudentäge angemessensten Aufwand, der nach einer unsere elendsvolle Tage pochende Uebermaase röch; und, wenn schon die Römer die Kalenden des Maymondes feyernd ihren Hausgötzen, oder Laren, zur Ehre die

Esel

Esel mit Brod-Laiben umhängten, wie Cälius der Rhodiginer schrieb, so wollten **Hochdieselbe** lieber dem armen Unterthan die Nahrung, als ihrem Stift Ueberflüße bestimmen.

Schon recht gethan! Gott war der erste, und einzige Zweck **Dero** vernünftigsten Maaßregeln; und suchten **Euer Hochwürden und Gnaden** weiter nichts, als unsere Nachkömmlinge in kleiner oder weiten Ferne zu belehren, wie ein Ordenshause dem gütigsten Himmel für seine so oft erschütterte Dauer jederzeit, besonders nach einem jeden verlaufenen Raum von hundert Jahren, zu danken habe. Ja, **Euer Hochwürden und Gnaden** danken mit Himmelan geschickten Seufzern, und wir alle mit **Hochdenselben**. Da werden sich keine Mißgönner zu einer boshaften Splitterrichtung aufwerfen, da werden diese schlimme Beobachter klösterlicher Feyerlichkeiten ihre Krise in der Ohnmacht liegen

gen lassen; und da wird die Welt ihre Hohnkrame einpacken, weil sie nur den hübschen Wohlstand sieht, wenn ihre Blicke noch ein christliches Augenglas vor sich haben.

Freylich würde Edmund Dero glorreichster Vorfahrer den heutigen Tag mit dem andern Primizopfer, als ein fünfzig jähriger Priester, verherrlichet haben, wenn ihn Gott nicht in das ewige Jubeljahr berufen hätte. So gut dieser rechtschaffene Prälat sich dem Willen des Herrn unterwarf, so sehnte er doch mit nicht selten gemachten Wünschen nach diesem Jubeltage. (a) Doch er starb, und ließ **Euer Hochwürden und Gnaden** Freude und Ehre ganz gerne zum safftigsten Genuße. Sonder Zweifel wird er mit den erblichenen Stiftsgenoßen von den heiligen Höhen auf Marchtall heute sich sehr erfreuend herab sehen; (b) und wird dieser Tag auch unsern Nachfolgern eine erfreuliche Epoche anziffern.

Lassen

(a) Exultavit, ut videret diem. *Joan.* 8.

(b) Vidit, & gavisus est. *Ibidem.*

Weyhungsschrift.

Lassen wir dann die Römer ihre Zeitrechnung von der Erbauung ihrer Stadt, die Griechen von ihren Olympiaden, die Atticker von ihren Dyonisien, und so gar die Musulmänner von ihrer Hegire, oder Flucht Muhamets, verfertigen. Marchtalls Aere ist uns heute von sechshundert Jahren, binnen welchen es von Anbeginn unserer Prämonstratenser Stiftung auf seinen Schrofen ruht, unter der beglückten Regierung **Euer Hochwürden und Gnaden** angezeichnet; und **Hochdieselben** öffnen wirklich, als ein gesegneter Janus, mit dem Schlüssel **Dero** Gottesfurcht das siebenhunderte zu unserer allgemeinen Vertröstung. Ach! der Herr der Zeiten, der Ausspender der Lebensjahren setze **Euer Hochwürden und Gnaden** so viele Tage ihrem kostbaren Leben zu, als sie verdienen, so wird **Dero** Wappen-Lilie in einen großen Raum des folgenden siebenden Jahrhunderts hinein zu blühen haben. Diese Wünsche sind das Ende unsrer Weyhungszeilen; und wir wünschen uns selbsten die Ehre noch länger unter Dero mildesten und väterlichen Regierung zu athmen, die wir mit vollkommenster Ergebung geharren

Euer Hochwürden und Gnaden

Marchtall,
den ersten des Maymondes
1771.

Unterthänig = gehorsamste Söhne.

	Gebohren.
Pater Paul Schmied, Prior, von Munderkingen.	1729.
Pater Modest Moye, von Augsburg, Subprior, und Stifts=kirche Prediger.	1711.
Pater Franz Sales Benz, von Katholfszell, ältester Profeß.	1706.
Pater Rochus Raff, von Hayngen, pfarrlicher erster Mithelfer in Munderkingen.	1706.
Pater Tiberius Buecher, von Heiligkreuzthal, Statthalter zu Amaren.	1711.

Pater

	Gebohren.
Pater Gerlach Schleiffer, von Edelschrott aus Steuermark, Stadtpfarr zu Munderkingen.	1704.
Pater Sebastian Sailer, von Weissenhorn, Pfarr zu Dieterskirchen.	1714.
Pater Damian Merz, von Türkheim, Statthalter zu Uttenweiler.	1711.
Pater Dionys Walter, von Pfullendorf, monatlicher Convents- und der Stiftskirche Prediger.	1712.
Pater Joseph Mayr, von Munderkingen, Pfarr zu Unterwachingen.	1719.
Pater Anton Wiest, von Scheer, Convents-Kellermeister, und Stiftskirche Prediger.	1719.
Pater Andreas Eichele, von Biberach, Bibliothecar.	1721.
Pater Pelag Mallenbrey, von Andelfingen, Pfarr zu Reutlingendorf und Küchemeister.	1717.
Pater Gilbert Baur, von Mößkirch, Pfarr zu Seekirch.	1724.
Pater Nikolaus Blank, von Uttenweiler, Kastenmeister.	1724.
Pater Ulrich Haffner, von Sigmaringen, Pfarr zu Kirchbierlingen.	1725.
Pater Michael Trautwein, von Asch, Pfarr zu Marchtall.	1727.
Pater Hermann Joseph Müller, von Biberach, Archivar.	1731.
Pater Norbert Kibler, von Steinach, Groskeller.	1729.
Pater Martin Fischer, von Türkheim, geheimer Archivschreiber.	1728.
Pater Konrad Müller, von Riedlings Pfarr zu Hausen, Annalist und Obersänger.	1731.
Pater Philipp Knoll, von Osterhofen, pfarrlicher Mithelfer zu Seekirch.	1729.
Pater Matthäus Binder, von Ochsenhausen, pfarrlicher Mithelfer zu Reutlingendorf nnd Concertmeister.	1731.
Pater Johann Nepomuck Scherrich, von Biberach, Pfarr zu Saulgart.	1734.
Pater Johann Evangelist Baumgartner, von Neuburg aus der Pfalz, pfarrlicher Mithelfer zu Munderkingen.	1732.
Pater Benedict Plab, von Thannstein aus Bayern, pfarrlicher Mithelfer zu Hausen, und Oberküster.	1733.

	Gebohren.
Pater Bruno Sonntag, von Scheer, Circator und Lehrer der Gottesgelahrtheit.	1733.
Pater Augustin Pell, von Donauwerth, pfarrlicher Mithelfer zu Kirchbierlingen.	1736.
Pater Dominicus Mumblter, von Karneid aus Tyrol, geistlicher Redner bey der studierenden Jugend.	1738.
Pater Lorenz Bayer, von Steinheim, Lehrer der Weltweisheit.	1738.
Pater Georg Hermann, von Villingen, erster Lehrer der untern Schulen.	1742.
Pater Moriz Bukh, von Hizkofen, anderer Lehrer der untern Schulen.	1745.
Pater Thomas Röhrenbach, von Marchtall, der Gottesgelehrtheit Beflißener.	1745.
Pater Bernard Kempter, von Anhausen, der Gottesgelehrtheit Beflißener.	1746.
Pater Franz Xaver Müller, von Fischbach, der Gottesgelehrtheit Beflißener.	1746.
Pater Siard Speth, von Ichenhausen, Untersänger und Musikmeister der Stiftskirche, der Gottesgelehrtheit Beflißner.	1740.
Kanonische Fratres, oder Klosterjünglinge.	
Frater Johann Baptist Crais, von Neuburg an der Cammel, der Gottesgelehrtheit Beflißener.	1749.
Frater Edmund Brauchle, von Legau, der Weltweisheit Beflißener.	1751.
Frater Ursaz Schindelmann, von Wilflingen, der Weltweisheit Beflißener.	1751.
Frater Casimir Fischer, von Hundersingen, der Weltweisheit Beflißener.	1753.
Layenbrüder.	
Bruder Ewald Schelkle, von Marchtall, Buchbinder.	1708.
Bruder Aloys Leuthenmayer, von Dillingen, Portner.	1719.
Bruder Franz Munding, von Marchtall, Unterküster.	1729.

Etwas

Etwas kurzes an den werthesten Leser.

Wir erinnern dich erstens Werthester! daß wir durch diese Blätter uns dem oberherrlichen Urtheile der heiligen Römischen Kirche keineswegs entziehen wollen. Alles, was wir hierinn von Tugenden, von Erscheinungen, von wunderbaren Begebenheiten, und von dem Ruf seliger Pröbsten und Aebten beybrachten, soll der berüchtigten Bulle Urbans des achten Römischen Pabstes gänzlich unterworfen, und allein als glaubwürdige Erzählungen, wie man sie den menschlichen Geschichten zumißt, angesehen seyn.

Zweytens; sollest du unsere Moral in so weit als eine ächte erkennen, wie sie von der wahren Sittenschule flüßt. Verzeye ihr, wenn sie hier und da dir als eine übelangebrachte scheint; und zörne nicht, wenn sie dir die platte Wahrheit sagt, und eben darum zu schätzen ist. Merke die besten Worte des heiligen Hieronymus: **Wer das, was ohne Name wider die Laster geschrieben ist, mit Unmuth und Ungehaltenheit betastet, macht sich selbst zu seinem eigenen Ankläger.** (c)

Drittens

(c) Quando sine nomine contrà vitia scribitur, qui irascitur, accusator est sui. *S. Hier. Ep.* 21. *ad pamach.*

Drittens; lasse den Druckfehlern Barmherzigkeit wiederfahren. Die Menschlichkeit ist dem Irren sehr unterworfen, und ist sie sowol bey den Authorn, als Buchdruckern so gemein, daß sich beyde davon nicht loszählen können. Doch tragen zu Unschicklichkeiten schlechte Schriften, und besonders unachtsame eilfertige Correctoren das meiste bey. Ein mit Menschenliebe begabter Leser hat seine eigene Vernunft zum dollmetschen fremder Schriften; er weißt die Mängel zu bessern, die Fehler zu entschuldigen, und dem Guten zu liebe den Irrungen eine Amnestie zu gönnen. Die Splitterrichter, die unbarmherzigen Tadler hingegen sollen sich selbst in den Finger beissen, mit welchem sie den Bleysteft ihrer lieblosen Schmähseuche haltend die Sphalmaten, oder Druckfehler, als Eiterbeulen der Werken, in das Verzeichniß unheilbarer Krankheiten eintragen. Eben diesen sagt obbenannter Großpfarr zu Bethlehem dreiste in das Gesicht: **Es ist kein Schreiber so unschicklich, daß er nicht einen ihm ganz gleichen Leser finde.** (d) Nämlich; alle Leute sind mangelhaft. Gehabe dich wohl, Werthester! und bleibe Marchtall geneigt.

(d) Nullus tam imperitus scriptor est, qui lectorem non inveniat similem sibi. *S. Hieron. Sup. Is. in proœm.*

Vortrab

Vortrab
von Marchtalls Stiftung.

I.

Deutschland, und dessen beträchtlicher Theil Schwaben, war nicht mehr von den Finsternissen des Heydenthumes überschleyert; und die Donau wirbelte ihre Gewässer nicht mehr durch abgöttische Haine, und von Teufeln bewohnte Thäler fort, da das Evangelium Jesu sich durch Bearbeitung tapferer Sendlingen der heiligsten Lehre in den Gefilden des besagten Stromes sich verbreitete. Nicht mehr jene Barbarn von wilder Gebärdung berüchtiget, von Unmenschlichkeit als Helden angepriesen, und von Räubereyen und Würgungen der Nachbarn bekannt, machten die Bürger Sueviens aus, sondern von dem Christenthume gemildert, unter dem Kreuze des Heilandes versammelt, zeigten sich in den schwäbischen Bezirken Leute, die nicht nur in dem Antlitze, sondern auch in dem Gemüthe beugsamen Menschen glichen. Wir sind nicht gesinnt eine ausgedehnte

Marchtalls Stiftung.

Chronik von Schwaben zu verfertigen. Man kann von dem Alterthume dieser großen Provinz sich bey andern um Berichte umsehen; ob schon selbe mit Ungewißheiten überstreuet, mit unächten Urkunden angefüllet, und mit mehreren Wahrscheinlichkeiten als sichern Zufällen verzeichnet sind. Die Dummheit unserer Väter, von welchen die schönen Künsten so ferne, als die Sonne in dem Zeichen des Steinbockes von den Zimmeriern, war, fertigte sie zur Verzeichnung ihres Herkommens, ihrer Thaten, ihrer Geschlechter nicht aus. Sie waren wie die Thiere mit ihrem einzelnen Leben zu frieden, und sorgten sich weiter nicht, ob man ihrer nach dem Tode gedenken werde. Da sehen wir die Quelle, aus welcher in die Geschichte der Schwaben, wie aller andern Völker, nichts als Unzuverläßigkeiten strömeten, welcher bis auf die Zeiten der Besserdenkenden in der Dunkelheit fortwalleten.

Rom, und Griechenland, wo die Musen, besonders die Klio, deren Fleiße die Dichter der Geschichte der Reiche, der Völker, der Großen zulegte, sich in Flor setzten; Rom, und Griechenland beehrten das Alterthum mit Aufzeichnung der Merkwürdigkeiten sonderlich; obschon auch den Hebräern hierin das gebührende Lob nicht mangelt; wie wir an dem Moses in den göttlichen Blättern ein Augenscheinliches Beyspiel haben; und bleibt diesem großen Heersführer Israels immer unter allen Geschichtschreibern die Vorzüglichkeit des Richtigen und Wahren; weil seine Feder von Gott selbsten geführet war. So fabelhaft es ist, daß Saturn der Erfinder der Geschichtschreiberey gewesen, so unfehlbar ist, was Cicero von guten, und untrüglichen Zeit- Jahre- und Tagebüchern sagt, daß sie die ächten Zeugen des Vergangenen, das Leben des Gedächtnisses, die Sittenschule eines rechtschaffenen Lebens, die Bothschafter der Wahrheit seyn. (a)

Schon

(a) Historia est testis temporum, vita memoriæ, magistra vitæ, nuntia veritatis. Cicer. lib. 2. de orat.

Schon wieder auf unser Schwabenland einzeln zu kommen. Wie bedauernswürdig ist es, daß man von seiner ersten Bevölkerung keine ursprüngliche sichere Nachrichten hat. Es ist von sich selbst unumstößlich, daß in diesem weitschichtigen Landesstriche gleich im Anbeginne große Dinge vorgiengen. Seine Einwohner waren die berühmten Allemannen, deren Streitbarkeit in den Zeitblättern nicht vergessen ist. Die vortrefflichsten und noch bis auf diese Stunde blühenden Herzoglichen, Markgräflichen, Fürstlichen, Gräflichen und Freyherrlichen Häuser, überzeugen mit einem politischen Trotze andere, ob schon der Schwaben spottende Völker, daß Würden, Großmuth, Tapferkeit in diesem Lande niemals gemangelt habe, da auch der kaiserliche Reichsadler auf nicht wenige sich niederließ, wie wir in Friederichen, Henrichen und Konraden sehen; und wenn wir jene große Zahl der berühmtesten Stifter und Gotteshäuser beherzigen, welche der schwäbischen Wappe eingeschaltet sind, so mangelt uns wohl gar nichts die Gottesfurcht des mächtigen und frommen Adels so hell zu erweisen, als wären sie mit den Stralen der Sonne selbst gezeichnet.

II.

Und hätte es doch der Himmel immer so gewollt, daß die Annalen, und Zeittafeln der geistlichen Ordenshäuser, wie sie von ihren heiligen Stiftungsperioden, bis in unsre Zeiten durch so viele Jahrhunderte fortdauerten, in einer ungekränkten Richtigkeit fortgelaufen wären. Hätten doch in allen und jeden Zeiten Männer gelebt, welche mit Vernunft, und Wahrheitsliebe begabt, mit wohlgesezter Zeitrechnung versehen, das Wachsthum und die Abnahme, die Herrschung böser und guter Regenten, die milde Zustiftungen, die Verfolgungen, die Wechselung des Glückes und Unglückes ämsig niedergeschrieben hätten. Wie wohl würde es ihnen wider die Anfälle heutiger Klosterfeinde gereichen; und wie leicht würde man die Feige jenen

Unwahrheitskrämern, als da ein Bruschius, ein Krusius, ein Münster und andere aus den Heterodoxen sind, unter die Nase setzen können, welche mit den dichtenden Musen bey dem Hesiodus zum Bekenntnisse gebracht, und gezwungen seyn würden zu gestehen: daß sie die Lügen unter die Wahrheiten zu setzen, und diese, wenn es ihnen nur beliebte, eben so wohl zu schreiben gewohnt sind. (b) Allein es ist nur gar zu unlaugbar, daß in ältern Zeiten, auch in Gotteshäusern Leute mangelten, welche über alle Zufälle ihrer geistlichen Heimath unempfindlich, die Begierde der Nachkommenschaft miskennend, und die Schätze der in abgetretenen Zeiten spielenden Vorsehung hintan setzend in fruchtlosem Müßiggange hinschlummerten. Lobenswürdige Obern! die aus den ihrigen nur die besten und klügsten wählend, ihnen das wackere Amt, eines Geschichtschreibers übergeben, selbe mit einer thätigen Gewogenheit zur Fortarbeitung aufmuntern, weil der Stoff zu Merkwürdigkeiten in einer geistlichen Gemeinde, wie sie mit innerlichen und äußerlichen Begebenheiten verknüpft ist, niemals mangeln wird. Es sind freylich dergleichen Jahrsschriften in eine geheime Verwahrung zu legen, und wie die Waffen in den Zeughäusern nur zur Noth zu gebrauchen. Eine gar zu verträuliche Offenbarung hat schon oft den Feinden einen nachtheiligen Vorrath ausgeliefert; und bedauren es sehr viele Stifter, daß sie das Bekenntniß ihrer Zeittafeln jenen entweder durch den öffentlichen Druck, oder je eine unbehutsame Einsicht vergönneten, welche davon den boshaftesten Misbrauch machten. Unser Reichsstift Marchtall kann zwar von der Nachläßigkeit der ältern Zeiten auch billige Klägde führen, jedoch lebten gleichwohl in ihm zu geflissenen Jahren einige rechtschaffene Männer, denen es den Ueberbleibsel abgegangener Zufälle wohl zu verdanken hat. Nicht nur seine authentischen Stiftsbriefe, sind in ihren unverfälschten Urschriften noch gegenwärtig, sondern es erfreuet

(b) Scimus falsa quidem narrare fimillima veris;
Scimus item, quoties libitum est, & vera fateri. Hesiod. in Theog.

freuet sich nicht weniger an der ächten Sammlung alles dessen, was ihm von römischen Päpsten, Kaisern, Bischöffen und andern Fürsten zu kam; und es behält die Reihe seiner Regenten in einer ordentlichen Verfassung, davon die meisten kluge, tapfere, wirthschaftende, und gottselige Männer waren, denen Marchtall seine Erhaltung, nach dem Beystande des Himmels, ewig zuerkennen muß. Da finden wir dann heut zu Tage alles, was uns Itztlebende trösten und ergötzen kann; und haben wir bey andern nichts zu suchen, welche in ihren Klösterbeschreibungen theils das Rühmliche in ihren Kielen zurück hielten, theils mit eingemischten Lügen und boshaften Sarcasmen ihren Grollen wider die Ordenshäuser auf das Papier hinschmierten, wie es Bruschius that; theils nur Kleinigkeiten aufzeichneten, und sich bey Brosamen, wie die Hunde unter dem Tische aufhielten, wie Münster in seiner Kosmographie sudelte, welcher von unserm Gotteshause Marchtall nichts anders anmerkte, als die großen Krebse, welche in dasiger Donau gefangen würden. (c) Erstaunliche Merkwürdigkeit! außerordentliche Dinge! oder soll unser Stift von darum berühmt seyn, weil es im Zodiak seiner Wohlfart nur das Krebszeichen sieht? Münster muß von den Krebsen allhier eine gute Schnabelweyde, als ein hungernder Polihistor, gefunden haben, und waren ihm diese hinter sich kriechende Wasserbürger sonder Zweifel geschmacker, als der rühmliche Fortgang unsers Gotteshauses in Wohlfart, und Ordenszucht, (d) von welcher letztern, dem Himmel sey es gedankt! Marchtall sich allezeit brüsten mochte. Es wird uns erlaubt seyn von der Stiftung dessen etwas weniges beyzurücken, ehe wir zur Lebensbeschreibung eines der größten Abten allhier hingehen.

(c) Marchtallum monasterium Præmonstratense, ubi inveniuntur Maximi cancri. Seb. Münster. Cosmograph. Edit. Lat.

(d) CANCROS, nil aliud, laudas MARCVALLIS in ORA,
ORE hic Scriptor eras, atque COMESTOR eras.
PROGRESSUS reticens nostros, monstrasque, RETRORSUM
Cum CANCRO INGENIUM sic abiisse TUUM. In Seb. Münsterum.

III.

Wenn hohe Stifter von Adel und Herrlichkeiten berufen dem Orte ihrer Gutthätigkeit Lob und Ehre, wie die Sonne dem Tage das Licht beybringen, so darf gewiß Marchtall sich vor vielen andern hervor thun, daß es eine Stiftung der größten Fürsten war. Der Name Marchtall ist bis daher noch räthselhaft, einige behaupten, daß er von Mordthal entstund; weil die dortigen Gegenden in der vormaligen wilden Lage, zwischen dicken Gebüschen und Felsen, für Räuber und Mörder die füglichste Gelegenheit war, und dergleichen leidige Fügnissen in unsern Jahrsschriften nicht selten vorkommen; nebst diesem finden wir noch sehr deutliche Anzeige, daß in diesem Donauthale zur Zeit des gewaltsamen Faustrechtes zerschiedene Raubnester auf den angränzenden Klippen stunden, so wir aus den noch heut zu Tage üblichen Benamsungen schließen können: als da Neuburg, Altenburg, Steinburg, Dachsberg, Jergenberg ꝛc. sind. Doch wir wollen die Muthmassung nicht als eine Wahrheit schildern. Einige glauben, daß das Wort Marchtall, von einer Begränzung herstamme; da in Wappen und Geschichten die äußersten Theile herrschaftlicher Bezirke, unter dem Namen Mark bekannt sind; und dürfte wohl das Thal der Donau, oder dieser Strom selbst die Gränze, oder die Einschränkung eines sichern schwäbischen Gebiethes gewesen seyn, wie Marchtall noch heut zu Tage von den schwäbischen Alpen durch die Donau abgesöndert ist, und wie die Flüsse nicht selten Reiche und Provinzen entscheiden. Wir wollen der letztern Muthmassung nicht gedenken, welche die Benamsung unsers Gotteshauses, oder vielmehr der Gegend, wo es schon in das sechste Jahrhundert auf den Felsen ruhet, von einem Markt, oder Gewerbplatze herziehen, wo die alten Deutschen Tausch und Käufe an den Flüssen, und ihre Landesprodukten gang und gebig gemacht hatten. Die Nachrichten des Alterthumes verweigern uns die Gewißheit; und müssen dennoch erstaun, erstaunliche Abänderungen sich ereignet haben, bis es aus einer düstern Wüsteney in das Heitere der itzigen Lage gekommen ist; und in Wahrheit, wer findet nicht in dieser einen besondern Reiz der Annehmlichkeit. Der nahe, obschon noch in engen Ufern vorbeyfließende Donaustrom, welcher wegen seiner bis in die Euxinische See weitschichtigen Fortwallung sich der Schilfkrone eines der größten Wasserfürsten Europens anmaßen kann, die schönen und fruchtbaren Ebnen gegen Osten und Westen, die gesunde Luftrevier, der dauerhafte Steinfelsen, welcher dessen Grund unterstützet, der Mittelpunkt Schwabens, oder der Bußeberg, an dessen ausgestreckten Füßen es ruht, und andern Vorzüglichkeiten, sind Dinge, welche Marchtall Gott und der Natur, und seinen Stiftern allein zu verdanken hat. Diese letztere sind nun der herrliche Gegenstand, davon wir kürzlich eine Anmerkung zu machen haben.

IV.

Schon haben wir behauptet, daß Marchtall sich von der Hoheit seiner Stifter billig rühmen könne; und da diese von mächtigen schwäbischen Herzogen abstammeten, welche mit deutschen Kaisern und Königen in Frankreich versippt waren, wird uns die Ehre Marchtalls niemand absprechen. Bekannter Dingen, wer der Landsgeschichte Sueviens ein Kenner ist, wer Schwaben in seiner Bevölkerung von Königen beherrschet, deren ersterer Suev war, von welchem sich dieser große Landstrich den Namen anerbte. Er war ein Sohn des so berüchtigten als grausamen Gambrifs, zu Deutsch, Gamper, oder Kämpfer, wie uns Berosus berichtet. (e) Annius will seinen Namen noch mehr verherrlichen, da er dessen Laut in Latein, so viel als eines Gekrönten, dollmetschet. (f) Allem Vermuthen

(e) Apud Tuiscones regnavit GAMBRIVIUS vir ferocis animi. Beros. in Fragm.

(f) Annius in annot. Hist.

then nach hatte er seine königliche Wohnung bey dem Ursprunge der Donau, wo die Residenz der durchleuchtigen, des heiligen römischen Reichs Fürsten von Fürstenberg zu Donauöschingen heute zu sehen ist. Berosus besteifet dieses schon wieder mit seinem Zeugnisse. Er erzählet, daß Osiris, der kluge König Aegyptens, bis an die Urquelle der Donau mit seiner Gemahlinn Isis kommend, ihn Gambrifen, besucht habe. (g) Ja, schon bemelter Annius will wissen, daß Osiris ihn fruchtbare Bäume zu pflanzen, und aus Gersten und Hopfen Bier zu machen, gelehrt habe. (h) Die diesem Fürsten des Kanopischen Reiches verbundene Schwaben, wußten ihrer Dankbarkeit kein Ende zu machen; und daher kam es, nach der Uebergabe des Tacitus, daß sie dessen Gemahlinn, welche zumal dessen Schwester war, die Isis, oder Jo, für eine Göttinn anbetheten, wie Osiris von seinen Aegyptern unter dem Namen des Apis, oder Serapis, als ein Gott angeräuchert war, (i) ob sie schon auch den Mars, den Mercur und Hercul in dortigen abenteuerlichen Finsternissen Opfer streueten. Daher mag der Verstoß derjenigen kommen, welche die Isis als eine Gemahlinn des Gambrifs, und Mutter des Suevs angeben.

Nach Austilgung der schwäbischen Könige folgten die Herzogen in Schwaben, welche nebst andern Wohnorten, sich zu ihrem Aufenthalt das Schloß Marchtall erwählten. Karl der große römische Kaiser, und ein ganz besonderer Hochschätzer der Schwaben, welcher ihre Herzhaftigkeit kennend, sie unter die besten seiner siegenden Heeren zählte, und in den Reichskriegen selben allemal als den unerschrockensten, die erste Stelle in der Schlachtordnung anwies, überhäufte ihren Herzog Gerold mit außerordentlichen Hulden, und war Konrad der erste römische Kaiser, in Ausspendung der Vorrechte für das Herzogthum

(g) Osiris cum coloniis ad Istri fontes vicinos pervenerat. Berof. l. c.

(h) Annius in Annot. de Reg. Assyriorum.

(i) Pars Suevorum & Isidi sacrificat. Tacit. de mor. Germanorum.

zogthum Schwaben sehr geflissen. Es würde uns die Reihe aller schwäbischen Herzogen zu einer fernern Ausdehnung nothdringen, deren Würde sich durch irdische Zufälle auf verschiedene mächtige Häuser, als der Marggrafen von Oesterreich, der Vittelspacher, der Schweinfurter, der Rheinfelder, der Staufer herumwelzte, bis sie in Konraden, welcher unter dem Mordbeule der Galliern zu Neapel fiel, erlosch. Es soll für itzt genug seyn, daß Marchtalls Stifter Herzogen aus Schwaben waren, welche auf dem noch gegen Niedergang sichtbaren Berge Altenburg ihre Gewalt ausübeten. Wir müssen aber einer doppelten Stiftung gedenken, weil Marchtall auf der Schaubühne der göttlichen Vorsehung eine besondere Rolle spielen sollte.

V.

Hermann, der zweyte dieses Namens, Herzog in Schwaben, stammte von dem königlichen Geschlechte der Gallier ab, und erkiesete sich zur Gemahlinn Gerburg Konrads, des Königes in Burgund, und der Prinzeßinn des Königes Lothars, aus der erhabensten Sippschaft, Karls des großen Tochter. Große der Welt sind niemals glücklicher, als wenn sie sich gottselige Ehegattinnen beygesellen. Tugend und Liebe arbeiten immer an Erfindungen der besten Werken; und wie das Sonnenfeuer mit einem guten Erdreiche die geschmackesten Früchten, oft das beste Gold hervor bringt, also sind Frömmigkeit einer Gemahlinn, und die heilige Liebe des Eheherrn, die sinnreichesten Ausarbeiter Gott gefälliger Dinge. Es muß ein Mann nur ein Barbar, nur ein Misantrop seyn, welcher den guten Trieben seiner Ehefrau widerstrebt. Ein von Gott geheiligtes Eheband ist ein besonders Geweb, in welches der Ewige die kostbarsten Goldfäden heiliger Bestrebungen einzeucht. Wir lesen in den Geschichten, was eine heilige Klotild über das Herz eines heydischen Sicambers des Klodoves, eine gottselige Jugild über das Gemüth Hermenegilds des Iberiers, Theodelinde über die Seele des Agilulphs des Tauriners, und Margarithe über den Geist Malcolins des Schottländers vermochten.

Hermann, der Herzog in Schwaben, warf seine Augenmerke nicht so auf seine Herrlichkeiten, als auf die gottselige Gesinnung seiner theuresten Gerburg; und welche waren es? Wir müssen sie ohne weitere Verheelung eröffnen. Sie, diese fromme Herzoginn, sah von dem Schloße Altenburg über das tiefe Zwischenthal eine Ebene gegen Orient, wo auf einem steilen Felsen eine zerfallene Kapelle in ihren Ruinen lag. Nicht nur der Eifer, ihrer Burg eine nahe Schloßkirche zu stiften, wohin sie mit ihrer Hofstaat durch eine lederne Brücke gieng, sondern die Ehre Gottes, das Heil der allda wohnenden Seelen zu besorgen, brachte sie dahin, daß sie ihrem Gemahl die Stiftung einer Collegiatkirche einrieth, und selbe mit triftigen Vorstellungen zu Stande brachte. Es wurden sogleich alle Anstalten vorgekehrt, ein neues Gotteshaus zu errichten. Das Gebäude erreichte seine Vollkommenheit nach dem dortigen Geschmacke, und wurde dem Allerhöchsten zur Anbethung, und zur Verehrung der Geburt der allerseligsten Mutter des Herrn, und des heiligen Apostelfürsten Petrus, durch Gebharden, heiligen Bischoffen zu Constanz und Grafen von Bregenz, um das Jahr neunhundert und neunzig nach der Geburt des Erlösers eingeweihet. Die in dem Dienste Gottes unersättliche Herzoginn, ließ zur besagten Kirche, welcher das Pfarrecht gegeben war, noch zwo andere Kappellen anhängen, wo der heilige Erzengel Michael, und der heilige Vorläufer des Herrn Johann Baptist sollte verehret werden, und benannte zu deren Verpflegung einen weltlichen Priester mit Namen Ello. Sieben Pfründen für eben so viele Weltgeistlichen waren von der herzoglichen Freygebigkeit gestiftet, und tönte das Lob Gottes zur Erbauung der Welt durch die sieben Chorherren in Marchtall, wie in dem Himmel durch die sieben Geister, welche Johann in seinen apocalyptischen Gesichten vor dem Throne des

Allmäch-

Allmächtigen sah. Gott, der alles, was die Sterblichen seiner Ehre widmen, mit dem besten und richtigsten Zinse bezahlt, ließ das heilige Unternehmen Hermanns und Gerburgens nicht ohne Entgeltung. Er gab ihnen einen Sohn, den sie Bertolph hießen, dessen Taufpathe Gregor der fünfte römischer Papst, ein Schwabe und höchster Anverwandter selbst war, welcher in dem Rufe der Heiligkeit, als der beste Statthalter Christi auf Erden, in dem Jahre neunhundert neun und neunzig zu Rom verstarb, nachdem er von Otten, dem dritten römischen Kaiser, wider die Unbilden eines welschen Tyrannens tapfer vertheidiget ward. Bertolph, der kleine Herzog, empfieng aber von dem Himmel die auserlesensten Gnaden, denn er hatte nur ein einziges Jahr ein unmündiger Bürger dieses Zäherthals zu seyn, da er in den ewig mit seinen Kronen scherzenden Chor der Unschuldigen aufgenommen war; und ob wir in den Schriften des Alterthums schon keine Spuren finden, daß die ersten herzoglichen Stifter ihre durchleuchtige Leichen Marchtall hinterließen, so mögen wir dennoch muthmaßen, daß unser Stift sich jener dieses menschlichen Engels zu erfreuen habe. So groß die Trauer Hermanns und Gerburgens war, so bald war dennoch der Leidflor von ihren Augen hinweg gezogen. Gott dachte schon wieder den Stiftern mit einer neuen Huld zu begegnen. Er, der mit den durchleuchtesten Häusern der Großen nach seinem Gefallen spielt, einige durch die Sterblichkeit erlischt, und wieder andere durch gesegnete Ehen in ferne Jahre erhält, er wollte die Stifter Marchtalls noch länger sichtbar machen. Er schenkte ihnen anstatt Bertolphens einen andern Prinzen, der in der heiligen Taufhandlung den Namen Hermann erhielt, und noch in der Minderjährigkeit von Heinrich dem zweyten, heiligen römischen Kaiser, unter der Vormundschaft seiner Mutter Gerburg, durch welche er mit diesem allerhöchsten Reichshaupte versippt war, als ein Herzog in Schwaben bestättiget wurde. Da liegt nun am Tage, daß die erste Stiftung Marchtalls keine kleine war. Ja sie konnte sich von darum zu aller

Wohlfart die besten Vordeutungen machen, weil sie, wie Jerusalem, nach den Worten des Isaias, von den Brüsten der Könige schon in ihrer Wiege ernährt war. (k) So viel von dem ersten Ursprunge unsers Stiftes, wie wir es aus den Urkunden des Alterthumes haben.

VI.

Gegen zweyhundert Jahre blieb **Marchtall** ein weltliches Canonicatstift; und genoß der preiswürdigste Priesterstand die Einkünften der großen Stiftung, woran sonder Zweifel nichts wird gemangelt haben. Doch erfuhr es das leidige Schicksal aller irdischen Dinge; und hätte das große Aug der ewigen Vorsicht, auf dessen Erhaltung nicht wohl herab gesehen, so würde es gewiß seiner Zerstörung nahe gewesen seyn. Es ist erbärmlich wenn Dinge zerfallen, zu deren Aufrechthaltung die besten Seelen alles in Grunde legten, was ihnen eine unzerstörliche Dauer verschafft hätte. Nicht ihnen ist es zuzumessen, wenn die Werke ihrer Gottseligkeit in die schändlichsten Schutte und Ruinen sinken. Nein! sie lassen ihrer Klugheit keine Blendung zumessen. Jene sind die Ursache alles Unheils, welche der Meynung ihrer Stiftung zuwider handeln, ihrer Pflichten vergessend, ihres Thuns unbändige Meister, mit Unachtsam- und Nachläßigkeiten nur auf das Wohlleben sich verwenden, nur auf die Aufzehrung des Erbtheiles Jesu geflissen sind, und nur noch von der Abschlemmung der geistlichen Güter, Geistliche heißen. Sollte man von dem Zerfalle der heiligen Stiftungen eine besondere Geschichte schreiben, welche Metamorphosen, welche Veränderungen, welchen Gräuel der Verwüstung würde man in selber mit Thränen geschrieben nicht zum wehemachenden Grauen lesen? Und sollte man von selben eine einzelne Wappe zeichnen, wie würde man die Zahl der zerritteten Stiftungen nicht in größern Ziffern, als jene der noch stehenden finden? Es können,

(k) Mammilla regum lactaberis. Isa. 60.

nen, wir gestehen es gerne, Zeiten in die Welt einbrechen, binnen deren durch Kriege und Religionshändel, Kirchen und Gotteshäuser zu seyn aufhören. In jenen herrschen Macht und Gewalt, denen kein Widerstand Einhalt thun mag; und in diesen arbeiten böse Grundsätze, welche das Heiligthum zerstören. Allein es ist auch wahr, daß viele Stiftungen ihr Ende erreicht haben, wenn sie durch die schlechte Lebensart ihrer Einwohner entheiliget, dahin getrieben worden.

Hermann und **Gerburg** erfüllten alles, was in damaligen Zeiten zu einem Canonicatstifte erforderlich war; wie mußten sie aber aus den hohen Himmeln das Unwesen in Marchtall sehen, da die Stiftsherren ihres Berufes wenig eingedenk, ihres Priesterthumes schlechte Beobachter, ihres Amtes unbekümmert, Feinde des Tempels, Liebhaber der Eitelkeiten, nichts vergaßen dem Stifte empfindliche Wunden beyzubringen. Sie, diese Stiftsherren- und Chorherren, lebten nach eigener Willkuhr, hasseten das Daseyn auf ihren Pfründen, waren ohne Furcht einer Strafe verstreut, theilten das Eigenthum Gottes unter ihre Freunde aus, und konnten ihrer Schwelgerey eine Ersättigung beyzubringen, sich mit den angewiesenen Renten nicht mehr begnügen. So weit prellten sie endlich gegen die Stiftung an, daß dieser geistliche Siebner an Schrott und Korn das Gelten verlohr, und die Präbenden in die Hände der Layen, wie die heiligen Geschirre von Salomons Tempel, in die Raubtatzen Assyriens und Babylons verfielen. Der Gottesdienst schmachtete, Tempel und Altäre litten Drangsalen, und weil von beyden niemand mehr leben mochte, war Marchtall eine scheußliche Wildniß in dem Christenthume. Gott ließ den Berg Sion, den er sich einmal erwählt hatte, nicht aus seinem Merken. So viele Verstaltungen er von innen und außen erfuhr, so oft wurde er durch die Vorsehung des Herrn wieder ausgeputzt; und da die Felsen von Marchtall einmal zum Platze der ächten Religionsübungen von Gott erkiesen waren, sollten sie zu ebendemselben Zwecke noch vorbehalten seyn. Und dahin mußte die zweyte Stiftung Marchtalls die Strasse zu recht machen.

VII.

Der zweyten Stiftung Marchtalls Ursprung.

Der Leitfaden sollte uns freylich noch zu Zwischendingen führen, welche sich, unser Marchtall betreffend, auf der Schaubühne Schwabens zutrugen, allein der Raum unserer Blätter ist zu eingeschränkt, als daß wir davon ausgedehntere Meldungen machen sollten. Genug! Gott fand schon noch Menschen, der Zerrüttung Marchtalls abzuhelfen. Mangelten ihm in Israel Männer nicht, welche sein Geist zu dessen Schutze aufweckte, so gebrachen ihm eben auch keine, unserm Stifte Stützen zu finden, damit es nicht unter Undinge käme, und allein in der Landcharte des Schattenreiches den Ort einer leeren Einbildnng, oder eines kahlen Angedenkens innen hätte. Hugo, der Pfalzgraf zu Tübingen war es, der zur Steurung und Hülfe von Gott bestellt war. Güter, Klugheit, Tapferkeit setzten ihn unter die mächtigsten Fürsten in Deutschland, und sonderlich in Schwaben. Die Wurzeln seiner Stammpflanze verknüpften sich mit den erhabensten Geschlechtern Galliens und Teutoniens. Seine Erfahrenheit in der Kriegskunst setzte ihn in die Reihe der berühmtesten Helden. Seine kriegerische Thaten zeugten von seinem Heldenmuthe, und machte er von ihm, besonders damals, eine unstrittige Probe, als er von seinen Feinden, in seinem eigenen Schloße Hohentübingen belagert wurde. Sie waren Guelf der Herzog in Bayern, von dessen Beamten er einige, aus gerechten Ursachen, wie Konrad von Lichtenau, Abt zu Ursperg unsers Prämonstratenserordens in seiner Chronik bezeuget, aufhängen ließ; drey Bischöffe von Augsburg, Constanz und Worms, Berchtold der Herzog von Zähringen, Berchtold und Hermann Marggrafen zu Hochburg und Baden, Rudolph, Graf von Pfullendorf, Albert Graf von Habsburg, Heinrich Graf von Böringen, mit andern adelichen Rittern, und einem

Heere

Heere von drey tausend zwey hundert Kriegsmännern. Hugo war an Mannschaft seinen Gegnern zu schwach, da er auf seiner Seite lediglich Friedrichen, Herzog in Schwaben, König Konrads Sohn, die Grafen von Zollern, mit einigen andern, und von bewaffneten Reutern nur tausend fünfhundert zählte. Seine Unerschrockenheit war das beste Waffenhaus, und sein großes Gemüthe bedeckte ihn sicherer, als die Quadersteine seiner Schloßmauern. Er mußte nun zu einem Kampfe fertig stehen, da ihn niemand des Sieges versichern konnte. Doch Helden wissen ihrer Hoffnung Panzer zu schmieden, und zur Beybehaltung ihrer Rechten Katapulten zu finden. Ihr Beyspiel ist die beste Begeisterung ihrer Soldaten, wenn sie schon an die Zahl der Feinde nicht hinreichen. Der Streit fiel für Hugon glücklich aus. Neunhundert von dem Gegentheile führte er mit dem ganzen Plunder des feindlichen Lagers in die Gefangenschaft, nachdem er die übrigen in die Luft gesprengt, eine erstaunende Menge in dem vorbeyfließenden Neckarfluße ersäuft, und noch mehrere durch die Klinge großer Streitschwerter in Kraut und Gras gelegt hatte.

Dieser Sieg ist auch der nemliche, dessen er in seinen Stiftsbriefen gedenket. Das Kriegsglück zeigte ihm zwar nicht allemal seine heitere Stirne, und die Lorberreiser seiner Peckelhaube grünten nicht immer in gleicher Farbe; jenes ließ ihn auch seine Tücke erfahren, ob sie schon Helden nicht zur Schande sind, und diese erschienen in falben Blättern; denn als er das zweyte mal von gedachtem Guelfen, Herzog in Bayern, die Unbilden zu rächen, angepackt war, und er Hugo den König aus Böheim, mit dessen unbändigen und wilden Kriegern zum Beystande rief, welche von dem Böhmerwalde an, bis an den Bodensee alles bund eck kehrten, ward er aus göttlichem Verhängniße in die Hände seines Gegners geliefert, und mußte zu Ulm eine Zeit von achtzehn Monden die Ungemache der Gefangenschaft erdulden. Da war es, wo er zeigte, daß er nicht nur ein

Held,

Held, sondern ein Christ wäre, weil jener ohne diesen nur ein Wilder aus Bactrien und Hyrcanien ist. Da wandte er sich zur Buße, beschloß in seinem Gemüthe milde Stiftungen, zum Heile seiner Seele, zu machen. Und unter diesen dachte er auch an das von ausgearteten Geistlichen verdorbene Marchtall, welches er in seiner Bothmäßigkeit hatte. Wie sind doch die Trübsalen der Welt die reinsten Quellen, aus welchen durch jene, die sie wohl kosten lernen, so viel heilsames strömet!

VIII.

Wirkliche zweyte Stiftung Marchtalls.

Gute Vorsätze sind bey vielen wie jene Brünnen, die man Hungerquellen nennet, welche nach Beobachtung einfältiger Menschen, nur in Theurung und Hungersnoth fließen, und bey bessern Getreidjahren vertrocknen. Sie sind öfters die unreife Früchte eines abgezwungenen Ach! und eines erpreßten Weh! Leute, welche in Betrübnissen und Widerwärtigkeiten die Empfindlichkeit verscheuen, schnitzen tausend Vorsätze, machen hundert Gelübde, und sind sie niemals, doch nur mit Worten, freygebiger, als wenn Unsterne ob ihren Köpfen schweben, Donner rollen, und Blitze ausbrechen. Sie glauben, daß sich der Himmel mit ihren Worten begnüge, und von ihren Verheißungen allein sich zur Umwendung eines misbeliebigen Verhängnisses bereden lasse. Wo ist aber die Wirkung ihres geäußerten Wollens? Wenn eine bessere Sonne scheinet, wenn die Ungewitter von dem Horizonte hinweichen, und das Glück aus der Flucht zurück kömmt? Wo ist sie, die Wirkung? Wo die Vermächtnisse in die Gotteshäuser? Wo die Verbesserung der Spitäler? Wo die Hülfe der Armen? Wo die Beförderung des Gottesdienstes, von welchen sie so dreuste sprachen, und so entschlossen plauderten? Das abgetretene Unglück hat sie alle mit sich fort, und würde man solche bedrängte Großsprecher und Luftstifter zum empfindlichsten beleidigen, wenn man sie ihrer abgefaßten Entschliessungen erinnerte. Die Noth allein war

war der Zwang ihres gezüchtigten Herzens, und das drückende Schicksal das einzige Wörterbuch ihrer Wohlredenheit.

Nicht von diesen war unser Hugo. Kaum genoß er die freye Luft, kam zu seinem Eigenthume, kehrte in sein Schloß zu Tübingen zurück, und sah vermuthlich auf seiner Reise von dem nahen Schloße Altenburg, auf das verstaltete Marchtall hinüber, da er seines Vorhabens sich erinnernd, alsobald selbes zu erfüllen dachte. Schon wiederum ein gottseliges Frauenbild trug zu diesem großen Werke in der zweyten Stiftung vieles bey, wie es in der ersten geschah; und mußte Gerburg, zur Gesellinn ihrer Zuneigung gegen Marchtall eine Elisabethe haben. Es war diese die theureste Gemahlinn Hugons selbst. Adel und Gottesfurcht bildeten sie zu einer rechtschaffenen Frau; und wie sie sich von dem ersten zu keinem Hochmuthe bringen ließ, so achtete sie die andere als das beste Geschmeide, mit dem große Seelen vor Gott und Menschen erscheinen sollen. Wir können nicht anders glauben, als daß Elisabethe mit allen Naturs- und Gemüthsgaben staffirt war. Diese machten sie also zum würdigen Gegenstande einer wohlgestellten Liebe, welche Hugon, sie für sich als eine Gemahlinn zu wählen, antriebe. Sie entsproß von den größten Ahnen, denn sie war eine Tochter des sehr gewaltigen Rudolphs, Grafen von Bregenz und Wulfilds, welche den letzten Guelfen zum Vater hatte. Kaiser Friederich, der Rothbart, jener berüchtigte Reichsmonarch, war ihrer Mutter leiblicher Bruder, und wuchse der Schimmer ihrer hohen Geburt in weitere Stralen von darum aus, weil sie mit den uralten und mächtigen Grafen von Starkenberg, oder Montfort in engem Blutsverbindniße lebte, die, wie sie es noch in einem auf eine Baumrinde geschriebenen, und vom Kaiser Titus, dem Vespasianer an sie abgelassenen Briefe, zeigen wollen, der Belagerung von Jerusalem mit einem Heere von Schwaben, zugegen waren. Wie mochte denn eine andere als glückselige Ehe zwischen Hugon und

Elisabethe gewesen seyn. Ja sie war es, und sie war es nicht nur von großen Staaten einer irdischen Gewalt, sondern hauptsächlich von den Tugenden, welche beyde beseelten. Zeugnisse! ihre schöne Stiftungen, die sie zu Gottes Ehre, und zum besten der Religion ausführten, unter welchen unser liebes Marchtall an der Donau, wie ein glänzender Stern an dem Himmel des schwäbischen Christenthumes leuchtete. Etliche verfielen leider in die Hände der Gegenglaubern, und sind sie noch ein großer Schatte ihrer Vormaligen Großheiten; dieses, dem gütigsten Himmel sey es gedankt, blieb durch so viele sehr misliche Perioden bis an heute aufrecht.

Marchtall war also der Ort, auf dessen Wiederherstellung Hugo, seinen besten Vorsätzen zu folge, geflissenst dachte; und er wurde auch von den guten Beyträgen **Elisabeths** zur Vollführung seines Vorhabens sehr aufgemunteret. Er zauderte anfänglich, ob er zu dem Tempel des zerfallenen Stifts nicht wiederum weltliche Priester berufen sollte, welche in einem bessern Pfade, als ihre Vorgänger zu laufen hätten. Allein **Elisabethe** war die von Gott bestellte Ariadne, welche diesen unentschlossenen Theseus aus dem Labyrinthe der Zweifel mit dem Leitzwirne ihrer Räthen führte. Sie, **Elisabethe**, war dem in seiner Lilienblüthe stehenden kanonischen Orden von Prämonstrat ganz außerordentlich zugethan. Sie wußte von dessen großen Patriarchen Norbert, jenem adelichen Büßer, jenem großen Verachter der Welt, jenem Eiferer für das Heil unsterblicher Seelen, jenem erbaulichen Erzbischoffe von Magdeburg und Primaten Deutschlandes, die sichersten Berichte. Sie ließ sich erzählen, und mit Grunde ließ sie sich erzählen, welche Früchten, welche Ersprießlichkeiten ein durch einen Donnerstreich zu einem bessern Leben gebrachter Chorherr von Xanten, und Graf von Gennep in der Kirche schuf. Man sagte ihr, daß der weiße Prämonstratenser-Orden auf eine dreyfache Absicht gestiftet wäre, nämlich die Beschaulichkeit

in

in dem Kloster, die Religion in dem Tempel durch das Chorgesang, und die Liebe des Nächsten in der Seelsorge; und sie sah aus ihrem hohen Geschlechte schon einige in dem Ordenskleide des gedachten Instituts die besten Beyspiele eines heiligen Wandels von sich geben. Schon genug, ihrem theuresten Gemahl die eindringlichsten Begriffe zu zuflößen; schon alles gethan um die Chorherren von Prämonstrat in Marchtall einzuführen. Sie, **Elisabethe**, war allein die eifernde Bethsabee, ihrem David statt des Adonias, einen Salomon anzubefehlen; und schon geschah es, daß unser Stift für sie in dem Jahre tausend, ein hundert, ein und siebenzig, den ersten Tag des Maymondes, mit Ausschluße aller andern, bestimmet war. Wer die Benennungs- und Vergabungsbriefe, mit päpstlichen, kaiserlichen und bischöfflichen Gewährungen lesen will, der kann sie in den Schreinen der Originalien bey uns selbst einsehen.

IX.

Man muß doch die heiligen Ordensstände unter jene Veranstaltungen des Ewigen setzen, die seiner Kirche zum besten kamen. Er führte durch sie ganz besondere Dinge aus, und er wollte seiner auf Erden streitenden Kirche, allemal mit frischen Ergänzungsvölkern vorsehen, wenn sie Noth litt und bedrängt darbete. Lese man nur die Collecten der kirchischen Tagzeiten, wie sie meistens von den Patriarchen derselben tönen: **Gott! der du deine Kirche durch diesen Heiligen mit einem neuen Geschlechte, mit neuen Kindern, mit einer neuen Leibesfrucht gesegnet, mit einer neuen Hülfe verstärket hast.** (1) Welche Ausdrücke, welche Dankbarkeit der Kirche, wegen den Ordensinstituten sind diese nicht, welche sie in ihren Gebethern zu Gott sendet. Haben diese Worte jemals bey jenen eine

 Erwä-

(1). Deus qui Ecclesiam tuam meritis sancti N. nova prole Fæcundasti — — Foetu novæ prolis amplificas — — militantem Ecclesiam novo subsidio roborasti. Eccles, in Festis S, S. Norberti, Francisci, Ignatii &c.

Erwägung gemacht, die die heiligen Ordensstände als falsche Beyschläge, als Läste des Staates, als toll ersonnene Lebensarten, als Werke des Fanatismus, als Ueberflüßigkeiten ausrufen, und gallsichtig über sie hin schmähen, ihre Ausrottung, wo nicht betreiben, doch wünschen, und von ganz bösem Herzen wünschen, oder wenigst sie in sehr enge Schranken zu setzen trachten. Nein! so dachten Hugo und Elisabethe nicht. Marchtall mußte von den Söhnen Norberts bewohnt seyn; sie dachten auf ihre Unterhaltung mit Zutheilung zeitlicher Habschaften, ohne Aufdringung schwerer Bedingnisse; und hofften sie von ihnen, daß sie das Geschenk ihrer mildesten Stiftung, mit dem Segen des Allerhöchsten, mit einer geflissenen Wirthschaft, mit einem klugen Gebrauche, und mit Hülfe anderer Wohlthätern erweitern würden; sie bestellten sie aber nicht nur zum Chorgesange, sondern dachten auch, sie in allen Orten der Urstiftung, zur Seelsorge, zur pfarrlichen Obsorge der Gläubigen brauchbar zu machen.

Elisabethe, die gottselige Stifterinn öffnete zum Ueberfluße ihre gutthätige Hände zumal, und wie die hebräischen Frauen zu Mosis und Aarons Zeiten ihr reiches Geschmeide zur Auszierung der Stiftshütte, ganz gerne hergaben, so wollte Elisabethe zur Ausschmückung des Heiligthumes nicht gesparsam seyn. Die Kirche von Marchtall erhielt von ihrer Freygebigkeit ein ganz goldenes Kreuz, welches mit Juwelen von großem Werthe glänzete; ein in Gestalt eines Rades verfertigtes krystallenes Gefäß, auf welchem Jesus am Kreuze, und neben ihm Maria und Johann der Evangelist zu sehen waren, und in welchem unter den kostbarsten Edelgesteinen die vortrefflichsten Gebeine der Heiligen verborgen lagen. Hierzu kamen zwey mit Gold und Edelgesteinen besetzte Messebücher, auf deren einem folgende Verse eingestochen waren, die wir aus dem Lateinischen hieher setzen. Die lateinischen sind unten zu sehen, die Andacht übertrifft die Kunst,

weil

weil in selbigen Zeiten die Musen an der Schwindsucht krank lagen, und Apoll den Pegas als einen siechenden Klepper vielleicht auf dem Roßmarkt feil gebothen hatte; und wo man die gebundenen Worte nicht gar so genau schulgerecht an den Fingern umtummelte. Sie sind diese in der Dollmetschung bey nah von Wort zu Wort: (m)

Elisabeth dieß Buch Sanct Peter hier thut schenken,
Des wackern Rudolphs die, und Wulfilds Tochter war,
Auf daß in dem Gebeth doch ihrer soll gedenken,
Der singt aus diesem Buch die Messe beym Altar.

Es sind zwar diese kostbaren Schätze leider! nicht mehr in unsern Händen; und wer will sagen, wenn und wie sie durch Unglücke unsern Vätern entfallen seyn? Es bleibt aber bey uns dennoch im beharrlichen Angedenken, mit dem wir als spate Enkeln einer so großmüthigen Stifterinn die Dankbarkeit auf ewig zinsen werden.

X.

War nun die Einführung der Chorherren von Prämonstrat in Marchtall beschlossen, und mit allen Nothwendigkeiten versichert, so mußten sich die gottseligen Stifter um ein gewisses, und mit den besten Männern versehenes Gotteshaus, bekümmern, aus welchem Marchtall zu einer neuen Colonie, und Norbertinischen Pflanzstadt in bälde erwachsen sollte. Schon wieder Elisabethe hatte von Hugon ihrem Gemahle, die ganze Vollmacht in Händen. Das immer von wackern Insassen berühmte Kloster Roth, in Schwaben, kam ihr sogleich in das Auge; und da Hugo an den dortigen, im Rufe der Heiligkeit lebenden Probsten, Othenon, zumal mit eigener Hand um

(m) Hunc librum Sancto dedit ELISABETH pia Petro
Proles Egregii de Wulfild matris Rudolphi.
In piis precibus devotè sit memor Ejus,
Qui missas Christo libro decantat in isto.

um Erhaltung seines Gesuches schrieb, welcher an dem Hofe seines Schwiegervaters, des Grafen von Bregenz, in der Welt ein großer Beamter und Höfling, aus dem heut zu Tage Hochreichsgräflichen, damals aber aus dem noch Freyherrlichen Geschlechte von Waldburg, des heiligen römischen Reichs Erbtruchsessen war, davon hatte Marchtall das Glück, weisse Klosterbürger zu haben; das neue Marchtall wurde also geistlicher Weise die Tochter Roths, und bleibt sie noch immer nach der Benamsung unserer Ordenssatzungen. Othenon erfreute sich zwar mit vollkommenster Zufriedenheit, daß er ein Vaterabt von **Marchtall** seyn könnte, doch gieng er mit einer recht dreisten Klugheit zu Werke. Er zauderte anfänglich einige von seinen Söhnen dahin zu entlassen, weil er Bekränkungen vor sah, welche neuen Ordenshäusern, wie die noch kalte Frühlingslüfte der ausbrechenden Baumblüthe unvermeidlich sind. Er wußte gar zu gut, daß sich frische Stiftungen mit ihren Gegnern, wie Abraham und Isaac mit den Bürgern zu Gerara, wegen den Brünnen, zu zanken hätten. Daher sah er das Anerbiethen **Hugons** und **Elisabeths** mit weit aufgeschlossenen Augen an; ja, er willigte eher nicht ein, bis er von den Stiftern mit einem besondern Versicherungsbriefe zur Ruhe gestellt war, daß die zur Nahrung der künftigen Ordensbrüder ausgeworfne Güter, sich einer unumschränkten Freyheit von allen Beschwerden, von einer Kastenvogtey, von fernerweiten Ansprüchen folgender Erben zu erfreuen hätten.

Kaum mochte **Othenon** alles ersprießliche für **Marchtall** sehen, da er sich sogleich entschloß, den besten seiner Kinder, der ihm an Adel und Tugend, wie zween helle Wassertropfen einander an der Farbe, gleich, nämlich **Eberharden**, dem neuen Stifte als erster Probst vorzustehen, dahin zu senden. Schon war also der erste Grundstein des sittlichen **Marchtalls** ein heiliger Prämonstratenser, von welchem in dem Register Marchtallischer Regenten das weitere gemel-

gemeldet werden soll. Was sich aber unsere zweyte und dauerhaftere Stiftung zur Ehre nehmen soll, ist dieses, daß sie in Zeiten geschah, wo Alexander der dritte, auf dem Stuhle des Petrus, Friederich der Rothbart, auf dem kaiserlichen Throne des deutschen Reichs saßen; Karl, Marggraf von Thüringen dem Bischthume von Kostnitz, und Hugo der zweyte, als General dem chorherrlichen Orden von Prämonstrat vorstunden; und soll Marchtall sich binnen einer Währung und Beharrung von sechshundert Jahren, bis auf diese Zeiten, nicht eben so rühmen, daß es jene Tage erlebt habe, worinn Clemens der vierzehnte weise Papst, die Statthalterschaft Jesu innen hat. Joseph der zweyte aus dem allerdurchleuchtigsten Lottringisch-Oesterreichischen Hause, unter dem Baldachin des teutonischen Römerreiches die Krone trägt. Franz Conrad von Rodt, der heiligen Kirche Kardinal, dem Bischthume Constanz weislich gebiethet; und Wilhelm Manouri dem Prämonstratenserorden, als das würdigste Oberhaupt vorstehet.

Letztens führet Marchtall in seinem Wappenschilde, ein über einen dreyfachen Hügel, von einem Schwerte und Schlüssel gemachtes Andreaskreuz, weil es zu seinen Hauptpatronen die heiligen Apostel Peter und Paul hat; und über denselben einen leuchtenden Stern, vermuthlich weil sein Tempel nach dem höchsten Gott, der heiligsten Geburt Mariä zur Ehre eingeweihet ist, welche in selber als ein Morgenstern von der Kirche gegrüßt wird. Es gebraucht sich aber ebenfalls in seinen größern Insiegeln der Wappen seiner höchsten Stifter, deren Heraldik und Blasonierung eine rothe Fahne im goldenen Felde, und eine aufrecht stehende Säule, oder Balke von Hermelin waren.

XI.

Sollten wir Platz und Zeit finden, und würde der Raum dieser wenigen Blätter uns vergönnen, alle Glücks- und Unglücksfälle, die über unser Stift in sechshundert Jahren sich zeigten, so würden wir

wir den Leser dieser eingeschänkten Schrift in Erstaunung setzen, und die Verwunderung würde ihn so, wie uns treffen, daß Marchtall bis daher habe dauren können. Doch es dauret noch auf seinen Felsen. Die besten Regenten erhielten es; und verdienten gewiß die meisten, daß man ihre Lebensgeschichte, der Welt zur Lesung übergebe. Wir wählen aber itzt nur einen. Wir geben ihm den Rang als einem der größten Abten, und wir sind verbunden, ihm den Namen des tapfersten und unverdrossensten Erhalters von Marchtall zu zulegen. Das große Auge des Ewigen sah ihn vor allen andern in jene elendsvolle Zeiten aus, wie er in den Jahren Israels einen Gedeon, einen Samson, einen Jephte bestellte. Niemals, bebete Marchtall auf seinen lebendigen Grundsteinen heftiger, und niemals befarcht es seinen gänzlichen Umsturz, in Staat und Religion untröstlicher, als da dieser große Mann in selbem das Ordenskleid trug.

Er ist Konrad Kneer, der dreyzehnte unserer ruhmwürdigsten Aebten, dessen Frömmigkeit und unerschöpflicher Großmuth dem günstigen Leser sogleich zum Gegenstande werden soll. Wir sind nicht gesinnt seine Lebensgeschichte, als einen mit erdichteten Umständen geschminkten Roman zu schildern. Nur die Wahrheit soll uns zur Seite stehen, und die unpartheische Welt soll urtheilen, ob wir in der feyerlichen Abhandlung unsers sechsten Jahrhunderts, Gott wegen einem so unvergeßlichen Retter und Erhalter, nicht von Grunde unserer Herzen zu danken haben. Es hat zwar Marchtall seinen Verdiensten unter sieben Prälaten, dessen würdigsten Nachfolgern, allemal Gerechtigkeit wiederfahren lassen. Wir sahen noch mit unsern Augen jenen alten Kasten, worinn das Leben und Thaten Konrads mit einem zwar schlechten Pensel entworfen waren. Nichts verschwand weniger aus dem Gedächtnisse des allhiesigen Reichsstifts, als das Thun und Leiden dieses wahrhaftig großen Abtens, man ehrte allezeit das Begräbniß, in dem seine Gebeine ruheten. Udalrich Blank, der neunzehnte

zehnte Abt und Reichsprälat erhob sie aus dem Schutte der alten und zerfallenen Klosterkirche, und sezte sie, wie wir an seinem Orte melden werden, in unser Kapitelhaus über. Nicht genug, er ließ dessen Gedächtniß fernern Zeiten zu übermachen die Agonen, Unternehmungen, und mit Wahrheit zu sagen, dessen Martergeschichte auf vielen Tafeln malerisch entwerfen, welche wir in ebengedachtem Kapitelhause täglich schauen und bewundern sollen. Er befahl seinem gelehrten Nachfolger Edmund, als dieser mit seinen Lehrjüngern, unter welchen auch der Verfertiger dieser Blätter zu seyn die Ehre hatte, die gesammte Lehrsätze der Gottesgelehrtheit vertheidigte, selbes unter dem Bilde **Konrads** zu thun, worauf er in einem Triumphwagen von einem Löwen, einem Einhorne, einem Hirschen, einem Elephanten, als Sinnbildern seines Lebens, gezogen war, welches Bild aber durch ein unbedachtsames Vergehen nun anderswo, mit Unbilde gestimmelt, übel angewendet ist. Was Wunder! wenn auch der heute glorreich regierende Reichsprälat **Ignatius** sich mit einem unzuschelltenden Eifer entschloß, daß Angedenken **Konrads** in Anschaffung dieser, ob schon geringen Blätter, zu erneuern, und der offenen Welt zu überlassen. Ja, Er, **Ignatius**, hielt für gewiß, daß er in Zeit des in seine Regierungsjahre einfallende vollbrachte sechste Jahrhundert mit nichts mehrers verherrlichen mochte, als eben mit frischer Verzeichnung der Lebensthaten unsers **Konrads**. Zu dem verordnete er, daß die aus den theologischen und philosophischen Facultäten zu vertheidigende allgemeine Lehrsätze unter zweyen Bildern den öffentlichen Schulkampf halten sollten, auf deren einem, wie die Schweden **Konraden** die Zähne einschlugen, auf dem andern, wie ihm sein ehrwürdigstes Haupt mit Banden und Knitteln gequälet war, zu sehen ist. Wir gehen nun mit beyhelfender Gnade Gottes zu der Sache. Wir setzen, zum Lobe unsers bestdenkenden Ignatius nur dieses daher.

Conradi vitam pretiosam mente revolvens
  Hæc ut sit mundo publica, jure cupis.
Faxim! Conradi mores imitaris *agendo*,
  Ne tamen, hic veluti, tot *patiare*, precor.

Ignaz! du denkest viel an Konrads theures Leben,
Und willst daß itzt die Welt auch lese die Geschicht.
Konrad dein Beyspiel ist, du folgst ihm wirkend eben,
Doch daß du leidest so, wie er, das wünsch ich nicht.

XII.

Des seligen Abts Geburt, Vaterland, und Jugend.

Ein jedes Land zeugt seine eigene Helden; und hat der allen Orten vorsehende Gott immer Männer aus Bürgern, oder Nachbarn aufgebothen, welche ihnen in der Nähe gebohren wurden. Moses kam in einem Binsenkorbe auf dem Nilstrome an das Ufer, wo Israel von einem wütheriche Pharao bedrangsalet war; o! er sah das Lebenslicht in Aegypten an, wo er zur Erledigung der Kinder Abrahams als ein gewaltiger Retter zur Zeit auftreten sollte; und waren die Fabien, die Scipionen, die Pompeien entweder in, oder ohnferne Rom gebohren, welches sie unter den Feldzeichen ihrer Adler und Tauben wider wilde Barbarn zu verfechten hatten. Auch an Marchtall dachte der sorgende Himmel. Die Dyphtere des unzuwendenden Verhängnisses beschloß Deutschland, und insonderheit unser Schwaben, mit bittern Zeiten heimzusuchen. Die vorgehende Schwärmereyen unserer Religionsfeinden waren zu keiner Ruhe zu bringen; und sie zettelten nach und nach alles zur herben Bedrückung unsers Vaterlandes an. Ihre Unzufriedenheit gährete immer wider jene ein schreckliches Gewitter zu erregen, die ihnen Einhalt thaten; und würde Marchtall jene Blitze vorgesehen haben, welche nachmals seine Zinnen

nen trafen, in welche Kleinmuth, in welche Niedergeschlagenheit würde es noch vor dem Streiche gefallen seyn. Allein der vorsehende, und über Marchtalls Stiftung wachende Gott, bestimmte frühzeitig einen kleinen Moses für uns, welcher zwar nicht von dem Nilstrome, sondern von der Donau aus der Nähe kam.

Konrad wurde gebohren; und nur zu Marchtalls Erhaltung war er gebohren, in dem Jahre nach der Entbindung der reinesten Jungfrau, tausend fünfhundert zwey und neunzig. Die Vorderösterreichische Stadt Munderkingen, wo unser Stift bereits in die vierhundert Jahre die pfarrkirchliche Rechte besitzt; und da von Anbeginn der Weinberg des Herrn daselbst, nur von einem unserer Marchtallischen Chorherrn besorgt war, arbeiten nun nach von dem Gotteshause anderswo her käuflich an sich gebrachten Zechenden, noch drey zur Ehre des Höchsten, und dem Heile unsterblichen Seelen, daselbst. Munderkingen, sagen wir, war das Vaterland unsers Konrads, als sollte er von jenen durch die Taufe wiedergebohren seyn, welche er zu vertheidigen in die Welt eintrat. Es darf sich dieser Ort in Wahrheit von ihm rühmen; und da es vor Alters, wegen wohlbegüterten Bürgern Mundreichingen hieß, kann es sich billig von ihm als einem reichen Schatz brüsten, welcher in ihm, zu allgemeinem Troste der Nachbarschaft hinterlegt war. Sein Erzeuger nennte sich Michael Kneer, Burger und Becker allda, und seine Mutter Barbara Rüfinn, deren Vater das Bürgermeisteramt in die vierzig Jahre bestens verwaltete. Das Beyspiel, das Tugendliche, die Gottesfurcht, und Ehrbarkeit waren der helle Spiegel, worinn sich der kleine Knab in seinen Aeltern zu beschauen hatte. Diese stalteten in ihm die schönen Züge eines rechtschaffenen Kindes; die Eingezogenheit, die Furcht des Herrn, der Gehorsam schilderte seine Sitten nach der Zeichnung des Christenthumes; und sah man schon in der Blüthe seiner Jahre, welche Früchten jene von ihm in dem Herbste seines männlichen Lebens zu hoffen hätten, die mit ihm und unter ihm leben würden. Von der Fähigkeit seiner Seelenkräften, von dem Eindringlichen seines Verstandes, von dem Haltbaren seines Gedächtnisses, von dem Beugsamen seines Willens urtheilte jedermann, daß er zu einem höhern Fache berufen wäre; und man öffnete ihm den Fußsteig in jene Schulen, welche die ächte Stufen zu den erhabnern Wissenschaften sind. Der gute Gebrauch goldner Stunden, und der unermüdete Fleiß beförderten seine Schritte von einer Klasse in die andere; und da er unter der Marchtallischen Schuljugend die untern Musen sich geneigt fand, machte er zumal mit der schönen Tugend einen so unzertrennlichen Bund, daß er sie, so lang er unter der Sonne lebte, vor seiner Seite niemals vermißte. Jakob Hößz, jener von Heiligkeit und Ansehen angepriesne Abt, merkte alles Fleißes auf die Gebärdung dieses jungen Studentens; es verleitete ihn nicht nur eine natürliche Zuneigung, weil er mit ihm von dessen mütterlicher Seite in etwas befreundt war, sondern ein höherer Trieb zog ihn zur Aufmerksamkeit, weil er in Konraden schon einige Stralen glänzen sah, die ihm die Strasse in unser Stift beleuchten würden; und wer weis, ob er als ein untadelhafter Heli, an diesem kleinen Samuel, nicht bereits einen seiner Nachfolger in der abteylichen Würde im Geiste vorgesehen habe.

Marchtallo mala passuro *vicinus* ut esses,
Certè oportunè tu *propè* natus eras.
Natus eras, *ortu* prævertens pessima quæquæ,
Illius *occasum* dum voluêre mali.

Um Marchtall in der Noth ganz nahe beyzustehen,
So kamest in die Welt nicht von der Ferne her,
Auf daß ja selbes nicht gar möchte untergehen,
Du giengest glücklich auf zu dessen Trost und Ehr.

XIII.

XIII.

So große Männer in der Welt gewesen, und noch sind, stiegen sie dennoch nur Stufenweise auf die Höhe, wo man sie als dem gemeinen Wesen, oder einem einzelnen Staate nützende bewunderte. Das Knabenalter ist eine Pflanzschule, woraus in reifen Tagen alle und jede kommen, die nicht nur niedern Gemeinden, sondern ganzen Provinzen und Königreichen, theils in Staats- und Kriegsröcken dienen, theils in Purpur selbst gebiethen, und Kronen tragen. Die gute Erziehung, die Antriebe, das von Gott empfangene Pfund wohl anzuwenden, das Kenntniß der wahren Religion, und überhaupt eine rechtschaffene Jugend, fertigen sie zu einer tröstlichen Hoffnung aus, daß man von ihnen einen guten Gebrauch zu allen Dingen schließen kann, worzu sie von einem wohlgefaßten Berufe tauglich gefunden werden. Ein Bildschnitzer wählt nicht jedes Holz zu einer Statue, ja nicht ein jeder Marmor, oder versteinter Sandklumpe scheint ihm zu einem Bilde schicklich. Auch das Gold muß auf der glüenden Kappelle geprüft seyn, ehe ein Goldarbeiter es zu einem Meisterstücke unter den Hammer nimmt. Eine gute Wahl ist von Jünglingen vorzukehren, bis man sie als brauchbare zu etwas bestimmt, wo sie Ehre machen, und der Welt ersprieslich seyn sollen.

Geht durch den göttlichen Beruf in das Stift ein.

Wir lassen diese Wahrheiten allen andern Ständen der Welt zur Beherzigung über, und reden itzt allein von Klöstern und Ordensständen. Die ewige Vorsicht spielt auf der Schaubühne der Zeitlichkeit nicht anders, als in wundervollen Auftritten, und unter diese zählen wir mit größtem Rechte die Bevölkerung der Gott allein und seiner Kirche gewiedmeten Ordenshäuser. Schon sehen wir Spötter in die Faust lachen, und schon hören wir ihre Hohnsprüche in einem halbscherzend- und halbzürnenden Accente, daß von Seiten der Klöster die besten Leute, die tüchtigsten Talente, die staffiertesten Seelen durch deren umkreuzende Blendungen der Welt hinweg gekappert werden. Schon jammern diese Uebelsehende, daß hierdurch dem Staate die Nerven gelähmet, und das Gefühl des Glückes entzogen sey. Von Seite der dahin Sehnenden tönen ihre Anmerkungen eben so unfreundlich, und ihre Muthmaßungen sind eitele Träume eines frevlenden Argwohnes, daß sie nur aus Liebe eines wohllüstigen und müßigen Lebens die Klostermauer zu einer Schiedwand zwischen einer zu befürchtenden Armuth, oder arbeitsamen Bemühungen erkiesen. Die Bosheit dieser thörichten Vorwürfen zerstaubet sich selbst, wenn sie, das erste zu entkräften, die Gott, und der Welt zur Wohlfart kommende Anwendungen der Ordensleute zu Gemüthe, doch ohne Vorurtheile, welches dem erleuchtesten Verstande eine Eclypse macht, ziehen, welche ohne gute Köpfe und fähige Geister nicht geschehen können, auf deren Auserlesung ein Ordensoberer ja geflissenst denken soll, und für welches der Himmel seinen Diensten zu folge, seiner Ehre gemäß, selbst besorgt ist.

Das von der betrüglichen Einbildung hinterführte andern Vorgeben fällt von sich selbst in die Zertrümmerung, wenn es von der strengen Erfüllung, der von der bösen Natur so verscheuten Gelübden, und von dem in gutgefußten Gotteshäusern unzerstörlichen Strengheiten angeprellt wird. Sähen doch diese Momen das von uns mit Wahrheit angepriesene Wunderwerk an. Sähen sie, diese Aushöhner, wie die Anzahl auch der sonst in der Welt von Ueberfluße genährten, von Zärtlichkeit angeschmeichelten fast alle Jahre anwachse, welche, um in ein Kloster, in einen Orden, so empfindlich ihre Strengheiten sind, einzukommen verlangen. Sehen sie das Gedränge nicht von beyderley Geschlechte, um dahin eingelassen zu werden, wo rauhe Säcke, immer sich wechselndes Fasten, tiefe Einsamkeit, scharfes Stillschweigen, tägliche und nächtliche Bethstunden, auch zu der frostigsten Winterszeit die ganze Natur bestürmen? Sehen sie selbe nicht auch zur Zeit, wo man die Ordenshäuser mit dem

weh-

wehthunsten Schimpfen belegt, mit Ausrottung bedrohet, mit Grollen antastet. Ein Wunder, welches keine Erfindung der Sterblichen, sondern eine Anzettelung des Himmels ist. Jedoch muß die klugste Wahl unter den Ansuchenden gemacht werden. Der Geist muß auf die Probe kommen, weil man große Betrüge zu befürchten hat. Der Habich muß von der Taube wohl unterschieden seyn, wenn man durch eine übereilte Zusage den Schaden der Gemeinde, den Umsturz der Zucht, und die Schande des Ordens nicht befahren will. Unser Jüngling fühlte starke Anmuthungen unter der weissen Fahne des heiligen Norberts zu stehen.

Konrad hatte sich ein untrügliches Kenntniß des kanonischen Instituts von Prämonstrat beygebracht. Er war keine Erbeutung einer losen Schmeicheley; er ließ sich nicht blindlings durch Versprechen, durch Reize, wie die Soldaten bey der Trummel, anwerben. Seine eigene Begriffe überführten ihn, daß er in Marchtall das ewige Heil seiner Seele zur erwünschten Sicherheit bringen könnte. Er war entschlossen, der Welt den Korb zu geben, in welcher er die leidigen Gefahren des Unterganges sah. Ganz und reif entschlossen war er; weil er niemand anders als dem Herrn zu dienen gesinnt war. Er überwog mit der Wagschaale seines Eifers alle Gegensprüche der Welt; und da er von Kindbeinen an unter Prämonstratensern wohnte, und bey ihnen alles geziemende wahrnahm raumte er alles auf die Seite, was ihm zur Hinderniß seines heiligen Vorhabens unter die Füße kam. Freywillig, wohlbedacht, und recht entschlossen warf er sich zu den Füßen der Obern hin. Mit thränenden Augen und gehitzter Brust hielt er um den Eintritt in Orden und Kloster an; und er gab von seiner Untröstlichkeit sicherste Aeußerungen, wenn ihm diese allein erwünschte Gnade sollte verweigert werden. Gott versagt guten Vorstehern seine Lichter niemals, wenn sie auf die Aufnahme frischer Klosterneulingen bedacht sind.

Er bescheinet sie von Oben, wie ein Gedeon bey dem Wasserteuche, welche sie zum Streite des Geistes erwählen sollen; und war der geistvolle Abt Jakob schon so weit von Konraden versichert, daß dessen Beruf nach Marchtall ein Werk des Allerhöchsten wäre. Die Kapitularen schlugen sich ebenfalls auf die Seite des Kanditaten, und wurde also Kneer in einem Alter von fünfzehn Jahren von dem Schlamme der Welt noch unbesudelt, mit der unbefleckteten Unschuld geschmückt in die Probjahre aufgenommen, woran der für Marchtall wachende Gott alles that; und, ehe es Menschen wußten, in seinen unerforschlichen Rathschlüssen, wie David den Hirtenjungen zu Israels Besten, als unseren blühenden Jüngling zur Erhaltung unsers Stiftes verordnete.

Claustrum intras Sanctô directus pnevmate, vísque
Norberti niveâ postea veste tegi.
Susciperis, tua te probat aptum sancta *juventa*,
Marchtallum ut quondam te sciat esse *virum*.

Du gehst ins Kloster ein von Gottesgeist geleitet,
Und nimmst das Schneegewand des großen Norberts an.
Dein fromme Jugend hat hierzu dich auch bereitet,
Daß Marchtall einst erfahr, daß du ein großer Mann.

XIV.

Legt seine feyerliche Gelübde ab, und wird Priester.

Man muß es einem Ordensmanne zustehen, daß er in seinem Berufe, wenn er sich auf dessen Erfüllung bekümmert, den Namen eines Helden, und zwar eines unüberwindlichen, verdiene. Der Tag, der glückselige Tag, seiner Gelübdenennung wird ihm eine Zeit des Sieges, in welchem er die Erbfeinde der Menschheit aus dem Felde schlägt. Sie sind, diese nur auf Barbareyen, und Verwüstungen

gen der theuersten Seelen ausgehende Feinde, die Welt, das Fleisch, der Satan. Ihre Macht verbreitet sich auf der ganzen Welt; und lassen sich auch jene an ihren Triumphwagen fesseln, von deren Kriegskunst die Erde zittert, die festesten Bollwerke taumlen, die Katacumben beben, und geharnischte Heere flüchtig laufen. Ein Ordensmann wirft ihnen auf einmal Ketten, und Fußschellen an, setzet sie in die Unmacht ihrer Waffen, dämmet ihren Stolz, und bringt sie in seine Gewalt, sobald er sich dem herrschenden Dienste des Herrn mit seiner feyerlichen Verheißung der Keuschheit, des Gehorsams, und der Armuth verbindet. Sein großes Opfer, so er an diesem großen Tage vollbringt, und zu erfüllen gesinnet ist, bringt seiner Seele die beste Nahrung der Gnade zu, daß er die Entkräftung auf seinem aufgeschwornen Vorhaben zu wanken nicht mehr zu befahren hat. Die Besiegung seiner selbst hielt die gänzliche Niederlage seiner obbesagten Gegner nach sich, und es grünen in allen Empörungen derselben Lorber für ihn, seine unerschrockne Stirne zu umflechten. Kömmt das Brod der Starken noch hinzu, so er als Priester bey dem eucharistischen Altare speiset, welchen Vorrath von dem kraftmachenden Proviant aus den Magazinen des Himmels steht ihm allezeit bereit, seinen Muth zu unterhalten, und nur von Ueberwindungen zu sprechen.

Konrad zeigte schon in den Probjahren, daß er den Krieg des Herrn zu kriegen auf den heldenmüthigsten Verfassungen beruhte. Er war einer der fertigsten Tyronen, dessen Hand der Herr schon damals zu streiten unterwies, und dessen Finger, nach Davids sehnen, zum kämpfen unterrichtete. Die Stunde seiner Gelübden, die er mit fröhlichsten Lippen sprach, und allem dem mit innersten Herzenstroste entsagte, was Welt, Fleisch, und Hölle von ihm fodern mochten, war von ihm die glücklichste geachtet; weil er sich von der Gnade des Himmels alles versprach, was zur Bestärkung seines Gemüthes, zur Ausführung seiner Plane nöthig war. Er küßte die Hände Jakobs seines liebsten Vaters nur darum öfters, weil er in selbe seine abgelassene Gelübde hingab; und vielleicht hörte er in der Stille jene Worte des Patriachen Jakobs, welche dieser seine Söhne segnende Vater dem Judas vermeynte: **Deine Brüder werden dich loben, deine Hand wird auf den Nacken deiner Feinde seyn; die Kinder deines Vaters werden dich anbethen.** (n)

Wahre Weissagungen, welche sich aus dem Munde des betagten Prälaten Jakob auf unseren Konraden ohne Zwang würden gefügt haben; da er nicht nur von seinen Ordensbrüdern eine ewige Anrühmung wegen dem seiner Ordensprofeßion gleichförmigen Leben verdiente, sondern wie die Feinde Marchtalls, also die seinen, Begwaltigte, und nachmals als ein würdigster Abt verehret wurde. Wie stärkte sich aber sein Geist, wie lebte er zu großen Unternehmungen auf, wie wuchs in ihm der Muth, als er das Brod der Helden, den himmlischen Proviant täglich speiste? Konrad hatte sich von Frömmigkeit, und Wissenschaften einen solchen Vorrath gesammelt, daß ihn sein Oberer, vermuthlich der wackere Prälat Johannes Engler, zu der hohen Würde des Priesterthumes tauglich achtete. Und wie scharfe Augen müssen jene der Vorgesetzten seyn, wenn sie die ihrigen zu dem Heiligthume, zum Altare bestimmen. Die dem Priesterthume anklebende Verrichtungen sind die erhabensten in der Welt. Werden sie aber nicht den derbesten Unbilden ausgesetzt, wenn man Leuten sogleich die Hände auflegen läßt, die in Tugenden, und Wissenschaften noch ungeprüft, in jener nicht fest gegründet, von diesen nicht besaftet sind?

Samuel hatte viele Jahre in dem Dienste der Stiftshütte hinter sich zu legen, bis er sich dem Altare, dem Opfer nähern

(n) Laudabunt te Fratres tui, manus tua in cervicibus inimicorum tuorum adorabunt te filii Patris tui. *Gen.* 49.

hern dürfte, und er mußte sich in dem Gesetze des Herrn geflissenst üben, ehe ihm das Gewand eines Priesters vergönnet war. Obere, die ihrem Gewissen fremde Schulden aufzubürden nicht gesinnet sind, beugen allen Entehrungen des christlichen Ephods vor, und befördeven nur jene aus den ihrigen dahin, von deren Geistverfassungen, und Fähigkeiten sie die besten Versicherungen haben. Die Beleidigungen Gottes kommen da auf den höchsten Stufen der Abscheulichkeiten; wenn das Priesterthum, den Tempel, die Religion von unächten Gesalbten die schändlichsten Mackeln erleiden müssen. Von Konraden hatte man nicht einen Schatten von dergleichen grauenmachenden Dingen zu befahren. Er machte sich vor Gott, und Menschen zu gesamten Obliegenheiten eines Priesters tüchtig; und welchen Tag bemerkte er in seinem Leben als den Goldensten, wenn es jener nicht war, an dem er dem Allerhöchsten das erste Meßopfer entrichtete. Seine Innbrunst, sein Eifer, seine Versammlung, seine Herzensfreude erreichten an diesem großen Tage ihr vollkommenstes Wesen, das Feuer der heiligen Liebe loderte unter seiner Brust in helle Flammen auf; und da er nun jene Speise zu kosten anfieng, welche mit einem einzigen Genuße die unerschrockensten Menschen machen sollte, und selbe täglich zu sich nahm, zu welcher Tapferkeit bracht er seinen für die Ehre Gottes, und Marchtalls wohldenkenden Geist nicht; da man den Adlern ihr herzhaftes Wesen zumißt, welche von dem Marke der Zedern sich nähren, und da David seinem Heldenmuthe für Israel einen guten Nahrungssaft verschuf, als er zu Nobe von den Schaubroden genoß. So war dann Konrad zu Marchtall Profeß, oder ausdrücklich Gott vergelübdet, und Priester.

Emittis Sacra vota, tibi fit gratia *pastus*,
  Atque Sacerdoti fit Deus ipse *cibus*.
Maxima tentabis, cui tanta annona paratur.
  Invictum victus talis uterque facit.

Du legst Gelübde ab; die Gnade thut dich speisen,
Als Priestern ist dir Gott zum Proviant beschehrt.
Du mußt ein Held schon seyn, den Marchtall solle preisen,
Weil Gott, und Gnade dich mit Kraft, und Stärke nährt.

XV.

Wird zu Aemtern befördert.

Ein Mensch, wer er immer ist, und wo er immer in die Welt kömmt, ist von dem Schöpfer zur Brauchbarkeit verordnet, es wäre dann, daß er in seiner Zeugung, oder je durch andere Unglücksfälle aus Anordnung des weisesten Verhängnisses in das Fach der Unfähigen, und Unwirksamen gesetzt wäre. Schon der erste Stammenvater wurde zur Arbeit in dem Paradiese angewiesen; und schon er sollte ein Feind des Müssiganges, der blöden Unthätigkeit seyn. Die Welt war freylich in ihrer ersten Herstellung ein unbegreifliches Wunder der Allmacht, jedoch blieb ihre zuverbessernde Gestalt, was den Erdenball betrifft, als ein Werk für Menschenhände bestellt. Ja die Bürger der Erde, welche sich bey der Zerstörung Babels in Provinzen, und Völkerschaften vertheilten, fanden für sich Arbeit genug, bis sie die Felder in fruchtbare Furchen legten, die Wildnissen tilgten, sich Wohnungen, und Städte bauten, Pfützen, und Moräste austrockneten, Felsen zersprengten, Berge abebneten, und diesem Jammerthale nicht soviel zur Wohllust, als Bequemlichkeit ein anderes Aussehen beybrachten. Geschah es durch den Menschenfleiß, was das materialische, als körperliche ist, so mußte es eben so geschehen, was das sittliche belangt. Da hatten die sterblichen eben auch die nothwendige Mühe auf sich in allen Stücken zu arbeiten, damit vernünftige Geschöpfe sich von wilden Thieren unterscheideten.

Der Schöpfer foderte für sich die gemessenste Anbethung in einer unverfälschten Religion. Er schrieb nachmals mit seinem

nem eigenen Finger die heiligsten Gebothe selbst; und bestellte Leute, die auf die Rechtschaffenheit des Menschen bedacht seyn sollten. Wir wollen die Welt, wie sie als der Aufenthalt der Kinder Adams in ihren Theilen liegt, nicht durchwandern. Nur das Christenthum nach der Erlösung, das von Jesus dem vermenschten Sohne Gottes gestiftete Christenthum, soll der Gegenstand unsrer Betrachtung seyn. Selbes in seinem glänzenden Stande zu erhalten both der Himmel alle und jede auf, welche durch die Taufe in selbes eintraten. Es war, und ist es noch, jener Weinberg, in welchen der besorgte Hausvater zu allen Stunden des Tages, das ist in allen Zeiten, Arbeiter hinsendete. Die Müßiggänger wurden von dem Platze ihrer Gähnung vertrieben. Kurz: alle wurden zur Arbeit angewiesen, und mit der Hoffnung des sicher zu hoffenden Tagzehners aufgemunteret. Der Fürst auf dem Throne, der Staatsmann in dem Kabinete, der Krieger in dem Felde, der Bürger in Städten, der Feldmann in seiner Hütte, und besonders die Priester in dem Tempel hatten vor allen andern Geschäfften die Vertheidigung der wahren Kirche, und derselben Gerechtsamen auf sich; und ist es leider! nur gar zu thränenwürdig, daß man heute so wenig Arbeiter hierinn, und so viele Müßige findet, die in keiner Sache ein kleineres Gefühl, als in den Bedrängnissen der einzig seligmachenden Religion haben; und ihre meisten Bemühungen auf Eigennutz und Habsucht verwenden.

Das muß man doch der Wahrheit zu liebe sowohl denken, als reden, daß die geistlichen Ordensstände der apostolischen Schiffe in gefährlichen Orkanen gute Dienste leisteten; und werden es nur feindselig Denkende, und von der Misgunstsgalle hypokondrische Gemüther läugnen, daß die Ordenshäuser in Unterweisung der Jugend, in Gebeth, und Gottesdienst, in Speisung der Armen, in Lehren, und Predigten der Kirche, und der ehrsamen Welt bis auf diese Stunde zu nutzen sind, und dauren; die Obern werden sich sonder Zweifel die Sorge zum Herzen dringen lassen, daß ihre Ordensleute zu allen Dingen sich befähigen, was dahin abzwecket; wir darfen es von unserem Marchtall ohne den Schimpf, den bösen Geruch des Selbstlobes zu befürchten mit einer gesitteten Keckheit behaupten, daß die selbes beherrschenden Prälaten allezeit sich in die Wette beeiferten, die schönen Wissenschaften nach Möglichkeit unter den ihrigen blühend zu machen; nur der Kirche, der Religion frische Arbeiter zuzuschicken, da die Alten an dem Abende ihres entkräfteten Alters auf die Abgabe des Tagesgroschen warten.

Konrad war zu Marchtall erzogen, und er ließ sich in allen Dingen so ausarbeiten, daß seine Obern von dessen Gebrauche nicht das mindeste Bedenken trugen; die erste seiner Stellen war in der Pfarrey Kirchbierlingen, wo er auf eine gewisse Art nicht nur der heiligen Seelsorge aus seinen ganzen Kräften mithalf, sondern in der Jugend schon ein erfahrner Meister des apostolischen Gewerbes war. Von dem unverfälschten Eifer Seelen zu gewinnen angeflammt, lief dieser junge Rebmann in dem gemeldten Weinberge unermüdet umher, lehrte die Kleinen, unterwies die Großen mit Worten, und englischen Beyspielen, und bracht sich mit der ämsigsten Geflissenheit eine solche Erfahrenheit in allen Stücken zu; daß er nachmals auch auf jenem entferneten Weinhügeln Gewicht und Hitze des Tages unermüdet trug, die von dem Wildschweine aus Eisleben schändlich umgewühlet, und von den Füchsen gegenlehrender Wortsknechte gräulich verdorben waren, wie wir bald hören werden.

Konrad hatte aber zuvor ein Amt zubeziehen, dessen Vorzüglichkeiten die nächste an der Abtey sind. Johannes Engler, der schon belebte Prälat entdeckte an ihm alle Eigenschaften dem marchtallischen Convente, als Prior vorzustehen. Es ist zu dieser Klosterstelle dennoch ein Mann nöthig, der von der Erfahrnheit erleucht, von untadlhafter Gesittung geschmückt, mit einer löblichen Bescheidenheit begabt, und mit Kräften die Beschwerden des Chororchesters bey Tage, und Nacht zu ertragen versehen ist. Er muß sich die Zuneigung der Conventualen gewinnen, das Zutrauen des auf keine Privatliebe sehenden Abten inne haben; und zwischen beyden Friede und Eintracht erhalten. Die Bestrafung der Fehler, und der Vorspruch des Löblichen sind seinem Amte anklebend nach der Maase der Ordenssatzungen, welche er nicht überschreiten darf; und sein Auge hat auch dahin zu sehen, ob die Jungen, deren Anschmeichelung ihm ein unbekanntes Ding seyn soll, den Aeltern mit Ehrerbiethigkeit begegnen. Er ist ein Parelie des Prälaten, oder eine von den Stralen der Sonne in einer dichten Regenwolke gebildete Nebensonne, welche aber, wie die wahre, nicht so dauerhaft ist, sondern durch Winde, und Luftnebeln bald wieder verschwinden kann.

Kurz: er ist ein Mittler zwischen dem Vater, und den Kindern, die andere Stütze der Kloster- und Ordenszucht, und der zweyte Leichter auf dem Metzen, auf welchen scharf gesehen wird, und dessen Licht das ganze Ordenshaus behellen soll. **Konrad** mußte alles dieses seyn; und es ist ihm schon alles zu Lob, und Ehre gesagt, daß er in keinem Pünktgen aus dem Geleise trat. Wir finden nicht, wie lange er dieser Klosterwürde vorstund, das wissen wir, daß er ein rechtschaffener Prior war, und als ein solcher viele Jahre auf dem Theater der Klosterstellen zu stehen verdient hätte, wenn man seinem großen Geiste keine weit aussehendere Geschäffte hätte bestimmen müssen.

Es *Prior in donis* (o), meritò meritis *Prior* es tu.
Expertus rerum *dona prioris* habes.
Omnes dum post te *donis Conrade!* relinquis,
Jam *Prior* es; tandem *Major in Imperio* (p).

Die

(o) Genes. 49.
(p) Ibidem.

Die Gaben, so dir Gott, zutheilte auf der Erde,
Erhoben billig dich, als ein erfahrnen Mann,
Man sah, daß niemand dir in Gaben ähnlich werde,
Nun wurdest Prior, und zur Zeit der Erste dann.

XVI.

Kömmt in Würtenberg als ein Missionar.

Wie die Sonne nach dem Himmelsplane des Tychons, und des Ptolomäus sich keine Minute in der Ruhe hält, sondern um den ganzen Erdeklumpen ihren Feuerball wälzet, damit sie allen Geschöpfen das Wachsthum befördere, so muß man großen Männern immer eine Laufbahne eröffnen, auf daß sie zu Arbeiten, deren Begriffe sie besitzen, und zu welchen sie von Gott dem Bilder tüchtigster Seelen staffiert sind, ohne vernünftige Zurückhaltung, ausgehen. Da soll sich ein Oberer von der widersprechenden Misgunst einiger Misvergnügten, oder Selbststrebenden nicht hintern lassen. Und er muß den auf die Ordenshäuser gemünzten Vorwurf, daß die kostbarsten Talente in ihnen kaumicht und schimmlicht werden, ja gar faulen, der Geltung entsetzen. Es ist zwar auf alle Amtsverpflegungen, ob sie von Tauglichen besorgt seyn, zu schauen; da hat sich aber ein Vorgesetzter mit stärkern Erwägungen abzumatten, wo die Frommen der Religion, das Heil unsterblicher Seelen um Hülfe ruft.

Es kann da kein von Gott überlassenes Pfund zu groß, und zu gewichtig seyn, welches zu so ungemeinen, und in die Ewigkeit einschlagenden Dingen sich nicht fertigst gebrauchen lassen solle. Der Heiland, so sagen uns die heiligen Blätter, zeigte sich nie kümmernder, als da er die zwölf Bothen seines Evangeliums, die Apostel, zu benennen hatte. Er sönderte sich von seinen Jüngern ab, stieg auf einen Berg, lag dem inbrünstigsten Gebethe ganze Nächte ob, besprach sich mit seinem Vater, dem Vater untrüglicher Lichter, und erst dann erklärte

er

er sie. Seine besten Prüfungen liefen vorher; er untersuchte und wog ihre Kräften mit dem Gewichte des Heiligthumes ab; sendete ihnen den heiligen Geist zu einem aufrichtigen Lehrer von oben; und ließ sie Seelen zu gewinnen, seinen heilbringenden Namen zu verkünden, die Irthümer abzuschaffen, in allen Theilen der Erde, bis zu den fernen Abyssinen und braunen Mohren auslaufen. Solche Vorkehrungen beugen Betrügen vor, und schaffen jenen Trost, die aus den Ihrigen Männer zur Seelsorge bestellen.

Wir treten zu einer Erzählung über, welche wir keine Satyre, keine stachlichte Anmerkungen, nur die Wahrheit zu mischen, und so solle sich kein Verdacht einer Feindseligkeit unsern Blättern zu nähern getrauen. Die so unverhoffte, als gräulichen Religionszwiste in Deutschland, welche aus den Aspiseyern eines in Sachsen abtrünnigen, stolzen und gelübdebrüchigen Mönchens schlofen, stellte aller Orten die abenteuerlichsten Verwüstungen an. Die böse Bruth vergiftete ganze Provinzen Teutoniens; und die der verderbten Natur schmäuchlende Lehrsätze Luthers, hatten bey Weichlingen, bey Wohllüstlern, bey, auf geistliche Güter lüsternen Fürsten, allen Beyfall.

Würtenberg, das Eden nicht nur Sueviens, sondern wohl des ganzen Deutschlandes, ließ sich auch in das Unwesen verwickeln; und mochte sich dieses Paradiese mit keinem Damme gegen die Flutte schützen, daß es nicht von dessen Schlamme überzogen war. In diesem schönen Lande sah es wüst aus. Die herrlichsten Stiftungen waren das leidige Opfer, welches dem freyen Genuße wider alle Rechte gestreuet war. Die geistlichen Ordenshäuser stunden von ihren gottlobenden Innsassen leer, und ihre Rennten mußten durch unerlaubte Kanäle dahin fließen, wohin die frommen und milden Stifter Zeit Lebens nicht dachten, und dargegen sie in den Himmeln ewig mit Racheschreyen widersprechen.

Es fühlten diese herbe Gewalt nicht nur die vortrefflichsten Klöster Bebenhausen, Lorch, Maulbrunn, Königsbrunn, Hirschau, und viele andern, unter welchen auch das herrliche und auf einer anmuthigen Höhe gelagerte Adelberg war; es war eine außerordentliche Stiftung Wolknands eines sehr edlen Herrn von Stauffen, dessen Geblüt aus der weltberühmten Quelle der Herzogen in Schwaben, und der daraus gewählten Kaisern floß. Er, Wolknand, hatte keine Nachkommenschaft, und seine Gottesfurcht sollte die einzige Erbinn seines großen Vermögens seyn. Er vermachte also sein ganzes Eberspergisches Gebieth dem heiligen Orden von Prämonstrat zur höchsten Ehre Gottes, Mariä, und des heiligen Norberts.

Kaiser Friederich der Rothbart, billigte nicht nur die Stiftung, sondern kam selbst mit seinen kaiserlichen Prinzen Friederich, Henrich und Philipp dahin. Er äußerte die Zufriedenheit, welche von seinem Seelentroste, wie die Abendwolken von der Sonne, durchschienen war; und er ließ in Beyseyn des deutschen Adels den Hochaltar durch den Bischoff von Münster Wernher zur Anbethung des Höchsten, und zur Verehrung der allerseligsten Jungfrauen und des heiligen Ulrichs, im Jahre tausend einhundert acht und siebenzig, einweihen. Wir sahen die traurige Ueberbleibsel dieses vormals so herrlichen Ordenshauses vor sechs Jahren auf der Reise aus Franken mit thränenden Augen an. Der weite Umfang desselben, der noch da sich befindende kleine Altar der Mutter Gottes, und die unter einer schlechten Holzhütte, ohne Ehrerbiethigkeit, wider die Witterung aufbehaltene, aus Sandsteinen meisterlich verfertigte Kunststücke, der alten heiligen Bilder und Cenotaphien, versetzten unserm Herzen den empfindlichsten Schlag. Dieses unter der abteylichen Vaterschaft des rühmlichst blühenden Reichsgotteshauses Roggenburg stehende Adelberg wurde ebenfalls zum Raube Assurs. Die unselige Verträge mit den niemals zu begnügenden Protestanten zu Passau, zeugten diese gräuliche Entfremdung der katho-

katholischen Gotteshäuser in Würtenberg, ohne der andern Erzbischthümern, Bischthümern und Klöstern anderwärts zu gedenken. Was vermag doch die Selbstliebe, Gewalt und Eigennutz in Fürsten nicht, wenn sie sich einmal von dem Felsen des Petrus, von der Religion und Kirche Jesu losreissen.

Ferdinand, der zweyte römische Kaiser, schmachtete, o! er weinte über die Zerstörungen Sions hin. Er, von dem Geiste der Gottesfurcht, welcher ein Erbtheil des allerdurchleuchtigsten Erzhauses von Oesterreich ist. Er, sagen wir, mochte diese Verhäßlichungen der heiligen Stiftungen gähnend nicht ansehen. Er stund wie ein Löwe bey Entziehung seiner Kleinen auf; und auf den Beystand Gottes vertrauend, befahl er durch einen Majestätsbrief, daß alle und jede durch Gewalt entzogene Stifter ihren ehevorigen Besitzern sollten zurück gestellt werden. Da erschienen nun wieder die unter die Gewässer der feindlichen Fluth gesetzte Bergegipfel in dem holden Sonnenscheine; und so kam auch Adelberg gleich einer Taube aus den Klauen der Habichen an unsern Orden wieder zurück. Nichts machte uns reger, als dieser verlohrne Grosche, der unter dem Kerichte des Lutherthumes so lange verborgen lag. Es wurden sogleich Fugnissen getroffen, die besten Männer aus unsern Gotteshäusern dahin zu senden, unter welchen auch Konrad war. Er hatte auf sich mit der ächten Glaubenslehre gegen die Irrlehre Luthers zu Felde zu ziehen; und es war ihm zum Bezirke seines bekannten apostolischen Geistes die dem Kloster Adelberg zuständige Pfarrey Steinenberg eingeraumt, wo die Heerde der Obsicht eines Wolfs, eines lutherischen Wortsdieners angetraut war; und wo der Acker des Herrn mit brennenden Nesseln, und schädlichem Unkraute überstreuet öde lag.

Was konnte dem Herzen Konrads zu größerm Vergnügen seyn? Das glänzende Beywort Missionar, oder Glaubenssendlinges, fiel ihm besser in das Auge, als jenes eines Priors. Ohne Zaudern machte er sich Reisefertig; mit der Freude Zähre begossen sprach er mit Jesu in dem Tabernackel, wie Moses mit Gott in dem brinnenden Dorngesträuche; und er gieng beherzter, als dieser Sendling von Madian in Aegypten Israel zu retten, in Würtenberg, die getäuschten Seelen in die verlassene Straße zurück zu bringen.

Hem! *Steinberga!* tuus, tuus *Adelberga!* redemptor
Conradus properat, vírque salutis erit.
Nobilis hunc animat Fervor. Jam plaudite *montes!*
De Marc*valle* quibus ſpésque, salúsque venit.

Sieh! Steinberg, Adelberg, der Retter ist für beyde
Konrad; Er eilet schon zu eurem Trost und Heil,
Von edler Hitz belebt. Nun Berge! zeigt die Freude!
Weil euch aus unserm Thal ein Lehrer wird zu Theil.

XVII.

Tritt seine Mission wirklich an.

Feinde auf Steinfelsen und Bergen gelagert sind von eigenem Trotze schwülstig, und weil ihrem Grimme und Bosheit die Natur selbst Schlösser gebauet hat, verachten sie, wie die Gemsen und Steinböcke die jagende Hetzer, also ihren Ueberwinder. Schweiß und Blut müssen an die Steine verspritzt seyn, bis man die Höhe erobert, und die aufgeblasenen Gegner von jähen Spitzen in die Tiefe herab stürzt. Auch Konrad, so beherzt er seine Sendung antrat, fand viele Schwürigkeiten, den Plan seiner mit Gottes Gnade gezeichneten Unternehmungen auszuführen. Schon bey dem Antritte der erhabenen Höhen von Adelberg schloß er, daß sein obhabendes heiliges Geschäfft mit Mühe und Arbeit werde begleitet seyn; doch munterte er sich

Seine Herzhaftigkeit.

sich, mit der Beyhülfe des Herrn auf; und weil er in der Schrift las, daß die Arche des Noe viele Wellen durchzurudern hatte, bis sie auf dem Berge Ararat, welches Luther ein verfluchtes Gebirg dollmetschete, bessere aber, und des chaldäischen, auch hebräischen Wörterbuches Verständigere, als eine Fluchung der Furcht und des Zittern auslegen, (q) so legte er alles Zagen und Zittern von sich, und bestieg Adelberg mit so vielen Riesenschritten, als er that.

Da fand er unter tausend Tröstungen seine Ordensbrüder, welche vermög des kaiserlichen Edikts das abgedrungene Adelberg mit einer neuen Colonie aus zerschiedenen Prämonstratenser Klöstern unserer schwäbischen Circarie, wie wir unsere Ordensprovinzen nennen, wieder zu besetzen, da waren. Welche Tröstungen! welche Zähren der Freude walleten nicht über die Wangen dieser Söhnen des heiligen Patriarchen von Magdeburg ab? Sie würden ihren apostolischen Beruf mit allen Ehrenämtern der Welt nicht vertauscht haben; sie küßten die Mauren des geschändeten Klosters, und drückten ihre Küsse als ein Pettschaft ihres Eifers auf selbe, mit Versicherung, daß sie mit ihrem Munde die eingeschlichene Lehre in Bälde ausjagen würden.

Sie sprachen sich Muth zu, das Werk tapfer und einhellig anzugreifen, und sie schlossen unter sich Adelberg mit gesamter Macht in einen noch bessern Adel des heiligen Lebens zu bringen, als es vorher war; ob es schon allemal einen guten Geruch, wie ein von Gott gesegnetes Fruchtfeld, von sich gab; und sie glichen den Israeliten zu Esdras, oder Nehemias Zeiten, welche in Wiedererbauung des Schlosses auf dem Berge Sion zur Ausreinigung des heydnischen Gräuels und Unflats die Maurerkelle in einer Hand, und die Waffen in der andern führten. Das ist, sie erneuerten Adelberg mit Anspannung ihrer Kräffte und Starkmuthe.

(q) ARARAT MALEDICTIO TREMORIS.

Nun hatte Konrad sein Kirchspiel zu Steinberg zu beziehen. er weinte, als er die Schafe, und Lämmer in den Gruben der Wölfe fand. David eiferte nicht so die Anhöhe von Sion aus den Händen des Jebusäers zu reißen: und Jonathan drang nicht so kühn mit seinem Waffenträger durch die Klippen Boses und Sene, als Konrad mit dem reinen Evangelium in Steinberg eingieng. Nichts denn finstere Blicke fielen auf ihn von Seite jener, welche von der weichen Seite bereits die Niedlichkeiten des Fleisches kosteten; doch von Seite der andern, die nach der abgedrungenen Wahrheit lüstern waren, wurde er mit ausgestreckten Armen empfangen. Er sah zum voraus, daß er alle menschliche Klugheit zu sammeln hätte, weil die Gegenglauber ihren angemaßten Sitz zu verlassen sich nicht entschliessen wollten.

Die Protestanten mußten zwar gleichwohl den gottseligen Befehlen des so ernsthaften als frommen Kaisers sich unterwerfen; und doch zauderten sie, weil sie bald aus Norden einen Vertheidiger ihres Unwesens hofften; und nach dessen Waffen, wie die heutigen Hebräer nach dem Messias, mit ganzer Herzensbegierde sehnten. Konrad ließ die Sache dem Herrn über, und fieng seinen apostolischen Beruf mit ganzem Ernste an.

Niemand setzte sich der heiligen Mühe Konrads mehrer entgegen, als der noch anwesende Wortknecht; das Pfarrbrod, welches nur katholischen Arbeitern bestimmt war, schmeckte ihm und seiner Priesterfraue mit ihrem anwachsenden und hungernden geistlichen Kinderschwarm gar zu gut, als daß er es so schnell einem ungeheuratet Ordensmanne abtreten sollte. Er schrie sich fast die Lunge entzwey und börstete beynahe auf dem Katheder, seine zeither aufgeplauderte Lehrsätze gegen eine Abänderung zu verfechten. Doch fand er an Konraden einen Mann, der mit der vollkommensten Polemik versehen,

sei-

seinen lutherischen Kleppern die Sennen und Nerven abzuschneiden, im Stande war. Der Geist des Herrn, welcher aus ihm Konraden, lautere Orakeln sprach, entwaffnete den grundlosen Schwetzer; und er stellte ihn, da er nach dessen kraftlosen Gewäsche allemal die Kanzel bestieg zur Schande; für Konraden war der Redestuhl allezeit ein Triumphgerüst, da er für den zetterschreyenden Afterpfarrer zu einem schimpflichen Halseisenstock wurde.

Lästerte er den sichtbaren Statthalter Christi auf Erden als einen Antechristen, oder Endechristen, wie Luther in seiner Bibel sagt; so war Konrad schon fertig an eben der Stelle den Schlüsselgewalt, das Ansehen, die unzweifelhafte Gerichtbarkeit des Papstes gründlich darzulegen. Schalt er die Bilder der Heiligen als ruchlose Götzen, lobte sie Konrad als nutzbare Schildereyen eines tugendlichen Lebens. Suchte er mit seinem abrinnenden Geifer das Fegfeuer, als eine nur erdichtete Quaal, auszulöschen; verfocht es Konrad mit der Schrift, mit den Vätern und allgemeinen Kirchenräthen.

Polderte er wider die guten Werke in einem ungründlichen Gemisch Gemasche bis zur Heiserkeit; war Konrad sogleich wieder da, und erwies dem Volke, daß der Glaube allein ohne die guten Werke leblos, todt, und ohne Fruchtung sey. Spie er wider die Geheimnisse der Kirche, oder der heiligsten Sacramenten zur Entzweybrechung seines Kröses den Grollen aus; folgte ihm Konrad auf dem Fuße nach und erhob mit Erprobung ihrer Zahl ihre Würdigkeit in größter Sittsamkeit seiner apostolischen Stole. Konrad blieb allezeit der Ueberwinder; und machte sich die schönsten Beuten aus den zurückgebrachten Seelen, da der verweibte Miedling Hohn und Gelächter erhielt.

Ex cathedra loquitur *Conradus* dogmata Christi,
Mox blateras Falsum garrule præco! tuum.
Denuò *suggestum* Scandens Conrade! refutas
Improba, *suggessit* Spiritus illa Dei.

Von Christi Lehre sprichst ganz dreiste ohne Zagen,
Es spricht zuwider dir der arge Prädicant,
Auf den Katheder steigst es wiederum zu wagen,
Von Gottes Geist belebt machst ihn zu Spott und Schand.

XVIII.

Leidet Schmachen und Unbilden.

So scharf der lutherische Wortsknecht von dem Lehramte durch die kaiserlichen Befehle eingehalten war, so unverschamt drang er sich von seinen Gönnern unterstützet ein; und eben so scharf widersprach ihm Konrad, welcher als ein wahrer Hirt der Heerde zu Steineberg vorgesetzt war. Das Feuer des Elias gloschte unter seiner Brust; und wie dieser den schwärmenden Baalspfaffen unerschrocken die Feige wies, so handelte auch Konrad gegen dem Feinde seiner orthodoxen Unterweisungen. Er überwies ihn der Lügenkrame, mit welcher er die Einfältigen täuschete, und er war ein Isaias, der diesem dem wahren Salem, der Kirche, fluchenden Rabsaces herzhaft widersprach. Ein Apostel sieht für sich nichts gewissers als Verfolgungen und Trübsalen vor. Die Wahrheit, so herrlich sie gebildet ist, fällt jenen als ein häßliches Abenteuer in die Augen, die von ihren unumstößlichen Sätzen nichts wissen wollen. Sie finden die scheußliche Lüge in reizendern Zügen; weil sie ihren Leidenschaften und bösen Anmuthungen Zäume und Zügel abnimmt; da die Wahrheit ihnen das Halfter immer kürzer hält.

Die

Die wahre Kirche auf die Wahrheit der göttlichen Kernsprüche allein gefußet findet bey thierischen Menschen nur von darum keinen geneigtern Beyfall, weil sie von schrecklichen Wahrheiten, von Begwaltigung der Sinne, von Strengheiten, von Buße prediget, da in den leichtsinnigen Afterkirchen die weite Bahn zu allen Dingen, nach welchen das verderbte Fleisch hängt, sich aufsperret.

Christus sagte es seinen Aposteln zur Warnung vor, daß sie wie die Lämmer unter Wölfe kommen werden, daß sie von den Synagogen ausgeschlossen alle Ungemache fühlen, und vor den Richterstühlen den Sentenz des Todes hören würden. Er bezog sich auf seine heiligste der schlimmen Natur zuwider gehende Lehre, deren Verkündigung ihnen Schimpfe, und Widersprechungen zuziehen werde. Eine heilige Gleichgültigkeit, ein gefaßter Muth, eine standhafte Entschlossenheit, und eine aus Diamant verfertigte Geduld ist also einem katholischen Seelsorger das unentbehrliche Mittel, alles ohne Furcht zu erwarten, was die Feindseligkeit wider ihn ersinnen kann.

Konrad hatte zwar alles an sich, was ihm Liebe und Gunst auch bey Feinden erwerben sollte. Freundlichkeit, Sanftmuth, heiliger und unschuldiger Lebenswandel hatte auch bey den Gegenglaubern das bestimmte Gutheissen; sie fanden so wenig Ursachen ihn anzufechten, als die Dornspitze einer Rose mit Unglimpfe zu begegnen. Nur die Wahrheit seiner Lehre zog ihm den Haß zu, und da er die falsche Grundsätze seines Mitwerbers nothwendig über den Haufen werfen mußte, und dessen Lügen öffentlich an das Licht zu stellen hatte, fiel er in den Grollen seiner Widersacher, die ihm mit Drohungen, und Gewalt den Mund zu stopfen, suchten.

Er predigte einmal an dem Festtage der heiligen Aposteln Simons, und Judas von dem Geiste des Herrn, besonders gehitzt von den Wahrheiten der unfehlbaren Kirche Jesu. Der herzogliche Vogt, dem nur die Lehre Luthers zur Naschung seiner verdorbenen Seele schmeckte, und nur den Prädicanten, als einen Zuckerbecker der niedlichen Gewissensfreyheiten erkennte, wollte den katholischen Prediger von der Kanzel verdrängen. Mit einem bewaffneten Haufen brach er alsogleich in die Kirche ein; befahl mit der größten Ungehaltenheit, mit einem rasselnden Getöse der Feuerröhren den Lehrstuhl einem andern abzutreten, und geboth Konraden schnaubend das eilfertige Stillschweigen. Das zitternde Völklein der Zuhörer war in der äußersten Verlegung, glaubte von den Mördern durch das feindliche Bley sogleich in den Rachen des Todes zu fallen, und ganz blaß sah es den tödtenden Kugeln entgegen: doch nur Konrad nicht. Ohne mindeste Verwirrung, von dem geringsten Schrecken ferne, seiner richtigen Sätzen ein ungestörter Vertheidiger brachte er die Kette seiner Worte nicht nur in keine Verwickelung, sondern setzte seiner Rede ohne Verkürzung derselben, ohne Hinweglassung einer Sylbe das endliche Amen unter. Man zweifelte, ob er die Gefahr in eine Entzückung gerissen nur gemerkt hätte, oder man glaubte doch, daß er dem Marterpalme von diesem eislebischen Wildschützen ganz gewies gehoffet habe; das einzige Gesuch der mit Gewehre bewaffneten Rotte war ihren Wortsdiener in dem Besitze der Pfarrey zu erhalten, und ihn zur Abschreyung seiner verführerischen Dogmaten mit einer widerrechtlichen Gewalt, als eine Leibwache auf die Kanzel zu bringen.

Er wagte es, und schleppte sich als ein selbst gewaltiger Einbrecher in eine fremde Ernde seine unapostolische Sichel zu schwingen auf die Kanzel. Er wagte es, allein da er mit seinem schwachen, und mehr als halbtodten Lehrepulver wider die Katholiken unter den Musqueten seiner Bedeckung Feuer gab; ließ sich Konrad alsobald von seiner wohlbespickten Batterie wieder hören, und schoß in die morsche Mauer seines Gegners eine Lücke, durch welche der mit seinen Lands-

knechten

knechten beschämte Großsprecher hinweg ziehen mußte. Solche Thaten kann man nur von jenen hoffen, die von der Wahrheit ihrer Sätzen überzeigt, für selbe Blut und Leben zum Opfer zu geben, alle Augenblicke auf der Wahlstätte der Glaubensstreiten bereitet stehen.

Armati veniunt; Sclopus, catapulta minantur,
Ni subitò taceas, plumbea grando venit.
Intrepidus pergis, nec *plumbum*, interrite! curas,
Aurea dum recitas dogmata vera poli.

Die Feinde stehen da, dich Redner! zu erschießen,
Das g'spannte Feuerrohr zeigt, daß sie dir nicht hold,
Du bliebest ungestört, davon sie mußten schließen,
Daß ihr verächtlichs Bley nur trotz der Wahrheit Gold.

XIX.

Die Hartnäckigkeit ist bey allen, die der Wahrheit Feinde sind der böse Ursprung aller Unternehmungen; und hat der in die Falschheit eingewurzelt Eigensinn alle Milde verlohren, dem Erkenntnisse des Frevels einen Beytritt zugestatten. Die unartigen Vorurtheile maßen sich das Recht zu, ungestimm zu seyn; und wird man eher Felsen auf der Glut schmelzen, als der eingehärteten Halsstarrigkeit den Nacken beugen. Die Glaubensgegner hatten sich schon wider Konraden verschworen; und sollten in Würtenberg eher keine Trauben mehr zur Zeitigung gelangen, als daß die Weisheit der katholischen Kirche in ihrem Hause von sieben Säulen ihre Geist stärkende Weine ferner ausschenken sollte (r). Sie, diese heftigen Verfolger, zogen haupt-

Ward in dem öffentlichen Gottesdienste beunruhiget.

(r) Saptientia ædificavit fibi domum, excidit columnas feptem — — — mifcuit vinum. Prov. 9.

hauptsächlich wider das heiligste Meßopfer los, und erdachten alles, die Geheimnißreiche Gepränge der heiligen Römerkirche schimpflich zu machen.

Allein Konrad wollte sie überführen, daß sie, unsere Kirche, keine so nackende und blose Religion, wie jene der so genannten Evangelischen wäre. Er lachte über ihre Blöße, und erwies ihnen, daß die Wahrgläubigen ihrem Gott mit menschmöglicher Herrlichkeit zu dienen hätten. Er beobachtete die Jahrszeiten der Kirche genau, und unterließ niemals wenigstens in der Stille jene Sachen mit der priesterlichen Weihung zu segnen, welche wir Sakramentalien, das ist, vom guten Gebrauche in Gebethen, Besprengungen, Speisungen, Bekennungen, Abreichungen, und Segnungen, als von der Kirche Krafthabende der Seele, und Leib erspriesliche Dinge nennen. Er belobte sie mit Grunde in seinen Predigten, und rufte sie aus der Verbannung in seine christliche Gemeinde wieder zurück. Er theilte sie in Geheim, um von dem solchen Dingen bis zum Grisgramen gehässigen Prädicanten ihnen keine Strafe zuzuziehen aus.

Auch jene gebrauchten sich derselben, die von Konradens Weyde nicht waren; und sie erfuhren, daß durch deren Gebrauch nicht nur die Menschen von Kröpfen, und plagenden Fiebern, sondern auch das Vieh von Seuchen, und die Felder von der Unfruchtbarkeit erlediget wurden. Das allerheiligste unter allen Geprängen des wahren Christenthumes, das Opfer der Messe, fand bey Konraden eine freymüthige Vertheidigung. Nicht nur erklärte er selbes, als die höchste Handlung, welche der Heiland zu seinem Gedächtnisse in den letzten Stunden seines Lebens den seinen zum edelsten Vermächtnisse übergab, sondern er entrichtete es, dieses Opfer, täglich, wenn ihn nicht dringende Umstände davon abhielten.

Die

Die alten Patriarchen brachten dem Herrn ihre Brandopfer in Mitte der Heyden; und Konrad scheute sich nicht bey dem Altare jenes Lamm zu schlachten, welches Luther von dem Satan bey der Salzbixe unterrichtet, als den höchsten Gräuel abzuschaffen sich unterstund. Er wollte dieses himmlische Geheimniß nach dem Beyspiele seines heiligen Ordensvaters in Zeiten des rasenden Tanchelins, aus der Verachtung wieder hervorsuchen: er genoß es nicht nur selbst zur Erfrischung seines Geistes, sondern trug es auch den Kranken, und Sterbenden zu. Das Manna in der Wüste litt zwar von den misvergnügten Israeliten derbe Scheltungen, doch waren die Schimpfe der Anhängern Luthers noch weit häßlicher, welche auf den sakramentalischen Gott aus ihrem unsaubern Schlunde zuflogen. Konrad mußte sich alles gefallen lassen; und je mehr die Feinde dawider stürmeten, desto beflammter war sein Herz, wenn er den Sohn Gottes, dessen himmlischen Vater auf dem Altare opferte. Getös, Tumult, Zischen, Gelächter hielt er für seine Zimbalen, und Kirchenmusik; und war er in seiner Andacht in Mitte der gemachten Unruhen so unangefochten, als die Angelsterne, wenn sich die großen Kreise der Himmel um sie her drehen.

Eines Tages geschah es, daß die Spötter der heiligen Messe sich mit Klatschen, und Hohnschreyen bey der Kirche versammelten; da er eben in den empfindlichsten Süßigkeiten seiner Seele opferte. Sie lasen in ihrer vollen Mette alle Schimpfpsalmen, da er in dem anderten Theile des Kanons seinen lebendigen Heiland mit den schärfesten Blicken des Glaubens betrachtete. David spielte tanzend vor der Arche, obschon die Spötterinn Michol alle erdenkliche Höhne auf ihn zuwarf; und Konrads von den heiligsten Anmuthungen belebte Seele hüpfte unter dem Getimmel der Speyvögel nur desto fröhlicher vor der lebendigen Arche des neuen Testaments auf. Sie sahen, daß die Andacht des gottseligen Priesters in keine Unordnung zubringen wäre. Daher ersannen sie neue Störungen: und warfen mit Steine die Fensterscheiben der Kirche ein, daß die Trümmer mit den Kieseln auf den Altar hinfielen. Doch war noch Konrad, noch derjenige beschädiget, welcher nicht nur dem Steinhagel auf der Bergspitze zu Nazareth, sondern auch jenem in dem Tempel entwich.

Konrad stund indessen unbeweglich, wie eine Säule unter dem Schlossengewitter; die Thränen benetzten freylich seine Wangen, die ihm wegen der fürchterlichen Entehrung des Herrn ausbrachen. Er bath den langmüthigen Gott für die Erleuchtung der Bösewichten, auf daß er ihnen durch Gnade und Verzeihungen die steinerne Herzen mit fleischernen wechselte; das Klingeln der Gläserscherben ermunterte seinen Muth, der von gehärtetem Krystalle war, und er bracht sein Opfer in der stillesten Seelenruhe zu Ende.

Saxa ruunt, lapidésque volant, fractæque fenestræ
Dissiliunt templi, dum sacra, mysta! facis.
Dissiliant, quid tum? Vitra frange tenebrio, quid tum?
Major Catholicis lux fit abinde sacris.

Die Steine flügen aus, die Fenster sind zerschmerttert,
Als du das Opfer hältst im Tempel ohne Scheu,
Du achtest alles nicht, wenn es schon also wettert,
Der Feind dem Opfer bringt ein neues Licht nur bey.

XX.

Findet Freunde.

Wer unter Menschen für sich keine Gönner hat, kann von den treffendsten Streichen erzählen; und wenn keine Zufluchtstatt offen stehet, ist er von einem erbärmlichen Schicksale getroffen. Eine Holztaube, be, welche keine Oeffnung in einem Baume findet, bleibt alleweil dem Fraße der Raubvögel ausgesetzt; und eine Traube ohne deckblatt ist von dem Reifen bald beschädiget. Man darf es einem Menschen zu keiner kleinen Glückseligkeit schätzen, wenn er weis, wo er Schutz suchen mag; und der Misgunst darf nicht so wild handeln, so bald er sieht, wo der angefeindete einen Vertheidiger hat. Konrad mit allen seinen übrigen Ordensbrüdern zu Adelberg, und dessen Bezirken würden seinen kürzern Aufenthalt daselbst gehabt haben; wenn nicht kaiserliche Völker in der Nachbarschaft gestanden hätten, deren Gegenwart die bösen Absichten der Würtenbergern noch strenge zurück hielten; da war es nun, wo diese norbertinischen Bienen auf die Sammlung der süßesten Beute, das ist, des Seelengewinnes ohne gar zu gefährliche Hindernisse ausflogen; und dem katholischen unabgöttischen Gottesdienste tröstlich abwarteten.

Konrad hatte insonderheit das Glück bey dem kaiserlichen General, welcher mit seinen unterhabenden Kriegern, die damals wohl befestigte Stadt Schorndorf besetzte, Gunst, und Huld zufinden. Freundlichkeit, angenehme Gebärdung, und die einem Ordensmanne allezeit rühmliche Sittsamkeit bahnten ihm in das Gemüth dieses Befehlhabers den Weg so tief ein, daß er von ihm nicht nur als dessen geheimester Gewissensrath, sondern auch als Hofkappelan benennt war. Da machte der Eifer Konrads schon wiederum größere Schritte; er fand ein schönes Feld auch dorten Früchten zusammeln, wo die Ernde aus Waffen, Lanzen und Spießen bestund. Nicht allein dem General brachte er die besten Lebensregeln bey, sondern gewann auch die Zuneigung der andern Kriegsbeamten, und gemeinen Soldaten also, daß er sie nach der besten Zeichnung eines christlichen Kriegers bilden mochte. Sein ehrwürdiges Aussehen erwarb ihm Ehrfurcht, sein geistvolles Gespräche Beyfall, und sein unschuldiges Leben Hochschätzung. Man erkennte ihn als einen ächten Besatzungs, und Lagergerapostel, und verlohren die sonst unverschamte Kriegslaster die Kühnheit öffentlich zu erscheinen.

Kurz: Konrad hatte bey den kaiserlichen, und katholischen Kriegsleuten durchgehends wie Samuel bey den Schwadronen Sauls, und Onias bey dem Machabäer Heere, eine solche Hochachtung, daß sie ihm nicht nur keine mindeste Beleidigung zufügten, sondern alle Beförderungen seiner lobwürdigsten Gesinnungen verhießen. Ja, sie steuerten auch seinen zeitlichen Anbringungen, da Ossa der General, und andere, auf sein Vorstellen, daß die marchtallischen Unterthanen die von Freunden und Feinden ihnen auferlegte Kriegsschatzung abzuführen außer Stande wären, ein tausend vierhundert Gulden zu bezahlen beorderten. So mächtig ist eine tugendhafte Seele, welche Herzen an sich zuziehen keinen andern Magnet, als sich selbsten hat. Wie kirreten indessen Konrads Feinde, wie wetzten sie die Zähne ohne einen Biß wagen zu dörfen, und wie mußten sie ihre beschlossene Feindseligkeiten zur Unmacht verweisen.

Hæretici te contrà imponunt *Pelion Ossa*,
Parte sed ex alia Nobilis *Ossa* favet,
Militibus suades bona plurima, castra reformans
Monstras pro domino quàm pia bella geras.

Die Feinde wider dich zwar Berg, auf Berge häufen,
Der tapfer Ossa doch blieb herzlich dir geneigt,
Mit besten Räthen weil die Krieger thust besteifen
Hat es, wie gut für Gott du kriegest, sich gezeigt.

XXI.

XXI.

So bald der Herr in dem Schiffe schläft, so bald wird es von Winden und Wellen auf der See heftiger umgetrieben. Die unendlichen Rathschlüsse Gottes waren schon so unwandelbar gezettelt, daß Deutschland gestraft, und die Religion bedrängt werden sollten. Es war beydes in seiner großen Dyphtere nicht zwar von einer Ziegenhaut, wie die heydnische Fabler ihrem verhängenden Jupiter zudichteten, sondern von den Blättern seiner Verordnungsmacht beschlossen. Er, der Herr, ließ zu, daß die wider den frommen Kaiser Ferdinand, und den des heiligen römischen Reichs katholischen Antheil, besonders wider die Gewalt der heiligsten Kirche zetterschreyende Luthersjünger einen fürchterlichen Fürsten aus Norden zur Hülfe riefen. Sie hatten auch Gehör, weil er so, wie sie, dachte. Welche Freude für sie, und wie jauchzeten sie nicht, wie tanzten sie schon in gewaffneten Reihen mit ihren aufborstenden Schnurrbärten umher, als in Stockholm die Trommel gerührt wurde.

Die Feinde werden wegen den anrückenden Schweden muthig, und Konrad wird auf eine wunderbare Weise vor der Mishandlung bewahrt.

Gustav Adolph, König in Schweden, ein zwar großer Held, aber sehr kleiner Freund der Rechtgläubigen ließ sich blenden, daß er der Moses wäre, und nicht zwar bey einer brennenden Dornhecke, sondern bey seinen gefeuerten Waffenschmieden berufen sey, dem sogenannten Israel, dem schmachtenden Zion, beyzuspringen. Er brach also aus seinen Eiswinkeln und Schmelzhütten mit gesamter Macht auf, setzte sie zu Schiffe, und langte den vier und zwanzigsten Junius, in dem Jahre tausend sechshundert ein und dreißig in der Insel Rügen an. Da fieng er an, die Geisel Deutschlands zu seyn, deren Streiche wir noch in den Narben und Schrammen der kaum geschlossenen Wunden aufweisen können, und davon die kleinen Kinder noch in unsern einfältigen Zeiten singen: Der Schwed ist kommen, hat alles weg gnommen, hat d'Scheiben eing'schlagen, hats Bley davon tragen, hat Kugeln draus gossen, hat d'Bauren verschossen.

schossen. Da brach der sogenannte dreyßigjährige Krieg in sengende Flammen aus, wenn wir ihn von den böhmischen Unruhen bis auf den Westphälischen Friedensschluß berechnen.

O Krieg! du bist in deinem Namen schon das scheußlichste Ungeheuer, und wenn du so viele Jahre nicht zu dämmen bist, wie fängst du an wie ein alter Drack erschrecklich zu werden. Wir zittern noch heut zu Tage, wenn wir die aneinander gekettete Verwüstungen deines Gräuels in den Geschichten lesen; und wir sind gezwungen, dir noch in dem auf dich gefolgten Frieden zu Münster und Osnabrück zu fluchen, aus dem noch so viele Zwisten, wie die Pestilenzen aus der Bixe der Pandora, brechen. Warum zürnen wir aber, da wir uns mit dem Geschicke göttlicher Zulassungen allein begnügen sollen. Lese man die Auftritte dieser von Feuer glimmenden, und Blute träufelnden Schaubühne anderwerts, wenn es doch ohne warme Thränen geschehen kann. Wir halten für diesmal uns nur bey **Konraden** auf.

Der Abmarsch des ihm so günstigen Generals Ossa, und die wider die katholische Seite bey Leipzig gleich darauf vorgefallene unglückliche Schlacht, waren für ihn und alle Ordensmänner in Würtenberg böse Folgen. Das ganze dem Luther zinsende Land schlof auf einmal in die Waffen. Die Klöster wurden besetzt, die Pfarreyen den wahren Hirten wieder abgenommen, die der Seelsorge abwartende Prämonstratenser mußten inner den Mauern Adelbergs das Asyl suchen. Nur **Konrad** hielt sich noch am längsten. Nur er war der unerschrockenste. Er sah wohl vor, daß er in einem feindlichen Lande, wie Paulus zu Jerusalem, Gefängnissen und Ketten zu befürchten hätte. Er wußte aber zugleich, daß ein Mensch, der zu andern Agonen und größern Absichten von der höchsten Vorsicht bestellt ist, sich des Rathes des Herrn aus dem Evangelium bedienen solle: **Wenn sie euch verfolgen, so gehet von einer Stadt in die andere.**

Ein

Ein Held stellt sich niemals zu blos unter die feindlichen Waffen, der zu mehrern Eroberungen den Geist seines Grosmuthes anwenden kann, und ist die Verwegenheit von seiner Seite eher zu tadeln, als zu loben; weil seine Person noch beträchtlichere Conqueten zu machen hat. **Konrad** war für den Schutz **Marchtalls** von Ewigkeit ausgesehen, und daher wollte er sich zu diesem großen Werke ersparen, und den Nachstellungen, den Ernsthaften, in Würtenberg entweichen.

Wir haben da eine Scene der spielenden Hand Gottes etwas genauers zu schauen. So lang **Konrad** zu Steineberg der katholischen Gemeinde zum Seelenhirten war, so hatte er seine Wohnung mit dem lutherschen Wortsknechte allezeit gemeinschaftlich. Das Dach bedeckte beyde, und wie Dagon und die Arche unter einem Gewölbe ruheten, so mußten sich beyde nur von einer Wande geschieden, die Herberge beziehen; Laban und Jakob hatten ebendasselbe unter einander zu theilen, die Behausung; doch also, daß dieser seine Heerde vor jenem vermehrte, und **Konrad** seine Pfarrseelen in einer größern Zahl sammelte.

Konrad gewann mit seiner Artigkeit das Gemüth des aufgedrungenen, und zum Abmarsche niemals fertigen Beysitzers, und wenn er schon auf der Kanzel ihm zuwider war, so lebte er mit ihm dennoch friedlich, wie das Lamm und der Wolf in der Arche des Noe. Er hatte in seinem sehr engen Zimmer nur einen katholischen Diener, da der Hausgesell eine Kinderstube mit Früchten seines apostolischen Ehestandes gefüllt sah; und da er mit dem Tagzeitenbuche, mit Studieren seiner Predigten die Stunden des Tages hinbracht, so war der luthersche Hausmann mit seiner ehelichen Hauspostill indessen in zweyträchtigen Anekdoten der wirthschaftlichen Umständen beschäftiget. **Konrad** sah nur auf den Frieden im Hause, welcher von Ungleichdenkenden eine Seltenheit ist; und erfuhr an seinem Hausgesellen allererst die Neigung der Hochschätzung, da das Pfarrhaus, Konraden zu suchen, von Soldaten umrungen war.

Die bewaffneten Schergen kamen auf den katholischen Pfarrer, wie die Mordknechte des römischen Landpflegers auf den Herrn, los. Fluchen und Schelten waren die ersten Ladungen ihres Maulgewehrs, welche sie tapfer, als Patronen ihrer Gehäßigkeit, gegen die römischen Geistlichen ausbrechen ließen; und würde Konrad sonder Zweifel entweder den Tod, oder gewiß ein unbarmherziges Gefängniß erfahren haben, wenn der für ihn durch Gottes Anstiftung sorgende Prädicant ihn in keinen Kasten verschlossen hätte. So ist doch noch ein Freund wider Vermuthen für die Gerechten zu finden; und so war in Israels Zeiten eine Rahab, die die Soldaten Josues den Rottmeistern in Jericho verbarg; und eine obschon zänkische Michol, die einen David gegen die Häscher des Sauls in Sicherheit setzte.

Anbethungswürdigste Vorsicht! er, Konrad, dankte dir auf den Knien für deine alle Menschenwitze übersteigende Bestellungen; und Marchtall wird sie auf ewig anpreisen. So vertheidiget der Himmel die Seinen, der auch unter den Gefahren der Krokodillen einen Moses in die Arme einer ungläubigen Prinzeßinn hinschwemmte, der doch zur Zeite Kanopus, oder Aegypten, züchtigen sollte.

Uno sub tecto *Lupus* ipse moratur, & *Agnus*,
Est socius tecti, vir probe! præco tui.
Profuit hic *Agno Lupus*, En! miracula narro,
Pro te quando *lupos* arcuit ipse *lupus*.

Der

Der Prädicant und du in einem Hause wohnen,
Das Lamm lebt mit dem Wolf, o! unter einem Dach.
Die Wölfe schaden nicht, sie müssen dir verschonen,
Der Wolf beschützt das Lamm, o! unerhörte Sach.

XXII.

Gott, auf dessen Winke alles geschieht, der mit der Welt nach Gefallen spielet, ganze Provinzen unter Wasser setzt, und durch Bebungen der Erde neue Inseln aus den Abgründen hervor schiebt, wo vorher die großen Wallfische schwammen, der neue Lichter an das Firmament zu setzen, und die alten zu erlöschen im Stande ist. Dieser Gott, dieser in seinen Gerichten erschreckliche Herr der Welten, den niemand fragen darf, warum thust du es? Dieser ließ zwar über Adelberg, und andere Gotteshäuser in Würtenberg, einige durch die dichten Wolken brechende Hoffnungsstralen sichtbar werden. Allein sie waren bald wieder zurück genommen; und brachen die zerschmetternden Gewitter der Unkatholischen also an ihren Horizont, daß den krachenden Schlägen zu entweichen alles flühen mußte.

Entflühet der andringenden Gewalt, und kömmt nicht ohne Bewunderung nach Wiesensteig.

Gott war mit der Arbeit der Sendlingen zufrieden, und beleuchtete sie, daß sie von der Brunst fremder Wohnungen, ihre eigene zu retten, in ihre Heimath wiederkehren sollten. Die sich für Schweden ausgebende Poltergeister waren Sinnes, die katholischen Geistlichen aus den Klöstern mit einer weit heftigern Wuth, zu verjagen, als sie das erstemal thaten, oder wenn sie selbe erwischten, ein ihrem Geldwucher gedeiliches Lösegeld für ihre Entlassung zu fodern. Und in der Wahrheit, zween aus dem Reichsstift Roth dahin bestimmte Väter, Dyonis und Franz, mußten sich dem letzten Schicksale gänzlich unterwerfen. Eine unbedachtsame Verzögerung lieferte sie in die gespitzte Finger der hungernden Schnapphahnen, und würden

den sie in dem Gefängnisse eine geraume Zeit daß bittere Muß der Kolloquinten gespiesen haben, wenn sie den Arrest mit goldenen und silbernen Schlüsseln nicht aufgesperrt hätten.

Konrad, der ein guter Kenner aller Fügnissen war, wollte, seinem liebsten Marchtall die Unköſten ersparen, da er schon vor sah, daß es sein ganzes Vermögen ohnehin dem anrückenden Feinde, um Abwendung der einzuwerfenden Brandruthen zu opfern hätte. Er entschloß sich vernünftig, seinem eigenen Gotteshause zur Hülfe zu eilen. Er versteckte sich in einer Dachrinne, mit Schnee ganz bedeckt, von Morgen bis Abend vor den Blicken der würtenbergischen Sbirren; und machte sich endlich davon. Er sah viele hundertmale, wie der vor Furcht des annähernden Absalons von Jerusalem ausgehende David auf den Berg Sion, also auf das verlassene Adelberg, zurück; und da Loths Weib unter den hinter sich geworfenen Blicken auf Sodom, zu einer Salzsäule ward, so zerfloß er bey nahe in Thränen, als er auf das von Unglauben und Wuth gloschende Würtenberg zurück schauete. Doch fand er ein glücklicheres Segor, als dieser unvorsichtige Patriarch, und kam mit beschleunigten Schritten in Göppingen, einer würtenbergischen Gränzstadt, an. Da kostete er den Wermuth der Bekümmerung einen ganzen Tag in einem verborgenen Orte; dessen Saft ihm unfreundlicher an das Herz lief, als das dortige Sauerwasser den Trinkenden an den Gaumen.

Auch hier fand er, wie Paulus zu Damascus, Freunde; mit diesem Unterschiede, daß dieser Apostel von den Glaubensbrüdern in einem Korbe, dem Wütheriche Arethas zu entkommen, über die Mauern hinab gelassen wurde; Konrad aber, Herr! wie süß sind deine Vorkehrungen, da du Feinde in Gönner, und versäuerte Herzen in die freundlichsten Geneigtheiten nach Belieben ändern kannst. Er fand in den Augen des lutherschen Stadtarztes Herrn Wahl,

und

und eben auch eines andern Gegenglaubners Herrn Oexlin Gnade. Sie waren von der sehr nahen Gefahr Konrads gerührt, und sie liessen ihn, nach bestellten Postpferden, in den dunkeln Nachtstunden, über das Gemäuer Göppingens in das freye Feld an einem Stricke hinab. Er dankte seinen unverhoften Wohlthätern mit stillen, aber bestgemeynten Winken, um dieses große Stück einer rechtschaffenen Menschenliebe; er fand das Heil aus der Hand der Gegengesinnten, und kam unter dem Schutze des Allerhöchsten glücklich zu Wiesensteig, einem ohnfernen Städtgen an, wo er, unter betrübtesten Beherzigungen, zu einem etwaigen Troste seinen liebsten Mitbruder und Mitpriester Norbert Moner antraf.

Marchtallum ut redeas, fugis, & te funis ab alto
 Maro *Heterodoxâ* mittit ad ima *manu*.
Hostis amicus erat. Marchtalli tuncque pependit
 Ex *Heterodoxâ* spésque salúsque *manu*.

Marchtall zu liebe flühst, es setzt von hohen Zinnen
 Durch Feindeshand ein Strick dich in das sich're Land.
Der Feind war dir zum Freund, du eiltest zu entrinnen,
 Und hieng ja Marchtalls Glück von einer Ketzerhand.

XXIII.

Ein Ort, wo ein Verfolgter seine Sicherheit findet, ist allemal eines dankbaren Angedenkens werth. Das Haus Labans hatte bey Jakob immer eine Hochachtung, weil er sich allda wider die Verfolgungen seines Bruders Esau aufhielt; und vergaß David, als er von dem Angesichte Sauls floh, die Stadt Geth niemals, wo er bey dem Hofe Achis seinen Schutz genoß. Konrads Zufriedenheit

Kömmt in Baurenkleidern nach Marchtall.

heit in Wiesensteig, einem katholischen Orte angekommen, und aus den feindlichen Gegenden glücklich entronnen zu seyn, hielt bey ihm das Gedächtniß dieses Städtgens immer in frischen Erinnerungen. Er war allda von jedermann wohl aufgenommen, und von Bestgesinnten wie Paulus mit seinen Gefährten in der Insel Maltha, von dem Pfleger Publius, also mit seinem Mitbruder Norbert wohl gehalten. Nur sah er allda eine allgemeine Bestürzung wegen einlaufenden Nachrichten, daß das schwedische Heer auf seinen Siege über den General Tilly pochend, auf Schwaben mit eilfertigen Schritten zueile. Da mochte er sich nun länger nicht aufhalten; sondern nach genommenem Urlaub von seinen Gönnern, machte er sich mit seinem besagten Ordensbruder, sein liebstes Marchtall bäldest zu sehen reisefertig.

Doch fand er die Noth, sein weisses Ordenskleid hinweg und den schlechten Kittel eines Bauermannes anzulegen, weil die Straßen wegen den umschwärmenden Feinden sehr unsicher waren; in diesem elenden Stande kam er mit seinem Norbert in Marchtall glücklich an. Mit welcher Freude war er von dem Abten Johannes und dem ganzen Kloster empfangen; und wie äußerte sich anderer Seits das Mitleiden ihn in einem so elenden Aufzuge zu sehen? Sie ertatterten noch mehr, als diese zween Marchtallische Josue, und Kaleb aus Würtenbergs Chanaan keine Traube, sondern ungeschmacke Erzählungen, bittere Nachrichten von Verfolgungen der Katholischen mitbrachten; Konrad zog also sein entlehntes Baurengewand wieder ab, der von Gott schon ausgesehen war, mit dem Pflugeisen seines mit der Zeit anzunehmehden Wappenschildes, den Beruf eines sittlichen Ackermannes in Marchtall zu erfüllen.

Personatus abis, toga rustica te tegit, atque
Marchtallum properas, quô sacra rura colas.
Exue, quam portas vestem, tegménque *coloni*,
Vomere personam tu *melioris* ages.

Ein schlechter Baurenrock thut Konrad! dich verhüllen,
Du eilest Marchtall zu, das Feld zu bauen an.
Fort mit dem Baurenrock, weil besser wirst erfüllen
Mit dem Pflugeisen dort dein Amt als Ackersmann.

XXIV.

Marchtall wird Konraden von dem entweichenden Abten Johann zur Besorgung übergeben.

Die Morgenstunden sind insgemein die sichern Vorbothen des künftigen Tages; und aus den Handlungen eines Menschen kann man die nachfolgenden gar leicht muthmaßen. Wenn Gott jemand zu Großthaten bestellt, so läßt er ihnen meistens Dinge vorgehen, welche sie gleichsam in Sinnbildern entwerfen. Hercul spielte mit den Schlangen in der Wiege, und zerriß sie; und er deutete hiemit die Erwürgung jenes siebenköpfigen Drackens an, welcher sich in der lernäischen Pfütze aufhielt; und Samson brach einem Löwen den Rachen bey Thamnatha entzwey, ehe er das Heer der Philister mit dem Kinnbeine eines Esels schlug.

Konrad hatte bis daher nur die Erstlinge seines Großmuthes gezeigt; und er machte hiedurch Marchtall gewisse Anzeige, was er fürohin für dessen Wohl unternehmen würde. Die in Schwaben mit ihrem stolzen und gekrönten Heersführer eindringende Schweden, Gothländer und Dahlekerls, füllten indessen alles mit Furcht und Schrecken. Das untere Deutschland lag von ihren Verwüstungen schon vollends in Aschen und Grauen. Noch Stand, noch Geschlecht, noch Alter war von ihnen verschont; doch waren die Ordenshäuser die unglücklichsten Gegenstände ihres unmenschlichen Verfahrens. Niemals stund ein betrübteres Ostern für Marchtall in den Allmanachen, als jenes in dem Jahre tausend sechshundert zwey und dreyßig. Da war es, als der schwedische Pharaon gegen Marchtall mit seinen Schwadronen angezogen kam; und da war es zumal, wo der Abt Johannes Engler mit seinen Klostersöhnen in die leidige und erbarmungsvolle Flucht zu gehen hatte.

Man muß doch für einen Menschen keinen empfindlichern Zufall aufweisen, als wenn er seine theure Wohnung mit dem Rücken anzusehen gezwungen ist, wo er sein Leben bis in Tod zu zubringen sich zum größten Vergnügen nahm; und in welchen Bestürzungen des schüchtern Gemüthes hat er zu darben, wenn er zweifelt, ob er sie wieder in dem alten Stande, oder in einem kalten Aschenhaufen sehen werde. Seufzen und Zähren begleiteten den Abschied des frommen Prälatens und seiner Kinder. Er machte alle Verfügnissen, welche diese unselige Unstände foderten. Das Beste, sowohl Kirchen- als Hausgeräthe, wurde nach Möglichkeit wider den Raub der Feinde in Sicherheit gebracht, und war unter diesen auch das Haupt des heiligen Tiberius, unsers vielvermögenden Schutzpatronens. Doch, wie wir von der Uebergabe unserer Alten haben, war es keine Möglichkeit selbes fortzubringen; denn der Wagen, worauf dieser für Marchtall von Gott bestimmte Schatz ruhte, war von den mit aller Gewalt angetriebenen Pferden nicht fortzubringen. Die Stadt Tyrus hatte das Bild des Herculs immer in Ketten geschlossen, damit dieser Abgott sich von seinen Mauern nicht entfernete; besser geschah es, daß Tiberius unser Gotteshaus nicht verlassen wollte, wo er von den zarten Banden der Andacht und des Zutrauens sich aufhalten ließ.

Himmel! du zeigtest uns damals deine Gunst in diesem Vorfalle; und weil du den besten Retter von uns nicht entfernen wolltest,

und

und noch dazu Konraden zu einem Verwalter des Gotteshauses verordnetest, machtest du uns hoffen, daß der Schwall des Unglückes nicht alles ausüben würde, was es im Sinne hatte. Ja, es fand der in das Elend reisende Abt Johann keinen fähigern, als eben Konraden, die einsweilige Verwaltung des leer stehenden Klosters zu besorgen. David, als er mit den seinen bey Annäherung der Rebellen über den Oelberg floh, ließ seinen getreuen Chusai in Jerusalem zurück die besten Räthe des Architophels, und die Anschläge seines aufrührischen Sohnes zu vereiteln; und der kluge Prälat kennte die ausnehmenden Eigenschaften Konrads zu wohl, als daß er einen andern als ihn zu einem so wichtigen Amte benennen sollte.

So war dann er der einzige, der in Marchtall noch zurück blieb. Er sah zwar schon mit offenen Augen alles, was er in dieser klösterlichen Einöde würde zu leiden haben: ganze Nächte lag er im Gebethe, von Gott Klugheit und Unerschrockenheit zu erwerben. Er rief den Schutz der göttlichen Mutter, welche allein wie ein bewaffnetes Kriegsheer schrecklich genennt wird, und jenen der heiligen Apostelfürsten Peter und Paul, als Marchtalls Schutzherren, ohne Unterlaß an; und besonders besuchte er das in einem ihm allein bewußten Orte versteckte Haupt des heiligen Tiberius öfters, um seine obhabende Pflichten in den nächsten Gefahren auf das vollkmmenste zu erfüllen.

Wir können hier ein Meisterstück des Schutzes unsers heiligen Tiberius nicht umgehen. Die Schweden hatten einmüthig beschlossen Marchtall mit ihren Pechkränzen gänzlich in die Asche zu legen. Sie zogen von dem Winde ihrer Raserey getrieben wie ein Brander auf dem Meere gegen die jenseitige Flotte, also Marchtall zu. Sie kamen nach Mochenthal, einem dem Reichsgotteshause Zwiefalten gehörigen Schlosse. Sie fragten um die Benamsung des Ortes; und da sie Mochenthal hörten, glaubten sie Marchtall unter ihren Brandruthen zu haben. Sie setzten es in die Flamme, weil Tiberius ihre Ohren betäubte; und Marchtall blieb stehen. Ein Zufall, worinn wir unsere theuresten Nachbarn von Herzen bemitleideten, so war für die Feinde das besagte Schloß ein Thurm zu Babel, der mit dem Misverständniße des Namens sie zur Unterbrechung ihres tollen Vorhabens täuschte.

In manibus Conrade! tuis sors nostra quiescit,
Suecica nil *manus* hinc, nil poterítque *caput*.
Augurium Felix! Marchtallum quando tuentur
Conradíque *manus*, Tiberiíque *caput*.

Konrad! in deiner Hand ruht unser Trost und Hoffen,
Da Schwedens Haupt und Hand dir drohen Mord und Brand,
Doch Marchtall! athme noch, die Sach ist wohl getroffen,
Dich schützt Tiberens Haupt, dich deckt Konradens Hand.

XXV.

Leidet viele Ungemache bey Einbruche der Schweden.

Wie bey einem annahenten Gewitter die Luft sich verfinstert, die Winde brausen, die Aehren der Fruchtfelder aufwellen, die Vögel in einem dichten Gebüsche ihre Sicherheit suchen, und der Mensch von der Gefahr der Blitze und Schlossen in Furcht und Entsetzen fällt; so war Marchtall bey dem wirklichen Einfalle der grimmigen Schweden; und war ihre Tobsucht desto unversöhnlicher, als sie ein Ordenshaus fanden, dessen einzelner Name ihnen schon das Beblüt erhitzte, und den Schaum an die Lippen trieb. Den ersten Einbruch machten sie

sie mit dem Schwerte in der Faust, und liefen gleich wüthenden Löwen durch alle Gebäude, so Menschen als Geräthe aufzusuchen. Alle Einwohner des sonst wohl bevölkerten Dorfes flüchteten sich in die anliegende Wälder, die Häuser stunden leer, und waren kaum vier Menschen noch da, welche sich aber in die finstersten Winkel verkrochen. Die Feinde spielten indessen den Meister, und wirthschafteten nach Willkühr ohne die mindeste Gelindigkeit. Sie zerschmetterten alles, was ihnen vorkam, doch ließ Gott nicht zu, daß sie auf Brand und Einäscherung dachten.

Konrad allein trat niemals außer die Mauern des Klosters, obschon die Anfälle der sich abwechselnden Schweden fünfzehn ganze Wochen dauerten, bis sich ihre Wuth, wie jene eines Orkans zur See, nach und nach zu einer Mäßigung lenkte. Hatte er zuweilen mit größter Behutsamkeit sich hinweg zu machen, so geschah es nicht in die Ferne. Allezeit seinem anvertrauten Marchtall nahe zu seyn verbarg er sich entweder in die Klüften der Felsen, wo er die harten Steine zu einem Ruhepolster fand, und die Schrofen wider die ihn aufsuchende Feinde zu einer Burg der Sicherheit hatte. Er schlof nicht nur einmal in die stachlichsten Gesträuche, und da er mit Fackeln und Laternen von den schwedischen Mördern aufgesucht war, und ihm sehr nahe kamen, wurden diese sonder Zweifel von Gott so verblendet, daß sie ihn nicht einmal erblickten. Ja es schien, daß er selbst erblindete, weil er die stechenden Dornhecken als ein weiches Pflaum- und Federbett umarmete.

In dem Kloster hatte er für sich sieben ausgesuchte Winkel bestellt, in welchen er sich umwechselnd wider die Nachstellungen der auf ihn sorgsamst laurenden Krieger klüglich zu verstecken wußte. In einem derselben war er gezwungen sich ohne Speise und Trank, von dem Donnerstage bis in die eilfte Stunde des folgenden Sonntages aufzuhalten. Durst und Hunger trockneten ihm Kehle und Gaumen also aus, daß er die Stimme und Sprache verlohr, und mit dem Safte des Geistes sein Leben allein fristete; da die dollen Schlemmer aus dem noch übrigen Vorrathe des Klosters tapfer zehrten. Die Hoffnung auf Gottes Schutz war ihm das einzige Speisegewölb, wovon er sich noch eine Erfrischung schuf; und der Trost von seinen rasenden Spionen niemals ertappt zu werden, hielt ihn in einer beharrlichen Dankbarkeit gegen der ewigen Vorsicht des Herrn. Dieß war die Ursache, daß er mit Sirach in dem Gebethe öfters diese Worte sprach: Herr! ich danke dir, weil du mein Beschirmer, und Helfer geworden bist. Du hast mich nach deiner vielfältigen Erbarmung von den grimmigen Löwen errettet, die bereit waren mich zu fressen, von den Händen deren, die meinem Leben nachstelleten, und von den Trübsalen die mich umgaben, und einschloßen. (s)

Keine Feder ist fähig alle Ungemache niederzuschreiben, die auf Konraden von allen Seiten zustürmeten. Er trat die Trotte und den Kälter der Mühseligkeiten allein; er hatte Marchtall beständig in seinen Merken; und den Besitz davon nicht zu entlassen, trotzte er Tod und Mord mit der heiligsten Kühnheit. War Marchtall zuweilen von den Feinden leer, kroch er aus seinen Spelunken wieder hervor, löschte ihre Wachtfeuere, und da das Gotteshaus zu dreyen malen durch selbe in Gefahr des Brandes stund, war er allein von Gott aufgekräftet, daß er mit in der Eile zusammen getragenen Wasser das drohende Element in die Ruhe legte. Wer hätte doch sich vorstellen können, daß ein Mann von schwacher Gesundheit, wie Konrad war, ohne Erquickung, ohne Schlaf, ohne hinlängliche Nahrung, solche naturbrechende Dinge hätte erdulden können. Sogar die verächtlichsten Hausthiergen, die Mäuse, hatte er zu Verfolgern. Sein Nachtlager hatte er meistens nur auf Stroh; und seine Ruhekammer war eben so

oft

(s) Eccli. 51.

oft ein finsteres Loch, da hatte er keine andere Serenade, als das unangenehme Gepfeife der bey Nachtzeit sonderlich unruhigen Ratten. Sie, diese scheußliche Nachbarn störten nicht nur seine Ruhe, sondern, da sie in den ausgeleerten Scheunen keine Nahrung hatten, bißen sie Konraden nicht selten verwegen an, als sollte er diesen geschweiften Getreidedieben zu einem Leckerbißgen seyn.

Muſcule! parce rogo; *Fruges* conſummere nate,
Conradum Frugi, Muſcule, noſce *virum!*
Parce tibi ſimili *conrado* Muſcule! namque
Tu *Feles*, *Suecos* ſed fugit ille *catos*.

Fruchtdiebe! Mäuse ihr! Konraden nicht zerbeißet,
Und wisset, daß er ja für Marchtall fruchtbar ist;
Er gleichet euch ja selbst, weil er zu flieh'n sich fleißet,
Wie ihr der Katze, so er auch der Schweden List.

XXVI.

Keine Verbothe verlieren in dem Kriege ihre Verbindung und Geltung mehrer, als das sechste und siebente. Jenes wird von stirnlosen Soldaten über die Dächer ausgeblasen, und da sie die ganze Welt über den Haufen zu werfen drohen, haben sie dennoch als bey dem Regimente der Venus ihrer Zaarinn und des Kupidons ihres Großfürsten angeworbene Sklaven jene Stärke nicht, die Gelüsten des Fleisches zu besiegen. Da tragen so viele, die sich als Helden brüsten, unter ihrer Beckelhaube eine Schlafmütze; und verdienten sie so wenig mehr, wie der Hercul, in der Hand einen Streitkolben zu führen, als er mit der Omphale an dem Spinnrocken saß. Den Raub, der unbändige Wucher ist die andere Erbseuche, welche den Soldaten ansteckt, wenn er sich zu bereichern Gelegenheit hat. Er macht

Nimmt den Feinden den Raub ab.

macht sich seiner betrogenen Meynung nach ganz sichere Gewissensregeln, daß Stehlen und Rauben die eigentlichen Belohnungen seines Muthes seyn.

Mit seinem angewiesenen Solde nicht begnügt, greift er mit Diebshänden umher, und füllt seine Burlepäuse, seine Felleisen mit dem Gute des armen Nebenmenschen; und ist auch seine Patrontasche, wo er seine Patronen zum Kämpfen verwahren soll, manchmal ein diebischer Schnappsack, worinn er das fremde Geld zu Patronen seiner Schwelgerey, seiner Saufduellen machet. Ist er in Feindeslanden, rechnet er sich das Zwacken zu seinen Gerechtsamen, und wohnt er bey Freunden, beschönet er seine Diebereyen mit dem, daß er für sie zu streiten habe. Welcher Ruhm bleibt also diesen bewaffneten Mausern, als dieser, daß sie in der Diebskunst mehrer als in der Kriegskunst erfahren sind, und daß sie sich verwegener und unverschamter weise aus ihren Entfremdungen eine Triumphporte verfertigen, da man geringern Dieben Galgen bauet.

Die Schweden in Marchtall brachten so lange Finger mit sich, daß ihnen alles in Griffe kam, was sie fanden. Die Kirche des Gotteshauses war der erste Platz ihrer Plünderungen; was ihrer Raubsucht keinen Gewinn versprach, mußte zerschmettert unbrauchbar werden; was aber ihren Absichten füglich schien, hatte mit ihnen zu wandern. Unter diesen waren die zinnerne Orgelpfeifen. Diese fielen ihnen in das auf Raubung lüsterne Auge; sie hatten zwar von ihnen schon viele in Kanonkugeln umgegossen, und wurde dieser Werkzeug des göttlichen Lobes in dem Chorgesange ins künftige auf den Batterien zu pfeifen bestimmt. Die noch übrigen sparten sie auf eine andere Zeit, und einige davon waren zumal von zweenen untreuen Unterthanen, theils in Ulm und Reutlingen feilgebothen, theils in ihren Diebshütten versteckt. Konrads heiliger Eifer entbraim für

den

den orchester des Heiligthumes. Er brach nicht nur in die Raubhölen der letztern ein, und entzog ihnen das noch übrige Orgelerz, sondern er kroch nächtlicher Weile aus seinen Schutzlöchern, lud die schwedischen Diebskärren in geraumiger Stille wieder ab, deckte sie mit Stroh in der besten Packung wieder zu, bracht das Eigenthum des Gotteshauses in ihm allein bewußte Behältnissen zurück, und ließ die geäffte Feinde den andern Tag mit der vermeynten Beute wieder fortfahren.

Organa Pnevmatico Fures sat splendida stanno
Diripiunt; Furtô tu rapis omne Sacro.
Fistula dulce canit, volucrem dum *decipit* auceps,
Decipit Harpyas *fistula rapta* tuas.

Die Pfeifen von dem Feind der Orgel sind entzogen,
Du raubst sie wiederum mit einer frommen That,
Der Vogl von der Pfeif des Voglers wird betrogen,
Auch die geraubte Pfeif den Feind geäffet hat.

XXVII.

Große Männer wissen, wenn sie sich verbergen sollen, und es schlägt ihnen wieder eine andere Stunde, wenn sie sich unter freyem Himmel sehen zu lassen, verbunden sind. David war ein Held, welcher sich diesen Namen mit Recht zueignen konnte. Allein, da er mit seinem gekrönten Feinde Saul zu schaffen hatte, mußte er beydes thun. Er verbarg sich nicht nur in den Spelunken Odollam und Engaddi, und in der Wüste Ziph wider die Nachstellungen seines gepurpurten Gegners, sondern er trat ihm, wenn es ihm rathsam schien, auch unter das blitzende Auge. Keine blöde Furcht, eine Klugheit ist es für eine großdenkende Seele, wenn sie sich ohne Noth dem Feinde nicht

Geht in das Oeffentliche hervor, und wird sehr mishandelt.

preis giebt, wie es keine Verwegenheit, sondern ein tapferes Entschließen heißt, wenn sie ohne Zittern ihnen unter das Angesicht geht.

Konrad konnte sich nicht mehr länger enthalten in seinen Sicherheitswinkeln zu bleiben. Die Ehre Gottes rief ihn hervor, und das Heil der Seelen nöthigte ihn öffentlich zu erscheinen. Er wußte, daß Marchtall ohne Hirten war, und daß die Lämmer des Herrn den schwedischen Wölfen in die Mordtatzen rannen. Er war zu erleucht, daß er die in Kriegs, und Pestzeiten einer christlichen Heerde aufstossende Gefahren nicht begreifen sollte. Er bestieg die Katheder, predigte die göttliche Lehre, unterwies die Kleinen, versah die an Pestbeulen, und andere gefährlichen Unpäßlichkeiten darnieder liegende, mit den heiligsten Kirchengeheimnissen, stund den Sterbenden bey, und erfüllte die großen Pflichten eines Seelsorgers nicht nur in der umliegenden Nachbarschaft, sondern lief, weil nicht wenige schüchterne Miedlinge von den wilden schwedischen Waldhunden erschreckt davon schlichen, bis auf drey vier Stunden auf die heilige Beute der unsterblichen Seelen aus.

Da war es, wo noch von einer größern Ferne her, ihm Kranke, und Kinder auf Wägen, und Karren zugeführt wurden, welchen er in Scheunen, Ställen, und auf öffentlichen Gassen Lehre, und Sakramente in Mitte der feindlichen Schwärmereyen beybrachte. Er ermunterte alle, und richtete sie zur christlichen Herzhaftigkeit auf, den allein seligmachenden Glauben doch nicht zuverlassen, von dem Pfade der Tugend nicht eines Fingerbreit abzugehen, und jene ja nicht zu fürchten, welche nur den Leib zu tödten vermögend sind, sondern auf jenen zitternd zusehen, der Seele, und Leib nach der Sünde in die Gehenne, in die Hölle zu werfen, die unbegränzte Gewalt hat. Auf die in der Schlacht verwundeten Soldaten trug er besondere Merke. Er wusch, und verband ihnen nicht nur die empfangenen Wunden,

(heilige

(heilige Menschenliebe! wie verbreitest du deine schöne Werke) sondern nahm sich auch ihrer Seelen an, reichte ihnen, wenn sie dessen fähig waren, die den Sterbenden von Gott, und der Kirche verordnete Hülfsmittel, segnete ihre dahinfahrende Geister zur Ewigkeit aus, und da keine Todtengräber zugegen waren, warf er für ihre Modergruben mit eigener Hand die Erde auf, schleppte ihre Leichen auf Rücken, und Schultern dahin, und bestättigte sie mit größter Gelassenheit zur Ruhe ihrer Gebeine.

Auch an die Schweden, seine und Marchtalls Feinde, gieng er ohne Furcht alles dessen, was ihm immer arges begegnen mochte. Er rieb ihnen ihre Grausamkeiten unter die Nase, bestrafte ihre Tollsucht, und übertriebenes Wüthen gegen die Katholicken. Er zeigte ihnen Gott in dem Himmel, der die Bösen empfindlich zu züchtigen Anfangs mit sachten Schritten herein geht, und endlich seine zweyschneidende Rompheen mit erschrecklichen Streichen auf ihre Nacken fallen läßt. Wie ungerne waren aber diese Wahrheiten von Menschen aufgenommen, die nur der Lüge beypflichteten. Wie rauschend schnurrten sie an ihre kützlichten Ohren hin. Wie war der Prophet nicht übel angesehen, und wie war er nicht zur Strafe gezogen. Von einer ganzē Menge der Beleidigten wurde er umrungen, und angepackt; und weil ihnen Konrads bestgemeynte Bestrafung zu beissend war, ließen sie ihm auf der Stelle mit einem Stemmeisen, und darauf angebrachten Hammerschlägen acht Zähne in den Hals schlagen. Das ausspritzende Blut, das erbärmlich zerquetschte Kiefer waren des grausamen Schmerzens unlaugbare Zeugnisse; sie, diese schwedische Zähnbrecher, hofften ihren Bestrafer den Werkzeug seines so genennten Schmähgeistes unbrauchbar gemacht zu haben; allein Konrad überführte sie eines andern. Er zeigte ihnen, daß ein katholischer Redner den Wildschweinen nicht gleiche, welche nach ausgebrochnen Fängen nicht mehr um sich hauen mögen, und er erwies den Unvernünftigen, daß die Wahrheit keiner Zähne bedarf, sondern mit ihren Stralen nur in ihre Miskenner einsteche. Daher geschah es, daß er mit bluttraufelnden Munde ihr unmenschliches Verfahren schalt, und mit stammlender Zunge seine gründliche Lehre noch viel deutlicher, als zuvor behauptete, welche er mit seinem eigenen Blute zu einem unwiederleglichen Beweisthume besiegelte.

Acriter Hæreticos *mordens* offendis, & illi
Excutiunt dentes, vi feriente, tuos.
Ad *numerum* fregit dentes (t) tibi Suecus, *ùt octo*
Carptus, & *octonos carpserat* ille tibi.

Du strafst der Ketzerschaar, und sie vor Rach entzunden
Die Zähne schlugen dir mit Hammerschlägen ein,
Sie giengen nach der Zahl, sie fühlten ächte Wunden,
Acht Zähne mußten dir dann eingeschlagen seyn.

XXVIII.

Wird von einem schwedischen Reiter mit Pistolnschüssen verfolgt.

Sobald sich die Verfolgung des Gerechten einmal spüren läßt, da folgen Streiche auf Streiche; und weil man ihm das Leben abzudringen einmal beschlossen hat, so sucht man alles hervor dessen Tod als den Zweck der grausamen Gesinnungen zu erreichen. Wie ein Fels, den man zerschiefern will, nicht nur mit Karsten, und Haueisen angegangen wird, sondern durch zersprengendes Feuerpulver Unbilden zu leiden hat; und wie, wenn der erzörnte Neptun einem Fahrzeuge auf dem Orkan den Untergang gedrohet hat, Wellen auf Wellen an selbes hinschlägt, also ist auf die Hinwegräumung der Unschuld nicht nur einer, sondern mehrere Schläge beschlossen.

Pharao

(t) Thren. 3. v. 16.

Pharao wollte den Saamen Jakobs in Aegypten getilget wissen. Welche Mittel kehrte er, an das Ende zu kommen, vor? Er zerplagte Israel bey den Ziegelöfen gräulich, er entzog ihm mit der Nahrung das Stroh, er ließ dessen kleine Knaben in dem Nilstrome ersäufen; und er erdacht immer neue Erfindungen dem Volke des Herrn den Garaus zu machen. Ein grausames Herz ist in seinen lieblosen Ersinnungen unergründlich, und ein aufsätziges Gemüth weis tausend Vortheile seine Verfolgungen gelten zu machen. Konrad hatte sich mit seiner apostolischen Freyheit bey den Schweden schon so tief in den Haß eingelageret, daß er nicht nur in der besagten Zähneschmetterung ihren Grollen erfuhr, sondern auf anderweitige Anfälle der wider ihn aufgebrachten schwedischen Wütherichen sich verfaßt zu machen hatte. Er wollte Marchtall nimmer aus dem Auge lassen, koste es Blut, oder Leben; und wie Eliezer seines Schwures eingedenk, den er Abraham mit der unter dessen Hüfte gesetzten Hand that, Isaak keine Braut aus Kanaan, sondern von dessen Sippschaft aus Mesopotamien heimzuführen nichts widriges unterfieng.

Also erinnerte sich Konrad unnachläßlich seiner dem Abten Johann Engler theuer gemachten Verheißung Marchtall dessen durch den Abbatialring angetraute Gesponse, niemals zu verlassen. Ganze Nächte des Schlafes beraubt, ganze Täge kümmernd ließ er sich sehen, und gab jederman zu erkennen, daß seine Statthalterschaft ihm zu nächsten an dem sorgenvollensten Herzen wäre. Wie oft lief er durch die gewetzte Dolchen, und Schwerte der Schweden unbeschädiget? Wie oft gieng er unter den Augen ihrer Wachen ohne Furcht eines Angriffes vorbey? Man schoß auf ihn mit Feuerröhren, und die feindlichen Kugeln fielen mit Ehrfurcht zu seinen Füßen, die ihm den Kopf treffen, und die Hirnschaale zerschmettern sollten.

Einmal ritt ein todtdrohender Schwede auf ihn zu, das angespornte Pferd schnaubete ihm die sehr nahe Gefahr an; die aus dem Sattelgehenke gezogene Pistole zeigte ihm das Loch, woraus das tödtende Bley auf ihn losbrechen würde; und der gespannte Hahne krähete ihm bereits den Tod an. Der Feind drückt los; es knallt; Konrad soll fallen, und seine Seele durch die Wunde in einem Blutstrome aus der Welt schwimmen, und Konrad? Liegt er zur Erde ausgestreckt, athmet er schon in letzten Lebenshauchen? Ist er eine Leiche? Nein! er lebt. Gottes Vorsicht hielt den Schild seiner Hülfsleistung über seyn Haupt, und die an seinen Schläfen vorbey pfeifende Bleykugel sagte ihm in das Ohr, daß ein höherer Wink ihr anderswohin, als in seinen Schedel einzubrechen gebothen hätte.

Trux eques insequitur Sclopô, quô Jactus ab illo
Te globus impeteret, percuterétque *Caput.*
Illæsus vivis, nocuit nec plumbeus hostis,
Nostrûm qui fueras tu *Scopus* atque *Caput.*

**Ein toller Reiter sprengt auf dich mit der Pistole,
Weil er durch einen Schuß dich zuerwürgen glaubt,
Umsonst! Gott schützet dich, du lebst im alten Wohle,
Und bleibst für Marchtall nur allein so Zweck, als Haupt.**

XXIX.

Wird als ein vermeynter Spion, oder Ausspäher

Keine Sache ist hurtiger entschlossen, als wenn man einen Menschen in dem Lande der Lebendigen nicht mehr gedulden will. Man schabet Verbrechen von der nächsten Wand, und bricht Mishandlungen von dem Zaune, um den auf seinen Tod gebrochenen Stab mit Schein-

Scheinursachen zufirnissen. Die Bosheit weis ihnen eine solche Wahrscheinlichkeit beyzubringen, daß man sie auf der Kriminalwage in dem ganzen Zentnergewichte schauet, da sie in der Sache selbst nichts von einer Unze hatten. Der täuschende Argwohn, der Betäuber des Herzens, der graue Stahre der Gemüthsaugen, der boshofte Mytholog arger Einbildungen, der lose Schöpfer unrichtiger Verdachten, der Argwohn, hat für seine Wagschaale unter seinen Gewichten nichts wenigers als Skrupel, weil er ohne Gewissensrührung in die Absprechung seiner Urtheln platzt, und in seiner peinlichen Halsgerichtsordnung kein anderes Gesetz findet, als die von sich selbst ausstudierte Vergehen, die er dem andern zumißt. So mußte das arme Schäfgen von dem Wolfe wegen des trübgemachten Baches beschuldiget werden, welches doch unter ihm von dem Wasser trank, so nicht mehr zurück laufen konnte. So mußte die Taube zur Mörderinn der jungen Habichen von dem alten Stoßvogel beschuldiget seyn, welche ohne Fleischbegierde, ohne Klauen nur bey dem Neste vorbey flog; und so mußte der Haas die Schuld eines Spionens von den Löwen aufgebürdet tragen, als er von Hunden gehetzt bey dessen Höhle vorbey sprang.

zum Galgen verdammt.

Saul warf seine Lanze nach dem David, weil er ihn seinen Feind, und Rauber der Krone fälschlich beargwohnte; und schienen ihm die Saiten der Harpfe, worauf der unschuldige Tonkünstler spielte eitel Stricke, mit welchen er ihn zu binden da wäre; und sollte der kein Verbrechen habende Mardochäus schon an einem fünfzig Ellen hohen Galgen erdroßelt seyn, weil Haman ihn einer Verachtung seines erhabenen Karakters bezüchtigte, als dieser vor dem Thore der königlichen Burg in Traurigkeit versenkt bey seinen Vorbeyrauschen nicht aufstund. **Konrad** fühlte nicht minder die traurigen Folgen des unbarmherzigen Argwohnes. Er gieng in Marchtall, in seinem Marchtall, frey umher; beobachtete alles, sah lediglich, ob es in seinen Theilen keine Gefahren litt, und nahm seine Maasregeln allem Uebel vorzusehen;

da

da er als ein Verräther, als ein Spion von den Feinden beurtheilt war.

Er wurde handvest gemacht, gebunden, und in das Gerichthaus geschleppt. Verräther! Kataskop! Ausspäher! Kundschafter! Einkrämmer des fremden Thuns! waren der lästernde Innhalt des ersten Grußes. Er lehnte von sich nach Kräften diese Schandtitel ab. Er sprach für sein gutes Gewissen dreiste, und mit der ganzen zusammengeraften Wohlredenheit. Er rief zu Gott, dessen durchdringende Blicke auch die Nieren durchforschen. Er schützte sein Unvermögen jemand schaden zu können vor; er rechtfertigte sich mit einer Unpartheylichkeit in Dingen, die er nicht entscheiden wollte; und bekennte fast mit den Worten des Aeschilus: **Daß er Zeitlebens nichts mehrer zu verscheuen gewohnt sey, als sich einer Verräthetey schuldig zu machen.** (u) Er machte alle Wendungen seiner besten Meynung der selbstige Fürsprecher zu seyn.

Allein Haß, und Argwohn der Feinde hatten im Kriegsrathe die Oberhand. Sie konnten den Schnee nicht anders, als einen Kohlhaufen, die Sonne selbst nicht, als einen Spionen der Welten ansehen, welche doch nur nach ihrem Berufe die zween Horizonten des Himmels durchläuft. Die Strafe mußte sodann gesprochen seyn, und weil er nirgends einen Anwalden fand, nirgends keine Hülfe sah, da doch die wahren Spionen des Josues in Jericho von einer Hure nicht nur auf ihrem Soller unter den Flachsstoppeln verborgen lagen, sondern an einem Stricke der Gefahr entkamen, wurde **Konraden** auch ein Strick nicht zwar in die Hand, sondern an den Hals zuerkannt, an dessen Strang er sich an einem lichten Galgen zerzappeln sollte. Der Urtheilspruch war fertig, durchgehends mit einem lauttönenden Ja bekräftiget;

(u) *Didici enim odisse proditores, nec est vitium, quod magis, quàm hoc respuam.* Æsch.

kräftiget; und der Unschuldige auf den Platz geführt, wo man ihm Holz in sein Brod mischen, und ihn von dem Lande der Lebendigen auskratzen wollte.

Konrad hob seine Hände zu seinem göttlichen Retter; seiner Unschuld der beste Kenner, trat er dem vorkletternden Gewaltiger auf der Leiter nach, ließ seine Seufzer so viele Grade näher an Himmel steigen, als er Staffeln auf der Mordstiege überschritt. Er hatte desto weniger Furcht an dem Schmachholze zu sterben, weil er wußte, daß sein ganzes Verbrechen nur darinn haftete, daß er ein Katholik, und ein Priester wäre. Ganz getrost ließ er sich den Strick um die Gurgel wickeln, und von der Leiter in die Luft hinaus werfen. Doch Mardochäus lebt noch, welcher gleichwohl so hoch nicht kam; und Konrad empfand noch ein gutes Verständniß seiner Lunge mit den Luftröhren. Die Feinde jauchzeten indessen wie die Scharfrichterbande bey dem Henkermahle, und Gott, der Samson frey zu machen die Stricke der Philister zerriß, brach auch das Galgenband Konradens entzwey, half ihm gelinde zur Erde, und in die beste Sicherheit; so spielt die Vorsicht Gottes ihre gerechten Kabalen, und so rettet sie alle, die den Winken ihres unschlummernden Auges folgen.

Sævis à Suecis pateris suspendia, funes,
  Ruptô sed laquei vimine, liber abis.
In *cabala gabalus* non te, vir *candide!* verùm
  *Fur*ciferos, *Fures* crux *nigra*, *Fur*ca, decet.

Vom Feind wirst aufgehenkt, als ein Spion. = = Doch sachte!
Es brach der Strick zu Stück, du kamest frey davon.

Das stille Himmelsg'richt nicht dir, nur jenen machte
Das schwarze Galgenkreuz, die Schelmen sind, zum Lohn.

XXX.

Er ist untröstlich, weil er Marchtall als ein wiederrechtliches Geschenk in fremden Händen sieht.

Verhängniß! schreckliches Verhängniß! dessen Hände Kometen aushängen, dessen Machtsprüche die tiefesten Gründe erschüttern; und dessen unvorzunehmende Einleitungen Verunglückte bis an die äußersten Katastrophen hinführen, wir bethen deine Schlüsse mit Furcht und Zittern an. Wie lässest du Menschen, wie wir sind, und allein durch eine nur zufällige, und nur von dir erhaltne Macht von uns unterschieden sind, eine offene Bahne, alles zu thun, was ihnen beliebt. Wir finden in den Wahrheiten der Religion, deiner von dir uns aus den hohen Himmeln eröffneten, daß du an den Werken der Sünder, wenn sie auch Kronen tragen, keinen andern, als nur eines zulassenden Wesens, Theil nimmst. Deine Gerechtigkeit bestimmt die Strafen für die Schuldigen, und deine Liebe läßt auch Essig auf jene in aufgerißnen Kataracten regnen, wenn du sie prüfen willst. Wie die Sonne in den Sommertagen feurige Keule in den Wolken schmiedet, stolze Eichbäume zu treffen; und wie sie mit der Hitze ihres Feuers auch ihre Liebe Heliotropie, oder Wendeblume zur Abdorrung bringt. Wie die Meere nicht nur jene, die sie zur Nahrung ihrer Abgründen bestimmen, mit ihrem Bittersalz zu einem unglücklichen Schlaftrunke bezechen, sondern auch denen eine süsse Quelle versagen, die sie mit günstigen Wellen an das verlangte Gestad treiben, so verfährst du mit uns Sterblichen nach deinen unermäßlichen Rathschlüssen, treffe er Gute oder Böse an.

Eines ist, was uns in die entzückende Verwunderung hinreißt, daß du den Großen der Welt, wenn sie in Kriegen Helden machen, eine Freyheit lässest, die Welt nach ihrer Willkühr zu theilen,

welche

welche du doch allen Menschenkindern zu einer allgemeinen Wohnung einräumtest. Du alleine theiltest Chanaan, und die Gegenden des Jordans unter die Stämme Israels nach der Schnur aus, du alleine, wie wir in den Psalmen Davids deines Dieners lesen; (x) und wie gönnest du Menschen die Macht jene Bezirke der Erde als eigenmächtige Geschenke auszuspenden, die sie in einem vielleicht nicht gerechten Kriege als gewaltsame Eroberungen an sich bringen? Doch wir fragen zu verwegen, weil du auch in deinen schärfsten Gerichten, Lob und Anbethung verdienest. Wir müssen hier Marchtall auf dem äußersten Spitze seiner nahen und schrecklichen Ruinen sehen.

Gustav Adolph der Heldenmüthige, und in Deutschland siegende Schwedenkönig, sah sich von ihm meister; und daher wollte er seine tapfern Generalen nach Verdiensten belohnen. Wrangel, Horn, Torstensohn, Banner, Ochsenstirn, Bernard von Weymar, Eberhard von Hohenlohe, mit noch vielen andern, thaten sich unter seinen dreyen in die Standarten gewehlten Kronen so muthig hervor, daß er sie nach Verdiensten zu belohnen dachte. Man mag es einem Helden auch nicht verhalten, wenn er jene mit einer freygebigen Hand den fernern Muth zu weitern Diensten aufmuntert, welche die auf seine Krone, oder Beckelhaube gepflanzte Siegesreiser entweder mit eigenem Blute bespritzten, oder zu deren Erwachsung vieles beytrugen; wenn nur die bestimmten Geschenke nicht aus fremdem Eigenthume genommene, und keine widerrechtliche sind; wie Menelaus in den Machabäergeschichten den Raub des Tempels dem Andronich seinem Spiesgesellen zur Verehrung gab. (y) Eberhard Graf von Hohenlohe hatte von darum bey Gustav Adolphen, der Schweden König, ein unbenebeltes Ansehen, weil er einer seiner besten Befehlshaber war; und weil er Marchtall mit seinen Soldaten unter seine gewaltsame

 Ero-

(x) Divisisti eis terram in funiculo distributionis. Ps. 77.

(y) Menelaus aurea vasa è templo furatus donavit Andronico. 2. Mach. 4.

Eroberungen zählte, so war ihm dieses ohne Anstand zur Belohnung seiner Tapferkeit ausgeworfen.

Marchtall war also ein Raub des Grafen, und als eine Beute auch zur Belohnung desselben benennet. Gott, die Kirche, der Orden von Prämonstrat mußten sich aus dem Besitze vertreiben lassen. Hohenlohe, als der neue Innhaber, ließ sich sogleich mit der feyerlichsten Huldigung von allen Unterthanen einen unter Todesstrafe angesagten Eid ablegen. Herr von Marchtall, ein lutherscher Graf? Und ein geheiligtes Gotteshaus zur Burg eines Heterodoxen? Ja, so große Veränderungen kann in einem Augenblicke die Freygebigkeit eines Fürsten zu Werke bringen, der sich meister der Welt zu seyn glaubt, und nicht weis, daß er selbst Krone, Reich und Leben; als die wahrhaftesten Eigenthümer von Geburt und Natur in Bälde verlieren werde.

Wer goß über diese Marchtall an die Gurgel greifende Umstände mehrere Thränen ab, als Konrad? Er konnte sich nicht enthalten, seinen heiligen Grauen wider die ungerechte Zueignung zu äussern; er war wie eine unruhige Holztaube, welche nach ihrem zerstörten Neste von einem Baume auf den andern fliegt, ruft, klaget, und ihre entrissene Wohnung vergebens sucht. Er konnte sich bey Ansicht der entfremdeten Mauern des Weheklagens, des Weinens, nicht enthalten; er verfocht das Recht eines wahren Besitzers, und ohne Furcht des Todes widersprach er allem, was wider die Rechte Gottes und der Kirche vorgieng. Allein er mußte aus dem Bezirke, aus dem Umfange des Klosters fort; und mit Anweisung eines einsweiligen Unterhaltes hatte er noch zur Gnade ein Plätzgen in dem Hause des Schulmeisters zu beziehen.

Præ-

Prædonis dono Marchtallum Hollachius auffert
Indigenam pellens te, *dominum*que foras.
Sit! Suecum *repetundarum Lucena* tenebit,
Dum raptum *repetet*, dum diadema Deus.

Da Marchtall Hohenloh zum Lohne thut besitzen,
So Gustav schenkte ihm, mußt Konrad! du hinaus.
Geduld! das g'raubte Gut kömmt wieder, wenn bey Lützen,
Gott ihm Kron, Zepter nimmt, denn Purpur ziehet aus.

XXXI.

Erhällt sich vom Almosen, und leidet von den Klosterbedienten die derbsten Unbilden.

Eine Heimath, und vor allem das väterliche Haus, wo man einer Zuflucht getröst leben kann, ist etwas, was einem unglücklichen Menschen noch so weit schmeichelt, daß er auf den höchsten Stufen des ihn verfolgenden Schicksales nicht alles überjammert, was ihn von Trübsalen drücken, und von Unsternen, obschon im gebrochesten Lichte, bescheinen kann. So vieles Israel in der Gefangenschaft Babylons zu beweinen hatte, so viel es in dem feindlichen Gelände Cedars Bitterkeiten schöpfte, führte es dennoch wegen der Entfernung von Sion die heftigsten Klagen, von dem es als seinem vergnügtesten Vaterorte abgerissen war. Wir haben Konraden schon eine geraume Weile in keinen andern, als harten Umständen gesehen. Itzt kömmt er uns aber in einem zu Augen, welcher Marchtall und ihm beynahe der unerträglichste war. Seine von nichts als Noth gefüllte Schlupfwinkel milderten in soweit noch seine zwickende Kümmernissen, weil sie in dem Kloster waren; da er aber aus selbem nun als ein Fremdling, als ein auswärtiger geschafft war, fühlte er seine Trübsalen in der höchsten Maase.

Er besuchte noch in der größten Stille das Haupt des heiligen Tiberius, und befahl diesem mächtigen Patronen Marchtalls alles, mit ächzender Hoffnung, die Thore werden sich schon wieder ihren gerechten Innsassen öffnen. Er nennte ihn zum besten Statthalter des geweihten Platzes, und ließ ihm, diesem mit Löwen und Kolben versehenen Kommendanten, den ganzen Ort über. Der Bettelsack war indessen sein einziges Hausgeräthe. Er lief bey seinen ehemaligen Unterthanen hungernd umher. Bettelte das Brod mit der größten Verdemüthigung seiner selbst, und hielt um eine etwaige Herberge weinend auf den Knien an. Einige mischten ihre Thränen mit den seinen, konnten nicht begreifen, wie ihr Vater, ihr Seelsorger, ihr alles auf der Welt, in so kläglichen Umständen sich befinden möge. Einige schlugen ihm alle Hülfe ab, verweigerten ihm die geringste Beysteuer, und der Feinds Seite angehenkt, den Schweden beypflichtend verstoßten sie ihn, und kündeten ihm alles feindliche an. Da lernte Konrad die Freunde kennen, und da erfuhr er, daß die Noth der beste Probierstein aus Lydien sey, auf dem gut, oder übelgeneigte Herzen ihre Prüfung haben.

So oft ihm das zarte Gemüth in dergleichen gräulichen Zufällen verletzt war, so größere und tiefere Wunden schlugen ihm jene, die er vormals mit Lohn und Brod, mit väterlichen Gutthaten überhäufte. O Diener! O Klosterbediente! wer kennet euere schalkhafte Anschläge? Ihr seyd mit Undank, mit Untreue, mit Falschheit gefüttert, da man euch mit Gnaden speiset, belohnet, und als Mitgenossen Tach und Fach vergönnet; von euren heimlichen Entwendungen nichts zu sagen, die einem Gotteshause nur in einer Jahrsfrist schrecklich wäre, wenn sie sichtbar würde, wisset ihr nach Art der Chameläonen Farbe und Haut zu ändern. Bey der Glücksonne, bey der ungehinderten Macht eurer Herren, machet ihr die Gehorsamsten, verheisset alle Dienstfertigkeiten, schwöret Eide auf Eide getreu zu bleiben.

Lohn und Brod halten euch alleine noch in der Freundlichkeit, welche doch mit vielen Verschlagenheiten untergraben ist. Aendern sich aber die Zeiten, fällt Unglück ein, leidet das Kloster von Feinden, welche halten Stande, welche vergessen ihrer aufgeschwornen Treue nicht, welche sind nicht die ersten, die das Unheil nicht fertig unterstützen, einer zu fallen beginnenden Wand, die letzten Stösse geben, und aus Dienern die schlimmsten Verräther werden? Marchtall und Konrad in ihm können für die Wahrheit dieser Anmerkungen die feinsten Beylagen liefern; und ein jedes Ordenshaus kann in ihrer wohlerfahrnen Schule lernen, wie man nach den Worten Sirachs einen treuen Diener wie seine eigene Seele schätzen, die Bösen mit der Strafe bey Zeiten züchtigen, und keinen zu viel vertrauen solle. (z)

Unsere Jahrsschriften haben die Namen der treulosen Klosterdiener zu ihrer ewigen Schande aufgezeichnet; und wir achten sie dieser Blätter unwürdig, weil sie als der Aufbrechern der Behältnisse, die sie wußten, auf der Mauer- oder Holztabelle des Galgens schöner, als hier zu stehen haben. Sie waren jene eines Kochs, eines Hausmeisters, eines Nachtwächters, und so weiter. Doch einer, als ein von dem Gotteshause wohl gefütterter und die erhaltenen Gutthaten, in seinem Wamste tragender Klosterbüttner, Faßbinder, Böttiger, oder Küfer, so viele Nämen schändete der Bösewicht; kann ohne Namen nicht in Geheim bleiben.

Unsere Zeittafeln nennen ihn selbst einen Herostrat, der sich von der Zerplagung Marchtalls einen großen Namen zu machen suchte. Er, Georg Rodi, hatte nicht nur eine flüchtige Seele, die sich bald katholisch, bald lutherisch zu denken anschickte. Er war einer der ersten, die Marchtall den Gehorsam entsagend seine Diebsfinger dem Gra-

(z) Servo malevolo tortura, & compedes, --- --- si est tibi servus fidelis, sit tibi sicut anima tua. Eccli. 33.

Grafen von Hohenlohe in die Höhe eidbrüchig aufhob. Er band sein Gewissen mit allen Reifen der Treulosigkeit. Er war der Sinon der Schweden, und führte sie nicht wie jener Spion der Griechen, in einem hölzernen Roße, sondern bey hellem Tage in allen Ecken des Klosters umher, verrieth ihnen das mindeste, goß über seine vormalige Herren alle nur ersinnliche Schimpfe aus; und schwur Konraden alles Leid zu. Er gab den bösen Rath ihn aus dem Kloster zu verbannen; und da der doch als Feind milddenkende Graf, denn Adeliche sind doch meistens noch von der Vernunft beherrscht, ihm Konraden, eine Abgabe Leben zu können, auswarf, auch Geld ausspenden ließ, raubte Rodi etweder alles für sich, oder schmälerte die Gnade des Großen so, daß man sie kaum sehen mochte. Er weigerte sich den wenigen Wein Konraden abzugeben, den er zum heiligsten Meßopfer foderte. Er gönnte ihm nicht einmal ein helles Wasser, sondern wies ihn zu einer trüben Kothlache; er reichte ihm ein Brod von Kleyen und Wicken gebacken; und er drohete jenen den Tod, die ihm einen Büschel des gesammelten Abholtzes zur Noth zutrugen.

Abt Johann, ein anderer Isaac, schickte Konraden, wie dieser seinen Kinder in dem Lager Sauls Proviant, also ein kleines Päcken von Butter aus Constanz, wo er in dem Elende war, zu dessen Noth; allein der Gott und Gewissen vergessene Rodi theilte das kleine Geschenk unter die Schweden, deren Huld er genoß, und goß an die Suppe Konrads zerlassenes Unschlitt. Wir wissen nicht ob dieser Unmensch von einem Tieger zur Welt kam, oder ob dessen Vaterland ihm mit den wilden Hottentotten gemein war. Doch ist sein Name schon barbarisch genug, weil Rodi und Raudi bey den Lateinern einen groben unbehauenen Steinkluppen heißt; und wir wissen noch dabey, daß er den Schweden selbst, wegen dem Undanke gegen Konraden, verhaßt, endlich nach Reutlingen, einer unkatholischen Reichsstadt in Würtenberg entfloh, und allda vermuthlich seine unglückselige Seele

dahin

dahin spiele, wo Iscarioten ewig ihre Untreue büßen. O! Konrad erfuhr, wie hart es fiel, wenn Knechte herrschen; welches Jeremias unter die empfindlichsten Dinge Jerusalems zählte. (a)

Sebo adipes offam Patri Scelerate *viator!*
Pane ſuo victum, qui dabat usque tibi.
Inſtar *candelæ* flagrat *Conradus* amore,
Rumperis aſt odii vas, *doliúmque* tui.

Was Konrad speisen soll, der dir das Brod gegeben,
Mit Unschlitt richtest an verruchter Böswicht du!
Von Lieb wie eine Kerz er brennt, und dein Bestreben
Gefülltes Faß von Haß! rollt dich der Hölle zu.

XXXII.

Bey Anscheine besserer Zeiten wird Marchtall von Feinden leer, und Konrad treibt die Prädicanten aus.

Wohl wahr, daß keine Trübsalen ohne Ende auf der Welt sind. Sie sind keine Ströme, die in ihrem Rinnsaale immer fortrauschen; nur Wetterbäche sind sie, die hurtig anlaufen, und bälder als man glaubt wieder austrocknen. Gott verhängt sie in seinem innersten Kabinete über Menschen, die er entweder strafen, oder prüfen will. Er allein weis ihre Dauer, und er allein setzt ihnen Gränzen. Ein Mensch reißt sich in der Zaghaftigkeit von der tröstenden Hoffnung los, der nach dem Sturme keine Heitere sich vorstellen kann; und er macht mit der schmachtenden Kleinmuth seine Quaalen der Hölle in etwas gleich, deren Gränzen bey jenen der Ewigkeit stehen. Wie die Freuden der Welt mit Traurigkeiten wechseln; so tauschen sich diese mit den ersten. Kriege vieler Jahren, werden endlich von dem Frieden wieder abgethan; und die gezückten Schwerter suchen ihre Scheide wieder

(a) Servi dominati ſunt noſtri, non fuit, qui redimeret de manu eorum. Thren. 5.

M

der, wenn die Oliven zu blühen anfangen. So weis der große Meister die Schaubühne der Welt einzurichten, und auf dessen einzigen Wink stehen die Scenen der irdischen Auftritten in einer verwunderlichen Abänderung da, die auch der beste Opernspieler aus Italien nicht ergründen kann.

Deutschlands Schauplatz war in den blutigen und brennenden Vorstellungen des Krieges eine Tragödie, in welcher die handelnden Theile eine Verwickelung in die andere flochten. Sie dachten nicht auf die Zuschauer, auf die Weinenden, ob sie ihnen zur Last wären, oder nicht; sondern sie belustigten sich selbst mit Ehrgeize und Gewinnsucht, bis Gott den Vorhang herab ließ, worauf schreckliche Bilder geschildert waren. Konrads Leiden war die Geschichte eines Märtyrers, weil nur die Religion in ihm verfolgt war. Er hatte nicht einen einzigen Zug an sich, den ein Feind hassen konnte. Seine Seele schmachtete in unzahlbaren Müheseligkeiten, und schwebte dennoch immer in höhern Gegenden, wo sie, wie ein Schiffer in dem Mastkorbe, ein Ufer entdeckte, an dem das umgejagte Schiff Marchtalls in Bälde anlånden sollte. So wenig er von zeitlichen Begebenheiten wissen wollte, so åmsig ließ er sich durch vertraute Nachrichten von allem vergwissern, was geschah, damit er in unvernachläßigten Stunden seine kluge Maßregeln nähme. Er war in Verwahrung derselben so geheim, daß er nur sein Herz zum Kenner seiner Absichten hatte. In einem Zufalle stiftete er sich nebst vielen andern großen Unternehmungen zu Marchtall ein unabzudorrendes Gedächtniß.

Graf Eberhard von Hohenlohe hatte nicht so bald Marchtall mit dessen ganzen Gebiethe in die Pflicht genommen, da der katholischen Religion mit Konraden der Laufzettel geschrieben war. Nicht mehr das heilige Chorgesang, sondern die ungeschmacken Lieder des lutherschen Gesangbuches sollten in den Tempeln tönen, in welchen das

das unordentliche Geschrey des Volkes das Ohr des Herrn mehrer beleidiget, als ergötzet. Nicht mehr die heiligen Sakramenten der wahren Kirche sollten auf Marchtalls Pfarreyen ausgespendet, sondern das trockene Wesen des Lutherthumes geübet werden. Nicht mehr sollte Marchtall ein Umfang klösterlicher Gelübden, sondern eine Pflanzschule des wohllüstigen Lebens beweibter Afterpriester seyn. Daher rührte die Verfolgung und Verbannung katholischer Pfarrherren, und daher liessen sich die schwarzen Raubadler aus den Gebirgen Babylons wirklich sehen. Zween Predicanten erschienen Fluchs, das Gewerbe ihres verdorbenen Apostelamtes in Marchtall zu treiben. Sie konnten ihren Hunger und Fraßlust nicht verbergen, von der Stiftung Marchtalls zu zehren; schon liessen sie sich Risse zu einer Kindsstube verfertigen, um die nothwendige Folgen ihres Berufs zu füttern. Schon bestiegen sie die Kanzeln, und schrien wider das Papstthum zetter.

Konrad seufzete indessen wie Jeremias zu Gott: Herr! siehe doch, und merke, wie Marchtall in Verachtung gekommen ist; die Heyden sind in sein Heiligthum eingegangen, von welchen du befohlen hast, daß sie in deine Gemeinde nicht kommen sollen; (b) und er jammerte mit David: O Gott! die Völker sind in deine Erbschaft gekommen, sie haben deinen heiligen Tempel verunreiniget, und haben Jerusalem zu einem Wachthaus im Baumgarten gemacht. (c) Doch das Auge Gottes sah auf Marchtall herab, an dessen Winken Konrad die Hoffnung einer baldigen Erlösung merkte. In der That. Der plötzliche Tod des in der Schlacht bey Lützen erschossenen Schweden Königes, die wider die Schweden bey Nördlingen sehr unglücklich ausgefallene Schlacht, erweiterte Marchtall die enge Luft.

M 2 Die

(b) Vidit gentes ingressas in sanctuarium tuum, de quibus præceperas, ne intrarent in Ecclesiam tuam. Thren. 1.

(c) Deus venerunt gentes in Hæreditatem tuam, polluerunt templum sanctum tuum, posuerunt Jerusalem in pomorum custodiam. Ps. 78.

Die Feinde zogen mit Hohenlohen weg, deren Abmarsch Konrad in dem Beinhause des pfarrlichen Freythofes unter den todten Gerippen mit lebendigster Freude zuschaute. Kaum waren die so übel wirthschaftende Gäste fort, kroch er aus seiner Behältniß hervor; reinigte mit dem Geiste des Nehemias begabt Tempel und Altäre; predigte wieder das ausgestreute Gift herzhaft; und wendete alles an, die zween noch umfliegende Raben aus Marchtalls Lüften zu verjagen. Es gelung ihm auch nach Wunsch. Tiberius, dessen heiliges Haupt er sogleich in der ihm allein bewußten Verwahrung besuchte, schien ihm auch seinen Kolben gelichen zu haben; denn einer von den zweenen Wortsdienern kam in ein solches Gedräng, daß der andere des fernern Dableibens vergessend über die Donau in die Flucht lief, und mit von Aengsten gebrochner Stimme bekennen mußte, daß zu Marchtall keine Ernde für seine gerostete Sichel aufkeime. Ewiger Dank sey Gott, und Konradens Fleiße gesprochen, denn durch beyde bestund Marchtall in seinen Rechten und Religion.

Præco venit, venit alter item, qui falsa Lutheri
Dogmata Marchtalli, qui loliúmque serant.
Ambos ex *Ambone* fugas; *præconia*, *Præco*,
Hinc æterna tibi pulsus uterque serit.

Zween Prädicanten schon auf Marchtalls Kanzel steigen,
Und säen Nesseln aus von Luthers falscher Lehr,
Du treibst sie ab, für sie zwar wuchsen derbe Feigen,
Doch pflanzte dir der Feind zu Früchten Ruhm und Ehr.

XXXIII.

Noe war in seiner Arche sehr kümmernd, ob, und wie sich das wilde Wasser der Sündfluth durch die laue Luft erniedriget hätte. Eine Taube diente ihm zum Bothschafter, und das mitgebrachte Oelzweig kündete ihm in dem Schnabel des geflügelten Spionens die nahe Anländung auf dem steilen Gebirge Armeniens an. Wie behänd öffnete er den festgesetzten Kasten seines so lang daurenden Gefängnisses, ließ die eingepackten Thiere in ihre Freyheit, und gieng mit den Seinen in Danksagungen gegen Gott, in Tröstungen seines Herzens, als ein anderer Adam zur neuen Haushaltung der entvölkerten Welt aus. Niemand in der Welt war begieriger Marchtalls Stellung sicher zu erfahren, als der sorgenvolle Abt Johann Engler in Constanz, wo er die sauren Früchten seiner Flucht in Angsthaftigkeit genoß; und niemand war eilfertiger, als Konrad, diesem zwischen Furcht und Hoffnung schwebenden Noe zu einer Taube zu werden. Ohne Zaudern verkündigte er ihm die Erlösung Marchtalls, und lud ihn zur schleunigen Wiederkehre ein.

Abt Johann Engler kömmt aus dem Elende nach Marchtall zurück und Konrad empfängt ihn.

Wie aus einem tiefen Schlafe erwachend, wie Jakob auf die erhaltene Kundschaft, daß Joseph sein Sohn noch lebe, frisch auflebend, machte er sich mit allen, die Gefährden seines Elendes waren, auf die Reise. Seine väterliche Brust hegte zu wider gehende Triebe, wie er Marchtall finden würde. Konrad sah der Ankunft seines theuresten Vaters entgegen, dessen Statthalterschaft er in so mislichen Umständen trug. Er empfieng ihn auch unter dem Thore mit den größten Freudensbezeugungen wie die Jephtias ihren siegenden Erzeuger, als er von dem Schlachtfelde zwischen Aroer und Mennith, in Maspha, zurück kam. Doch war Konrad zu keinem Opfer bestellt, sondern empfieng von Johann tausend Lebenswünsche für Marchtalls Wohl. Er hatte den Pettschaftring des ankommenden Prälatens kaum mit einem kindlichen Kusse verehrt, die väterliche Segnung empfangen, da die zärtlichsten Umarmungen folgten, und sich Thränen mit Thränen mischten.

Konrad führte ihn in dessen Wohnung, und zeigte ihm von den zerschmetterten Fenstern aus das von den Schweden mishandelte Marchtall. Er legte seiner Statthalterschaft die besten Rechnungen ab; und er überführte seinen Herrn, wie der kluge und getreue Knecht in dem Evangelium, daß er seine anvertraute Pfunde wohl bewahret hätte. Man verschob das Dankopfer für das erhaltene Ordenshaus nicht, sondern entrichtete es mit Herbeyrufung aller getreuen Unterthanen, mit einem Gepränge, welches die Verwüstung des Tempels zuließ. Wie lange dauerten die beyderseitigen Erzählungen, was ein jeder zu leiden hatte. Wie oft mußte Konrad die seinigen wiederholen, um den begierigen Prälaten mit Erwähnung seiner Agonen zu ersättigen, und wie oft sagte er, wie Aneas zu der Dido, als er von dem Brande Trojens Meldung that: du zwingst mich den unsäglichen Schmerzen in einer Geschichte zu erneuern, über welche die verbittersten Soldaten des schwedischen Ulysses selbst hinweinen sollten. (d)

Doch sie mußten ihren Zähren gebiethen, und die Anstalten vorkehren, damit Marchtall aus seiner Zerstörung wieder empor käme. Die nach und nach wieder anheim kommende Klosterbrüder versammelten sich auch mit größter Zufriedenheit, wie die Tauben, wenn der Marder sich aus ihrem Behälter fortgemacht hat. Ihre ganze Unterhaltung waren Gespräche von ihren erbarmungswürdigen Schicksalen; wie zween aus dem Schiffbruche kommende Piloten, an dem schüchternen Ufer, von den Meerwellen noch nasse, sich wechselweise die Unbilden der tobenden See zu erzählen pflegen, und war es ihnen schon genug ihren Hausengel an Johann Engler, und ihren Schutzgeist an Konraden zu erblicken.

Ange-

(d) Infandum pater Abba! jubes renovare dolorem.

Angelus Abba redit, redeuntem ex corde salutas,
Angele Marchtalli! milléque vota facis.
Marchtallum Felix! quod duplex *Angelus* ornet,
Angelus hic *Custos*, *Angelus* ille *Pater*.

Abt Engler kömmt zurück, mit Trost ihn zu empfangen,
Machst alles wohl zurecht, wie deine Ehrfurcht weißt.
Von zweenen Englen dann muß Marchtall Ehr erlangen,
Der eine Schutzgeist ist, der ander Vater heißt.

XXXIV.

Wird nach Amaren geschickt noch mehrer für Marchtall zu thun, und zu leiden.

Nur Helden sind von der Laufbahne ihrer Großthaten nicht zu bringen, nur sie sind in Ertragung der Widerwärtigkeiten unersättlich, und weil sie aus diesen ihre Kränze schneiden, gehen sie den Arbeiten entgegen, und rufen sie selbst herbey, wenn sie zu kommen verzögern. Es ist in den Verordnungen des Herrn eine zweifellose Richtigkeit, daß nur jene in den Himmeln eine größere Anzahl der Kronen an ihre Stirne bringen, die in der Welt mehrers gelitten haben; wie in der Hölle für jene die Quaalen gemessener sind, welche auf Erden den Genuß verbothner Wohllüsten höher aufzifferten. Wie der Heiland auf seiner irdischen Wanderschaft von seinem Vater Kreuze und Bitterkeiten ohne Maase annahm, weil er der angenommenen Menschheit die Belohnungen zu vermehren suchte; so eben sehnen sich die ihm in der Kreuzstrasse folgende Seelen nach Trübseligkeiten, um in der Herrlichkeit erhabener, und vor andern glänzender zu seyn. Die Dichter fabelten die Fichtenbretter des Argenauten Schiffes unter die Gestirne hinauf, weil sie in dem Walde wo sie aufwuchsen, mit den Winden, und in den Meeren mit den Wellen kämpften; das sagt uns

uns der Glaube, daß nach der Menge christlich übertragener Unbilden, auf die zu erobernde Vergeltungen wohl zu rechnen sey.

Konrad hatte Zeither unser gerechtes Mitleiden verdient. Wir sahen ihn immer mit dem Becher der bittersten Getränke an den Lippen; und wird man seines gleichen nicht viele wissen, welche den sogenannten schwedischen Trunk so aufgefüllt kosteten. Es schien aber, daß er von weitern Anfällen, und Arbeiten sich so bald noch nicht eine Freyheit versprechen könnte. Der auf die Wiederherstellung Marchtalls ängstiglich beflissene Abt Johann Engler mußte nun nicht nur auf die innere Hierarchie seines Klosters, sondern auch auf äußerliche Dinge sehen. Er warf sein großes Auge auf die durch den bösen Krieg in Unordnung gebrachte Pfarreyen, und setzte ihnen die besten Männer vor, welche das Zeither hoch aufgewachsene Unkraut mit dem apostolischen Pfluge unter die Erde bringen sollten, damit es nach abgeschnittner Wurzel nicht mehr unter den guten Weitzen zu stehen käme.

Konraden sendete er nach Amaren in Würtenberg, wo er dieses in einer anmuthigen Gegend nächst Tübingen geleges Stiftungsgut wider die leidige Anfälle der herum schwärmenden Krieger vertheidigen, und den katholischen Dienstbothen zu einem Missionar werden sollte. Was fand er aber allda anders als Nachbarn von Gegenglaubnern, Mangel, Armuth, Elend, und Kurz alles, was schrecklich war. So gut ansonst das der Arbeit willfährige Gelände die Mühe des Anbaues belohnt, und an Früchten, Futter, auch Wein, ob dieser schon von keinem Rebstocke aus Engaddi gekältert wird, und nur als ein Wein auf Gränzen nach sich etwas besseres verheißt, ziemlich ergiebig ist; so war für Konraden nicht der mindeste Vorrath in meisten Stücken da. Der Hunger, ein sicherer Nachfolger des Krieges, wüthete aller Orte. Die Leute lebten von vergifteten Kräutern, von rohen Schnecken, und von Fleisch des an der Seuche hingefallenen Viehes.

Da

Da sah er alle Armseligkeiten auf einem Stengel gewachsen. Feinde konnte er nicht zählen, denn ihr Ziffer war unaussprechlich, und daher hatte er von diesen den ersten Willkomm, da sie dem Mayerhofe Feuer einlegten, welches in helle Flammen ausbrach. Niemand war da, dem Brand eine Wehre zu machen. Wasser mangelte, doch er auf Gott vertrauend greift ganz alleine zu Mitteln, und dämte das wüthende Element mit dem wenigen Weine, den er noch in dem Keller von Amarens Reben fand. Da las er bey dem Feuer seiner gefahrleidenden Wohnung das Register, der ihm noch bevorstehenden Drangsalen, und hielt sich allein an den Herrn, unter dessen Schutzflügeln er immer gelageret war.

Ambra Flagrat ſubitis mox conſummenda Favillis,
Suppetias vinum, Fonte negante, dabat.
Mulciber in Villam, pro villa ſtabat *Jachus*,
Mox *fugit* ille, Horrent prorſus *aceta* dii.

Es brennt, und Amaren will in die Asche sitzen,
Das Wasser mangelte, der Wein die Flamme bricht.
Vulkan verfolgt den Hof, den Bachus will beschützen,
Er weicht, weil Götter ja vom Eßig trinken nicht.

XXXV.

Keine Freundschaft erlebt ein höheres Alter, als jene, welche auf den Eigennutz verzichtet, nichts als das Wohl des Freundes sucht, und nur begnügt ist, wenn es ihm wohlergeht. Die Habsucht ist eine Seuche, welche Herzen vergiftet, in denen man die besten Neigungen gemuthmasset hätte; und hat die Freundschaft sogleich ihren Sitz an der heitern Stirne verlohren, wenn man sein Gesuch nicht findet, so ungerecht

Wird aufs neue in Gefahr seines Lebens gesetzt.

gerecht es ist, und so sehr sich das Unvermögen des Freundes entschuldiget. Wo hat man jemals den glänzenden Namen eines Gönners bälder verfinstert gesehen, wo brach das Band der Liebe hurtiger entzwey, und wo ereigneten sich mehrere Grausamkeiten, als dorten, wo man das Verlangte nicht erhielt? Konrad wohnte auf dem Ammerhofe in einer Gegend, wo der Ab- und Zulauf der Soldaten kaum einen Tag unterbrochen war.

Freunde, und Feinde machten ihm bewaffnete Besuche; und er war wie eine Halbinsel, welche von der Seite des Meeres, und von jener der Erde angegangen ist. Die Feinde drangen mit Ungestimme auf ihn Geld, und Lebensmittel herzuschaffen, da er selbst an beyden die größte Noth litt; und die Freunde, Beschützer, und Vertheidiger seyn sollten, waren, wie es die leidige Erfahrung giebt, um mehr als die Helfte ungestimmer. Ja, wir haben leidige Beweisthümer von unserem Gedenken, daß Feinde um Gelindigkeit, um Art, um Höflichkeit wußten, wo freundliche Völker trotzend, unerträglich, polternd, unerbittlich dem schönen Namen eines Freundes die häßlichsten Unbilden zufügten.

So erfuhr es auch Konrad, Wallenstein Herzog von Friedland jener Ball des wandelbaren Glückes ließ zur Bedrückung des Reichs seinen Völkern alles zu, was Freunden wehe thun mochte. Der fromme Kaiser Ferdinand der zweyte hörte Klägden in Ueberfluß von den gewaltsamen Erpressungen, die sie mit Gutheißen ihres stolzen, und sein Ansehen misbrauchenden Feldherrn Wallensteins, der nachmals zu Eger nach Verdiesten ermordet wurde, ohne die mindeste Erbarmung in Deutschland vornahmen. Der Hunger, Beuten zu machen, trieb sie zu allen Unfügen an; und sie machten sich bey den Landeskindern verhaßter, als die Schweden selbst waren.

Konrad

Konrad wurde eben auch angehalten den Beutel zu öffnen, der leer war, und das Verlangte herzuschaffen, so in seiner Macht nicht beruhete, weil er es nicht hatte. Er wurde ohne Rücksicht auf das Priesterthum von den Löwen angepacket, mit Bedrohüng des Todes geängstiget, und, wie wir es selbst noch in einem alten gemalten Bilde sahen, einem Pferde an den Schweif gebunden, und also von Christen einer zum Laufe angetriebenen Bestie überlassen.

Es schaudert, und das Mark in Beinen zittert uns, wenn man dieses Verfahren in einer lebhaften Vorstellung schildert: der unschuldige Priester mußte zur Erde über Steine, und rauhes Gesträuche von dem wilden Zelter geschleppt seyn; doch Gott der nur Jezabelen von Pferdhufen zertreten läßt, nur Heliodoren die Schläge von einem schäumenden Gaule empfinden macht, entgegen Eliasen durch feurige Rosse im Triumphe zu führen gebeut, dieser auf seinen Knecht Konraden sehende Herr, machte ihn von dem Schweife des fortrennenden Thiers los; erhielt ihn ohne Verletzung, und entfernete ihn von dem Tode.

Quod Pyrois facit, atque Phlegon, Æous & Æthan,
Dum rapidi *Solem* ponè *diémque* trahunt.
Quadrupedans Sonipes rapuit sine vulnere sic te,
Qui fueras Ambræ *Sólque diésque* tuæ.

Gleichwie mit Tag und Licht die Sonnenpferde springen,
Ganz schnell doch unverletzt an weiten Himmeln fort,
So darf das wilde Roß dir keinen Schaden bringen,
Du Sonne Amarens! du Licht von diesem Ort!

XXXVI.

Fürchterliches Leiden Konradens.

Barbarn, Unmenschen, und auf das Leben des Nächsten unbesorgte Tyrannen finden ihre Lust, ihre Herzenslust, wenn sie ihr ganzes Zeughaus der Mördereyen erschöpfen. Das Erkenntniß der Empfindlichkeit, die Schätzung des menschlichen Lebens ist ihnen geraubt; und sie jauchzen, wenn sie den Tod mit allen seinen schrecklichen Würgungen mit sich führen. So wild die vernunftlosen Thiere sind, soviel sie auf ihren Blutdurst, und Fleischhunger sehen, werden wir dennoch in ihrem Reiche keine Geschichten lesen, daß sie ihre Wuth inner ihrer Gattung, und Geschlechtsart ausüben. Nur der kälteste Winter macht, daß Wölfe Wölfe fressen; nur der äußerste Nahrungsmangel bewaffnet Habiche gegen Habiche; doch Menschen, wenn sie Menschen zu seyn vergessen, rasen gegen ihres gleichen, und steckte Kain der verfluchte Brudermöder zu ersten die Blutfahne der Grausamkeit auf, unter welcher nachmals alle Tyrannen der Welt zu Mord, und Blutvergießungen aufschwuren.

Das Leben Konradens war von Gott schon in jene Zeiten gespart, in welchen Kriege, Feindschaften, Abtrennungen der Herzen mit Blut und Zähren der Geplagten die schreckenvolle Jahrbücher Deutschlandes vermehrten; und er heischte für sich ein ganz besonderes Kapitel durch gegenwärtige Blätter. Sein Aufenthalt in Amaren war für ihn eine Zeit des Leidens, und der Geduld. Jenes hatte er alle Tage vor sich, und diese war seine getreueste Gefährtinn. Die letzte Scene seines Martertheaters machte ihm den schönsten Ehrenkranz, weil es auf sein ehrwürdigstes Haupt gieng, und von welcher er hernach selbst öfters nicht ohne erneuerte Fühlung des Gemüthes erzählte. Ein ganzer Schwarm unsinniger Soldaten umgeben ihn wie aufgebrachte Hornissen. Sie machten die unbilligsten Foderungen, und gaben ihnen einen Accent, den man sonst nur von tobenden Mördern hört, wenn sie in einem dichten Walde einen Wanderer anfallen.

Konrad begegnete ihnen mit aller zu erdenkendsten Freundlichkeit und Liebe, welche auch Antropophagen und Menschenfresser in Scythien zur Milde gereitzt hätten. Er zeigte ihnen seinen fertigen Willen in allem zu willfahren, wenn er sich nur im Stande, es zuthun, befände. Er entschuldigte sich mit der ganzen Wahrheit seiner Unkräfte; und stellte ihnen alles vor, was sie von ihrem unvernünftigen Ansuchen bringen könnte. Umsonst! denn die rasenden Bösewichte, keine christliche Krieger, grausame Tieger, und Panther, keine Menschen, bemächtigten sich des unschuldigen Mannes: banden ihn an Hände und Füßen, setzten ihn auf einen Block, und übten an ihm, wie die römischen Schergen an dem Heilande, allen ersinnlichen Muthwillen aus. Sie, diese von dem Schaume des Zerbers beträufelte Unholden, banden ihm einen Strick um die Schläfe; preßten ihn mit eingesteckten Bengeln also zusammen, daß die Augen aus ihrer Lage hervorragten, die Hirnschaale krachte, und die zersprungene Adern durch Mund, Nase, und Ohren ihr Blut in Bächlein hervor quillten.

Die Schmerzen waren unbeschreibliche, und dennoch war seine Seele allezeit in der Munterkeit, seinem Gott sich zum Opfer der Geduld anzubiethen; halbtodt wurde er endlich von seinen Peinigern entlassen, welche sich um sein für Marchtall so theures Leben im geringsten nicht bekümmerten. Er erholte sich nach und nach von seinen Quaalen, klaubte seine Kräften zusammen, und, weil einige in den Augengefässen verletzte optischen Aederchen sehr vieles litten, mußte er Zeitlebens in seiner Sehungskraft eine ziemliche Dämmerung, und Blödigkeit erdulden. Da gehet nun aus, Marchtalls Söhne! und sehet euern Mitbruder Konraden in der Hauptbinde, mit welcher ihn Feinde seiner Tugend gekrönt haben. (e)

(e) Egredimini . . . & videte in diademate, quo coronavit eum . . . Cant. 3.

Frons, *oculi*, *vultus*, contorto Fuſtibus, Eheu!
Reſte repentino Sanguinis Imbre madent.
Frons, *oculi*, *vultus* nulla hìc mendacia nôrunt, (f)
Sed, pro *Marchtallo*, quid patiâre probant.

Dein Antlitz, Stirn, und Aug mit Strick und Bengeln quälten
Die Mörder; da dein Blut in warmen Quellen floß;
Stirn, Aug, und Antlitz hier die Wahrheit nicht verhehlten,
Die Liebe sprach sie selbst, wie sie für Marchtall groß.

XXXVII.

Abt Johann Engler besucht ihn zu Amaren, und stirbt allda.

Wer die zärtliche Natur eines Vaters kennt, der wird von dem Gefühle desselben wissen, wenn sein Kind leidet. Die Liebe ist die richtige Maase des Schmerzens; und weil Blut kein Wasser, weil das Verbindniß der sittlichen Fäserchen so eng gewebt ist, kann ein Vater von Empfindlichkeiten seines Gemüthes vieles sagen, wenn er von der Quaale seines Sohnes Nachrichten hat. Jakob wünschte sich den Tod, und das Land der Schatten, als ihm seine ihn täuschende Söhne den mit Blute bespritzten Rock Josephs zeigten. Er nahm ihn in die Aerme, drückte ihn an die schluchzende Brust, und machte mit den zugeschütteten Thränen eine solche Farbenmischung, mit welcher das Bild eines von dem Unglücke des Kindes gerührten Erzeugers bestens soll geschildert werden. Wie trostlos saß David in seinem Gemache, wie niedergeschlagen, wie gebeugt weinte er über Absalon, als man ihm von dessen Erstechung in dem Walde Ephraims die niederdrückende Zeitung bracht; und zu welcher Wohlredenheit mußte sich der über einen

(f) *Frons*, *oculi*, *vultus perſæpe mentiuntur.* Cic. ad Quint. Frat.

einen rebellischen Sohn siegende Feldherr Joab nicht verwenden, bis er sich zu einer etwaigen Erholung entschloß.

Konrad war einer der liebsten Söhne des rechtschaffenen Abten Johann, die er durch ihren Gehorsam in dem Herrn zeugte. Er empfieng von den betrübten Hergängen die sichersten Urkunden, und wußte alles, was in Amaren geschah. Von Mitleiden getroffen, von Liebe aufgebracht (und sollen geistliche Vorsteher der ihrigen ohne Unterscheide nicht besorgt seyn?) sagte er, wie Jakob der Patriarch: Ich will in Aegyten fort, um Joseph meinen Sohn zu sehen. Er läßt zur Reise alles beschleunigen, eilt nach Vermögen, und will Konraden die Freude seines Herzens, die Stütze seiner Hoffnung in Würtenberg schauen. Es deuchte ihm Ursache genug Marchtall zu verlassen, und jenen zu trösten, durch welchen Marchtall bestund, und erhalten war. Amaren hatte in Mitte seiner Unsterne das Glück beyde großen Planeten des marchtallischen Horizonts beysammen zu sehen.

Doch in welcher Verfinsterung! Konrad mochte sich von den erlittenen Drangsalen abgemattet kaum zum Empfange seines liebsten Klostervaters erheben; und Abt Johann langte kränklich an. Wer will itzt nach dem wahren Verhältnisse der Sachen bestimmen, ob der Vater, oder der Sohn in herberen Herzensfügnissen sich befunden habe? Sie gleichen zween Tropfen eines Wehrmuthsgeistes, welche zusammen fließend die Bitterkeit einander vermehren. Johann bedaurte die Mishandlungen, welche Konraden so gebrochen hatten, und Konrad fand keine Worte das Betrübniß über die Unpäßlichkeit seines Vaters an Tage zu legen. Doch sie trösteten sich nach Kräften; und Konrad dachte auf alle ersinnliche Mittel, den kranken Abten das Leben zu fristen. Die ganze Hoffnung Marchtalls, o! und seine Wohlfart schmachtete in dem entfernten Amaren. Der Vater lag zu

Bette,

Bette, und der zweyte Pfeiler des Glückes, Konrad, taumelte in seiner zugebrachten Schwäche.

Konrad hatte ohne dem in seiner apostolischen Arbeit alle Hände voll. Die in, und um Amaren fressende Pest rief ihn alle Stunden zu Sterbenden aus. Er sah sich verbunden selben die heiligsten Sakramenten zu reichen, da er wieder die Anfälle des körperlichen Todes kein Machaon war; und zu Hause fand er allemal seinen Vater, der, wie wir glauben, von der Seuche nebst andern Gepresten angehaucht war. Von außen, und innen aufgerufen hatte er kaum einen Augenblick zu athmen. Wie seufzete doch dieser Isaias, seinem Ezechias eine Arzñey ausfindig zu machen. Wie suchte er an der Schattenuhr, ob Johannen keine Verlängerung der Tägen zu hoffen wäre. Allein die Reisuhr war ausgelaufen. Der immer zu bedaurende Abt starb.

Noch vor dem Ende seiner Stunden befahl er Konraden Marchtall an, gab ihn den Engel seines Pettschafts, damit er statt seiner der Cherub des verweysten Marchtalls seyn sollte, und starb. Konrad drückte, wie Joseph seinem Vater Jakob die entgeisterten Augen zu, und bethauete dessen Leiche mit kindlichen Thränen, und setzte sie in der Kappele zu Amaren bey. Erbärmliches Schicksal, wenn der Vater von seinen Kindern ferne stirbt; großer Trost, wenn ihm der Beste die Augen schließt; und zur Ersetzung des Schadens noch da ist.

Venit, te *vidit; vicit*que in opina *Joannem*
Mors, simul & Patrem sustulit *Ambra* tuum.
Claudebas *oculos* patris Conrade! quid ultra?.
Te Successorem *viderat* ante suum.

Es

Es kam Johann zu dir, er sah dich, und beyneben
Der Tod ihn überwand. Er starb zu Amaren,
Die Augen schloßest ihm, doch er vorher im Leben
Dich als Nachfolger sah in seine Stapfen gehn.

XXXVIII.

Ein Ordenshaus hat das ganze Recht, jenen Tag unter die unglückseligsten zu schreiben, welcher ihm einen guten Regenten entführt; und es darf auch jenen den Goldensten beyrechnen, der ihm durch die von Gott, dem besten Besteller der Vorsteher, gesegnete Wahl wieder einen Tüchtigen aufstellt. Seine ganze Wohlfart liegt daran; und sind die Einhelligkeit, und vernünftige Wahlstimmen der Brüder, die einzigen Triebe, und Federn, welche ein so wichtiges Geschäfft in einen regelmäßigen Lauf bringen können. So bald der Geist des Herrn in die Wahlstube von oben einzugehen die Erlaubniß hat, sobald nur er zur Aufklärung der Gesinnungen ernstlich eingeladen wird, da ist der Sache schon geholfen. Vorurtheile, Eigennutz, und von der blinden Eigenliebe zugeschmeuchelte Absichten werden ihre Rolle nicht zuspielen im Stande seyn; weil Eidschwüre, und Gewissen von Gott beherrscht aller Unordnung vorbeugen: welche niemals mehrer, als an den Wahltägen die Oberhand behaupten wollen. Marchtall, (Herr! du seyst ewig gepriesen) hatte Zeither in Herbeyrufung seiner Prälaten Gotteshulde immer zugegen; und machte sie sich nach dem Hingange des Abtes Johann insonderheit merkwürdig. Wird zum Abten erwählt.

Kaum erscholl durch die mit gesalzenen Augenwasser geschriebene Verkündigung Konradens der hohe Todfall Johannes in Marchtall, da die Veranstaltungen sich mit einem frischen Regenten vorzusehen, anfiengen; das Marchtalls Glücksloose allezeit beobachtende

Reichsgotteshaus Roth zauderte nicht der Sache angelegentlich Recht zu schaffen. Der hochwürdige Abt Ludewig daselbst sammelte seine ganze Klugheit, und wollte der verwittibten Braut ohne Anstand in so mislichen Zeiten einen Bräutigam zuführen. Er wußte aber wohl, daß die durch den Krieg zerstreute Kapitularen sobald auf dem Wahlplatze sich nicht versammeln mochten; daher stund die abteyliche Würde, weil Johann Engler zu Ende des Augustmonden in dem Jahre tausend sechshundert sieben und dreyßig verstarb, über sechzig Tage leer; und wurde vermittelst der Berufung der Abwesenden der fünfte Tag des Weinmondes zur Ernennung des neuen Prälaten angesetzt. Der Tag des heiligen Placidus sollte einen nur Gott wohlgefälligen aufwerfen; und der Weinmond sollte dem entkräfteten Marchtall wieder einen Saft zubringen.

Wohlan! die Kapitelbrüder kamen zu einem so wichtigen Period anheim; und Ludewig langte mit dem hochwürdigen Erforscher der Stimmen Johann Christophen Abten in der Weissenau zum höchsten Vergnügen Marchtalls an, unserm Gotteshause sogleich einen Abten nach den kanonischen Satzungen aufzuführen. Der fünfte Tag des besagten Mondes war in der Sache einer der gesegnetsten für unser Gotteshaus. Der alles verwirrende Krieg, die von ihm entstehende Unsicherheit der Strassen, die außer ihrem Geleise gehende Dinge brachten, doch in das Wahlgeschäft keine Unordnung, denn der Geist des Herrn beugte allen Störungen vor. Er, der in Mitte der Verfolgungen der Synagog dem apostolischen Eilferrathe einen Matthias zum Zwölften benennte; er, der bey Sauls Tobsucht einen David salben ließ; er, der in dem Wüthen Achabs und Jezabels einen Jehu zum Könige machte, gab auch Marchtall in dem Geräusche des Krieges, in dem Gerassel der Waffen einen Abten.

Niemand

Niemand dachte mehr an die erlittenen Drangsalen, welche das Gotteshaus erschüttert hatten, nur waren die Kapitularen besorgt eine Stütze zu finden, welche die fernern Bebungen desselben einhalten sollte; und wie hurtig war sie da, als alle einhellig, ohne weitere Grüblungen, ohne Zerschiedenheit der Gemüthsgesinnungen auf Konraden verfielen, ihn mit Betrachtung seiner außerordentlichen Verdiensten, seiner vortrefflichsten Eigenschaften zum Prälaten aufruften. Die Ehrsucht hatte niemals Gegensprüche, oder Einwendungen zu machen, ihre Regungen mehrer verlohren, als diesmal, da sich alle von einer so schweren Bürde, wie sie mit den mislichsten Umständen begleitet war, zu entfernen suchten; und schien die abteyliche Jnfel nur auf ein Haupt schicklich zu seyn, welches mit Großmuth begeistert, mit Eifer beseelt, und von Widerwärtigkeiten selbst gehärtet den Last der abholden Zeiten zu ertragen im Stande wäre.

Es ist sich wohl vorzustellen, mit welcher Dreistigkeit Konrad sich der Wahl entgegen setzte. Seine Demuth war nie Wortreicher, als damals, und seinen Entschuldigungen gab er ein solches Gewicht, daß nur Ernst und Gewalt sie zu entkräften fähig waren. Die Stimmen der Wahlbrüder ließen sich nicht mehr anders hören. Sie fielen ihrem neuen Vater zu Füßen, bethräneten ihren Handkuß mit dem kindlichsten Zutrauen, unter dessen Regierung Marchtall, wie einen aus der Asche seines Vorfahrers auflebenden Phönixvogel zu sehen; die Bestättigung Konrads in dem abteylichen Amte war durch den bevollmächtigten Vater Abten sogleich da, und der so glücklich erwählte Prälat mußte seinen Schultern, das fernere Zücken inne zu halten, gebiethen, weil er den Willen des Herrn in Augenscheinlichen erweisen sah.

Matris sponse! parens Fratrum! paradoxa videntur,
Et tamen Electum te modò dicta notant.
Filius implesti *Matris pia vota*, proinde
Natorum dicunt te *pia vota Patrem.*

Der Mutter Bräutigam! der Brüder Vater! nimmer,
Was sonst geschehen kann, in dir nun zeiget sich;
Der Mutter Wünsche du, als Sohn erfülltest immer,
Darum der Kinderschaar zum Vater nennten dich.

XXXIX.

Empfängt die abteyliche Einsegnung zu Constanz in der größten Dürftigkeit.

Die Ehren der Welt mögen ihren Schimmer so weit verbreiten, als ihnen die Atmosphäre der Einbildung einen Platz einraumen kann, so haben sie dennoch allemal Dinge um sich, welche ihren vermeynten Stralen eine Verminderung machen. Die goldenen Kronen sind mit Dörnern gefüttert, die Purpurmäntel drücken die Schultern mehrer, als sie selbe schmücken, und die Infeln pressen die Stirnen heftiger, als sie selben zur Zierde sind. Würde man doch die Ehrsüchtigsten in ihren Winkeln seufzen hören, würde man ihre Unzufriedenheit mit den gesuchten Aemtern in Geheime bemerken, dann sollten diese Sätze aus einem Geständnisse befestiget werden, welches den begierigsten Ehrenschnappern von der Wahrheit selbst abgedrungen ist. Was hat doch die Krone kostbares an sich, was klebet den Ehrenröcken, den Richterstühlen, den Triumphwägen von Vorzüglichkeiten besonders an, da sie nicht die Ehre, sondern nur die Zeichen der Ehre sind? Fragt Seneka; (g) und, welche Bürde sind sie für alle die sie tragen? Wer von Gott zu erhabenen Stellen berufen ist, weis sich alle mitkommende Müh-

(g) Quid habet per se corona pretiosum? Quid prætexta? Quid fasces? Quid currus? Nihil horum honor est, sed honoris insigne tantum. Senec. L. I. de Benef.

Mühseligkeiten verdienstlich zu machen. Er flicht aus den Rosen und Dörnern sich mit gleicher Gelassenheit eine Hauptbinde; da jene die mit Ränken und Gewalt erworbenen Stellen immer von jener Seite verfluchen, wo sie Beschwerliche sind.

Konrad der neuerwählte Abt war zwar von dem Himmel selbst auf den Stuhl der Ehren gesetzt, doch sah er die ihm eben davon zuzutheilende Beschwerden schon so aufgeklärt vor Augen, als empfände er sie wirklich; und empfand er sie nicht in der ersten Stunde seines abteylichen Amtes? Es hatte das Ansehen, daß er nur von darum in die Höhe, wie die Gipfel der Berge, oder wie die Flaggen der Galeeren, gestellt wäre, um von den Winden der Widerwärtigkeiten, der Kümmernissen heftiger angeblasen zu werden. Wie die aufgehende Sonne die Welt mit Nebeln, und nächtlichen Ausdünstungen umhüllet schauet, die sie doch beleuchten soll, so sah Konrad schon an dem ersten Tage seiner Regierung Marchtall mit allen Elenden umwölkert, die er zu tilgen keine Möglichkeit fand. Die ganze Lage des Klosters, war ein Schauplatz aller Dürftigkeiten.

Die Quellen der Wohlfart waren auf allen Seiten versiegen, von Geld, und Habschaft, ohne welche nichts bestehen mag, kam ihm nicht das Mindeste zu Gesichte. Die von kriegerischen Erpressungen, mit welchen Feinde, und Freunde in gleichem Ernste auf Marchtall zustürmeten, aufgehäufte Schulden stunden, wie ein Riesengebirge da, welches zu übersteigen der beste Haushälter den Muth verlohr. Scheunen, und Brodmagazinen waren ohne nothwendigen Vorrath, die Ordensmänner zur Abhaltung des Gottesdienstes zu ernähren. Die Augen setzten sich allezeit unter Wasser, wenn er an sich einen auf das Aeußerste erarmten Reichsprälaten beherzigte; und wie konnte er seiner Hoffnung nur mit der mindesten Tröstung schmeucheln, da die Felder wegen dem von der Pest hingeraften Ackersmann keine Beblühmung

mung hatten, die Unterthanen vom Hunger entkräftet, und blaß umliefen, und eher den Tod, als eine Ernde erwarteten.

Die Zeit war da, daß er die abteyliche Einsegnung empfangen sollte, zu welcher Kösten, und Aufwand, so klug man sie mäßiget, und von übertriebnen Pracht frey hält, in die Börse greifen müssen. Wie sollte dann der Sache vorgesehen werden? Es war für Konraden nichts zu thun übrig, als daß er mit gefaßten Muthe sich selbst nach Constanz verfügte um allda aus den Händen des Bischoffs die Ehrenzeichen eines Prälaten zu empfangen. Zu Fuß machte er sich also mit seinem Ordenssohne Placidus Braunackern einem Priester, mit Johann Schenzen seinem zeitlichen Vogten, und einem geschwornen Notarius auf die Reise. Er entlehnte von den Klosterjungfern zu Unlingen vier Gulden, welche diese gutthätigen Töchter des heiligen Franciscus ihm aus ihrem selbst damals übelbestellten Sparkruge herreichten; und als Freundinnen in der Noth von Marchtall eine ewige Erkänntlichkeit verdienen. Endlich kam er mit seinem kleinen Gefolge in Constanz, durch so viele Unsicherheiten der Strassen an; und wurde von dem hochwürdigen Herrn Johann Anton Tritt Bischoffen zu Tiberias, und constanzerischen Weihbischoffen in dessen Hauskappele in einer sehr stillen Feyerlichkeit mit dem gewöhnlichen Gepränge der Kirche an dem Festtage des heiligen Evangelisten Lukas, als Abt eingeweihet. So kann der leidige Krieg allen Dingen mit der Einschränkung begegnen; und solche Schmählerungen ihrer Hoheit müssen alle geduldenden, die in Zeiten seines dräuenden Unwesens zu leben haben.

Summa in pauperie confert *Constantia mitram*
Cum cruce, *cúmque pedo* vir *Benedicte!* tibi.
Vir *Benedictus* eris; dabit & *constantia* vires,
Ut *mitrâ atque pedô* tot patiâre *cruces*.

In

In größter Armuth dich, als Abten einzuweihen
Kreuz, Infel, Pastoral dir Constanz selber gab,
O! die Standhaftigkeit wird Kräften dir verleihen,
Mehr Kreuze auszustehen mit Infel, und mit Stab.

XL.

Muß wegen Mangel des Unterhalts die meisten seiner Klosterkinder von sich entlassen, und selbst in die Flucht geben.

Geistliche Vorsteher der Ordenshäuser, und geinfelte Aebte betrügen sich sehr, wenn sie auf den Genuß guter Tage sehen, und sich von den Widerwärtigkeiten nur von darum eine Freyheit versprechen, weil sie sich ihres Willens die einzigen Meister zu seyn glauben. Das Pektoralkreuz, so glänzend es ist, kann dennoch oft trübe Gedanken zu Hirn und Kopf bringen, daß sie es nicht zum Pracht, sondern zur Erinnerung führen, daß Kreuze, und Sorgen der beste Antheil ihres Herzens sind. Die Sorge für die Kinder ist von einem Vater unabtrennlich; und ist sie, als diese kein Leckerbissen, sondern ein mit Angst, und Bekümmerung durchmischte, und beynahe schlaflose Seelenquaale, die von Süßigkeiten nichts weis. Es liegt einem Abten vor allem andern ob, die seinen geistlicher und leiblicher Weise zuverpflegen; und, wie es seiner Ehre eine gute Epoche macht, wenn sie von nichts zu klagen haben, also wird seine Lebenszeit unter die bösen Jahre verworfen, wenn sie durch die Fahrläßigkeit des Vaters Noth leiden müssen.

Ein rechtschaffener Prälat theilet mit den Untergebnen alle Zufälle des Glückes, und würde er sich schämen, wenn er in Ueberfluß lebend seine Klosterkinder in Bedürftnissen sehen sollte. Der Pelikan ist ihm zum Sinnbilde, und wie dieser, wenn doch einer lebte, seine dürstenden Kleinen mit seinem eigenen Blute erquickt, und an seiner Brust eher eine Wunde, als den Mangel seiner Jungen sehen will.

So entzieht sich ein von der Liebe zu seinen Kindern lebhafter Klostervater alles, diesen in der Noth beyzuspringen. Er als das Haupt des Hauses mit den übrigen Gliedern durch ganz besondere Nerven verbunden hat das zärteste Gefühl alles dessen, was sie leiden; und denkt mit der größten Unruhe seines Herzens auf eine Hülfe, wo er sie immer herholen kann, seiner Vaterpflicht Genügen zu leisten.

Konrad erschien nach seiner Wiederkehre von Constanz unter seinen Kindern, als ein mit den Kleinodien seiner Würde begabter Vater; sie schwammen in Ergötzungen ihrer Seelen bey seiner Gegenwart; und wie gerne würden sie an dessen Seite immer gelebt haben, wenn es ihnen Hunger, und Noth gestattet hätten. Schon wieder mußten sie ihr Brod anderswo suchen, welches ihnen der erschöpfte väterliche Brodkorb verweigerte. Die heiligen Gefässe, unter welchen ein ganz goldener Kelch war, hatten ihr Metall in die Münze zu geben, einen nicht lang daurenden Nothpfenning zu verschaffen. Das Hausgeräthe lag in der Hand der Feinde, als ein hingeraffter Raub. Die Hoffnung selbst verbarg sich, nur etliche weitere Täge beysammen wohnen zu können; und so mußte Konrad seine Söhne wieder von sich lassen, um bey Freunden und Gutgesinnten das Leben zu fristen. Er gab ihnen mit seinen Vaterthränen geschriebene Paßeporte, worinn er die leidigen Umstände Marchtalls mit so vielen Farben, als Ausdrücken des Jammers zeichnete; und da er den Pflug seines Wappenschildes in dem Siegelwachs beydruckte, der mit dem Spitze auf drey Steinhügeln gesetzt ist, gab er der Welt zu erkennen, wie müßig dieses Fruchteisen in Marchtall sey, und wie feindselig der Kriegsgott die Auen der Ceres allda verheeret hätte.

Wir setzen alles Fleißes die Namen der Fortwandernden hieher, und benennen auch mit einem schuldigsten Dankerkenntnisse die Orte, wo sie gutherzige Gönner fanden. Georg Kiene, ein gelehrter Mann

Mann und Lehrer der Gottesgelehrtheit begab sich erstens in das Suntgau, und nachmals auf die Pfarrey zu Sanct Margarethe; Dominicus Müller nach Peterzell, Tiberius Bitterlinn nach Riggenbach, und Johann Mayr nach Hennenberg, welche Orte in dem Gebiethe des Hochfürstlichen Stifts Sanct Gallen ihnen zur einsweiligen Seelsorge und Ernährung aus besonderer Gnade überlassen wurden. Hugo Vogl weydete die Schafe des Herrn zu Sirnach nächst dem Kloster Fischingen, und Bonaventura Weckerlinn that das nämliche zu Alberschwendi in dem Bregenzer Walde, mit Vergönnung des Gotteshauses Mörerau. Sebastian Leuprand war in das Kloster Schlegel unsers Ordens in Oesterreich, Herman Bausenhart nach dem Stifte Oberzell, ebenfalls des Norbertinischen Instituts nächst Würzburg in Franken, Karl Bühel nach dem Ordenshause des heiligen Benedictus Englberg, inner den Schweitzer Alpen, Augustin Hohenecker, auf eine Pfarrpfründe bey Basel, und endlich Eberhard Schenz zu seinen Befreundten nach Salzburg verschickt.

Welche Stösse wider seine väterliche Brust empfand in dieser Versendung der liebvolle Abt? Welche Beklemmungen trieben ihm die Zähren in das Auge? Wie umarmete er seine reisefertige Kinder, welche ihm nichts als die bitterste Noth entführte? Wie viele Segnungen streuete er über sie? Jakob der Patriarch versah seine Söhne, die er in Aegypten Früchten zu erkaufen schikte, mit hinlänglichem Gelde; und Konrad, da er einen entmünzten Beutel ihnen auf dem Tische zeigte, gab ihnen die eindringlichsten Ermahnungen, ihres Berufs eingedenkt zu seyn, ihrem Ordensstande Ehre, und mit dem Bettelstabe in Händen dem Abgange, und Noth über sie verhängenden Himmel Vergnügen zu machen. Man kann sich kein leidvolleres Spektackel, als dieses vorbilden, da der endliche Abschied geschah, und ein trostloser armer Vater seine allen Unbilden ausgesetzte Kinder aus seinem Schoose unter ach und wehe! zu entlassen gezwungen war.

Konrad behielt bey sich die Aeltesten, welche von der Zahl ihrer Jahre gedrückt zu den Beschwernissen der Reise keine Kräften hatten. Sie waren Vitus Leyrer, Dyonis Schelkle, Joachim Kaufmann, Placidus Braunacker, der die Großkellerey zu verwalten hatte, und Jakob Herlin, ein Layenbruder. Es war eine verwunderliche Sache, als man diese grauen und lieben Alten ihre schwache Körper in den Chor zum Gottesdienste Schleppen sah, sie mit gebrochner Stimme die Psalmen singen hörte, und wie die vier und zwanzig Alten in den apokalyptischen und himmlischen Chorstühlen von dem Throne des Ewigen, ihre goldnen, also diese Tätteln ihre geschornen Kronen vor dem Tabernackel Jesu gebeugt hinlegen schaute.

Konrad ließ dem Tempel, so viel es seyn mochte, alles zum besten geschehen; da er indessen zu Marchtall und denen ihm zugehörigen Pfarreyen die Kanzeln bestieg, die heiligen Sakramenten ausspendete, die Kranken bey Tag und Nacht gefliessenst selbst verpflegte; dieser eifrige von Liebe Gottes und des Nächsten brennende Abt, der unermüdete, der auf alles Heilsame bedachte! ja, er leistete nicht nur den an der Pest leidenden seine allezeit fertige Hülfe, sondern wechselte seinen Abtenstab öfters mit einer Grabschaufel, die Leichen der Verstorbenen unter die Erde zu bringen; er genoß zumal den Trost einige in die Ketzerey verscharrte Seelen mit triftigen Unterweisen an das Licht der katholischen Wahrheit zu stellen. Wie schmal aber seine mit dem Ueberbleibsel seiner betagten Söhnen indessen zu Marchtall war, hat man aus dem zu schließen, da der Hunger sein Koch, der Mangel sein Kellner nichts als schwarzes Brod, Hirsmus, finstere Knödel, ungeschmackes Bier aufzustellen wußten.

In diese Bestellungen versetzte der leidige Krieg unser Marchtall, welches zu seinem gräulichsten Unglücke in Bälde auch seinen Vater, seinen theuresten Konraden, zu verlieren hatte; wo führen uns doch

die

die Schreckungen des Verhängnisses hin? War dann der heitere Himmel über Marchtall von einer so kurzen Dauer, daß schon wieder schwarze Gewölke sich in dessen Lüften zusammen ballen sollen? Ist dessen Umsturz nur verschoben, oder mußte er desto schrecklicher und erschütternder seyn, weil es, wie eine von Schlossen getroffne Saat, nach und nach, ob schon in sehr schwachen trieben, sich aufzurichten begann? Wir antworten aus der verworrenen Geschichte unsers Vaterlandes. Bernard von Sachsen Weymar, ein Held des protestantischen Bundes, der Feldherr des durch den Tod Gustavs verweysten schwedischen Heers, ein Erb des wider die Kirche des Herrn gefaßten Grollens; dieser Bernard, nicht jene Biene von Claravall, sondern jene Hornisse des schwedischen Schwarms zeigte seinen Stachel gegen die Katholicken noch immer; und da er mit den seinen durch einen starken Liliengeist, den ihm ein gepurpurter Chymist zuschickte, aus den Ohnmachten sich erholte; griff den tapfern Feldherrn Bayerns Johann von der Werth, bey den zwoen Wäldstädten Laufenburg und Seckingen an; schlug ihn, und ließ ihn nach Vincennes in Frankreich gefangen überbringen.

Deutschland sah die traurigen Folgen des schwedischen Stolzes auf ein neues vor sich, und Schwaben ächzete schon an der Pforte der jauchzenden Sieger. Die Bestürzung vertheidigte sich unter alle Innsassen desselben. Die behende Flucht den schnaubenden Ueberwindern, welche aber ihre Waffen meistens in dem Elsaß und anliegenden Gegenden übten, zu entlaufen, verursachte in Schwaben keine kleine Zerrüttung. Auch Konrad seine Person Marchtall durch ein gewichtiges Lösegeld nicht zu theuer zu machen, floh von seinem liebsten Kloster nach Wilthau, einem Gotteshause unsers Ordens nächst Insbruck in Tyroll, nachdem er seine ältesten Söhne zu andern in dem Elende schmachtenden schickte, und die Obsorge Marchtalls seinem vertrauten Schaffner Placidus Braunacker mit den besten vormals selbst befolgten Räthen überließ. Mauern von Marchtall, zittert! der beste Vater ist fort, der euch so lange stehend erhielt, und du Pforte desselben! laß dir zu einer schrecklichen Anmerkung diese Worte anschreiben.

Diffugiunt suadente fame *nati*, atque secura
Hoste minante petens, diffugit ipse *Pater*.
Anne sit in toto domus infelicior *orbe*,
Orba domus natîs, *orba parente* domus?

Die Kinder fliehen hin vom Hunger abgetrieben,
Die Furcht des Feindes auch den Vater itzt entführt,
Ist in der Welt ein Haus von Unglück so beschrieben,
Als das von Kindern leer, den Vater selbst verliehrt?

XLI.

Ist für Marchtall auch in der Ferne besorgt.

Die Heimath, oder das Vaterland, macht bey einem gesitteten Menschen solche Eindrücke, daß die Vergessenheit ihr Gedächtniß nicht zernichten mag, wenn er schon in dem Welttheile der Antipoden von ihr entfernet ist. Die Natur sticht das Angedenken davon so tief in das Gemüth ein, daß es von den Unbilden der Unachtsamkeit weniger, als Statuen von Marmor, von Wind und Wetter zu leiden hat. Ein rechtschaffener Patriot läßt sich von nichts mehrer erzählen, als von dem Vaterlande, und es kitzelt seine Ohren nichts angenehmer, als wenn er von ihm tröstliche Zeitungen ließt; da er entgegen alles mit Wehethume empfindet, was ihm von Unseligkeiten zu geht. Daniel erinnerte sich zu Babylon jede Stunde seines werthesten Salems; er war auf nichts begieriger, als auf die Geschichte, der ihm zugehenden Bedrängnissen, und wie wünschte er sich von dem Könige daselbst auf dessen Wiederherstellung alle Vorschübe zu erhalten. Er verrichtete selbst sein Gebeth immer mit einem nach Jerusalem gewendeten Antlitze

litze, um mit den Gedanken der theuersten Heimath auch seine Andacht zu würzen.

Konrad war von seinen Ordensbrüdern in Wilthau mit den vollkommensten Liebserweisungen empfangen. Sie machten sich Ehre einen so großen Ordensprälaten bey sich zu sehen, und ihm einen Asyl oder Zufluchtort vergönnen zu können. Sie erbauten sich an der untadelhaften Aufführung dieses fremden Abtes; und erfuhren von dessen Klugheit die außerlesensten Merkmale, als er ihnen in großen Zwisten zu einem Engel des Friedens ward. Wohin sah aber seine Seele brünstiger als auf sein liebes Marchtall? dessen Noth und Armuth zu steuren saß er nicht müßig. Er reißte zu Fuß durch Tyrol, Schweitz, Elsaß, Breisgau, Franken, Bayern und Oesterreich; die Ursache dieser mühsamen Umschweifungen waren alleine seine in dem Elende lebende Söhne zu besuchen, ihnen mit geistlichen Lehrsprüchen zur Erfüllung ihrer Pflichten beyzuhelfen, auf ihr Thun eine genaue Untersuchung zu machen, und dann bey Gutthätern eine Hülfe für Marchtall und dessen Unterthanen zu sammeln, welche von den Erpressungen der Kriegsvölker bis auf Haut und Beine ausgemergelt waren.

Das Herz in beyden Händen haltend warf er sich selbst zum Throne des Kaisers Ferdinand des dritten hin, gab seine mit Seufzern und Weheklagen gefüllte Bittschriften in die Hand dieses mildesten Kaisers ab; und legte flehentlich dem höchsten Oberhaupte des Reichs, dem mit den Tugenden seines allerdurchleuchtesten Vaters weiland Ferdinand des zweyten begabten Monarchen, das Unvermögen seines Klosters vor. Er fand die besten Worte dem mildesten Fürsten Marchtalls äußerste Nöthen zu erklären, und neigte er sich das kaiserliche Herz also zu, daß er von ihm nebst andern höchsten Gnaden die Bezahlung einiger Kriegs- und Sommerlagersschatzungen erhielt.

Auch nach München verfügte er sich zu dreymalen. Sein von Tugend und Frömmigkeit gebildetes ehrwürdiges Aussehen öffnete ihm aller Orten die Pforte, und er hatte auch die Gnade mit Maximilianen, dem Churfürsten Bayerns von den harten Angelegenheiten Marchtalls vieles zu sprechen. Der menschenliebe- und mitleidensvolle, hauptsächlich gegen die Gotteshäuser ungemein geneigte Herr, welcher in dem verderblichen Kriege eines der besten Häupter der katholischen Lige war, und durch seine Tapferkeit der erste seines Herzoglichen Hauses die churfürstliche Würde zum Lohne bekam; dieser, sagen wir, hörte nicht nur die Vorstellungen des frommen Abtes gelassenst an, sondern von dessen wehemüthigen Bitten ganz überführt ließ er ihm die an die Kriegsvölker zu bezahlende tausend Gulden gnädigst nach, und versicherte ihn seiner Gnade.

So weit trieb Konraden die väterliche Sorge für seine Söhne und Unterthanen, denen alle Streiche des aufsätzigen Krieges auf den Nacken gefallen waren; und so beförderte sie die beschwerlichen Reisen zu Fuß, daß er mit Trost bestärkt ihre Ungemache nicht fühlte. Es gieng kein Augenblick der flüchtigen Zeit hin, den er nicht auf Marchtalls Wohl verwendete. Furcht und Schrecken schwächeten seine Hoffnungen niemals; grosmüthig und entschlossen sprach er mit den Großen der Welt, wie Joseph der Aegypter mit dem Pharaon für seinen Vater und Brüder, in dem Ländgen Gessen, wenn er Marchtall zu vertheidigen hatte. Die Stralen der Majestät blendeten ihn nicht, und er brach die im Wege stehende Zurückweisungen der Höfen allezeit durch, weil ihm Gott, der Herrscher aller Herrschern, die auch ungeneigteste Gemüther zulenkte.

Cæsa-

Cæsaris, & Bavari Ducis intras impiger aulas,
Próque *domo* loqueris, plùs Cicerone, *tua.*
Aureus orator capis *aurea* dona, *domóque*
Pro propria *vivens*, *vivis ubique domi.*

Wienn, München sahen dich mit Bitten und mit Flehen,
Viel mehr als Tullius du gabest Worte aus,
Und für dein Hause nur; es that dir wohlergehen,
Du zeigtest überall, daß du sehr wohl zu Haus.

XLII.

Ein wahrer Vater zählt alle Augenblicke unter die verworfensten, die ihn von dem Hause seiner Kinder entfernen. Er hasset alle Wohllust, und findet sie Coloquinten bitter, welche ihm anderwärts auch von den besten Freunden zufließt; und gleicht er einem Adlervogel, welcher sich auch in den höchsten Lüften, von den Sonnenstralen, seiner sonst geliebtesten Wonne, nicht zu lange aufhalten läßt, sondern seinem Neste zueilet. Die Abwesenheit eines Abtes von seinem Kloster, ist keine Quelle der Wohlfart für das anvertraute Gotteshaus; wenn sie nicht von nothdringenden Geschäfften berichtiget ist. Die Sonne selbst eilet der verlassenen Hemisphäre zu, so bald sie in der andern ihre Geschäffte zu Ende gebracht hat; und ein kluger Vorsteher verscheuet alle Hindernissen seiner Gegenwart, so bald die vernünftigen Ursachen seiner Reisen nicht mehr sind. Er weis, wie viele Arbeiten zu Hause auf ihn warten; und er findet sie sogleich wieder an dem Nagel, wohin er sie, von triftigen Beweggründen genöthiget, einsweilen hängte.

Kömmt nach Marchtall zurück und ist für selbes ungemein besorgt.

Jakob der Patriarch, wollte sich nicht mehr in dem Hause Labans verzögern, sondern trachtete nach den erfüllten Dienstjahren ohne

Verweilung seiner Mutter Rebekka zu, nachdem er von ihr mehr als vierzehn Jahre mußte entfernt seyn. Der evangelische Hausvater verweilte sich auch nicht, da er das gesuchte Reich an sich brachte, sondern ohne Saumniß, wie die evangelischen Blätter, nach der Dollmetschung des tiefdenkenden Oliva, sagen, kehrte er anheim, die von den hinterlaßenen Knechten besorgten Pfunde in Augenschein zu nehmen. (h) Das Auge des Obern ist das günstigste Gestirn für ein Kloster; und wo dieses in dem Apogrum von seiner anvertrauten Erde ferne steht, sind keine gute Einflüsse zu hoffen. Es ist sehr schädlich, wenn ein Vorgesetzter und Regent in seinen Ausschweifungen alles fremder Willkühre überläßt, da er selbst alles verwalten kann; und ist er niemals besser zu Hause, als wenn er gerne daheim ist.

Konrad rechnete jede Augenblicke zu Stunden, jede Stunde zu einer ausgestreckten Tagzeit, so lang er von Marchtall abwesend war. Kaum hörte er zuverläßig, daß die Gefahren des Krieges sich verdinnerten; kaum sah er einige Blicke der Friedenssonne aus dem düstern Gewölke hervorbrechen, da die von der wüthenden Bellone umgejagte Fürsten selbst nach der Ruhe seufzeten, so ließ er sich von seinem Zurückgange nicht mehr inne halten. Er kam voll der väterlichen Sehnungen in Marchtall wieder an; und legte ohne Langsamkeit seine Hände wieder an das Ruder, welches er eine Zeitlang entlassen mußte.

Wir müssen aber nicht glauben, daß die Beschwerden für ihn in einer kleinern Maase waren. Er hatte die Schläge des Kriegs Zeither wohl empfunden, und auch die Hoffnung des Friedens schmeuchelte

(h) Accipere sibi regnum, & reverti. Luc. 19. *Nihil est intermedii proficisci accipere & reverti. Viden' quàm domi suæ esse quærat bonus familiæ Pater, ut suis rebus mox adsit, ubi negotia expedivit rebus alienis satur, non suis.* Oliva in h. l. in Stromat.

chelte ihn nicht gar zu sehr an, weil er eben von darum Bedrängnissen fand. Die Schweden mit ihren Anhängern waren so trotzend, daß sie den Frieden um Geld feil bothen, welcher alle Schatzungen der Welten übersteigt. Die Reichsstände wurden angehalten große Summen voraus zu bezahlen, und forderten die Feinde Gold und Silber, wenn man ihr schwirrendes Eisen in die Scheide bringen wollte.

Marchtall, unserm Gotteshause, waren zu seinem Antheile drey tausend vierhundert und zehn Gulden ausgeworfen, welche auf die nächsten Christferien ohne das mindeste Zaudern in die schwedischen Hände fallen sollten. Wie hart sind von einem schnaubenden Feinde die Bedingnissen doch gesetzt, wenn sie ihrem ungerechten Raube noch eine Vergeltung bestimmen; und wie theuer kömmt einem mit Kriege überzognen Lande die Ruhe zu stehen, wenn es selbe auf dem Markte des Wuchers wieder erkaufen muß, die ihm ohne Schuld entzogen war.

Fremde Völker finden nicht so gleich eine offene Thüre fort zu gehen, wo sie von einem goldenen Schlüssel nicht aufgesperrt wird; und da sie von dem Raube ihrer Gewalt sich Reichthumen aufhäuften, hat man diese wilden Raubhummeln nur mit klingelnden Beuteln, gegen die Natur der guten Bienen, fortzubringen.

Konrad sah die von Marchtall abzugebende Summe mit der größten Betäubung an; und würde sein Herz nicht so sehr von der Großmuth belebt gewesen seyn, hätte er sich von der Zaghaftigkeit vollends in die Verzweifelung gestürzt gesehen. Kein feyernder Häller war in den Schreinen da, dessen rothe Farbe sich der Armuth des Klosters hätte schämen mögen. Die Güter desselben waren meistens versetzt, und zinseten der von der Noth aufgedrungenen Schuldenlast; und wußten sie keine Zeit, wenn sie von der Abgabe frey wieder unverletzt an ihre Behörde anheim kommen sollten.

Konrad fertigte an die abwesenden Kapitularen encyclische Briefe aus, ihr Gutachten einzuholen, weil er in sich nur einen Verwalter, nicht einen Eigenthumsherrn, sah; und wie sollte das Beyspiel Konradens nicht manche eines bessern erinnern, welche als geistliche Vorsteher nur ihrem Eigendünkel folgen, und mit Hintansetzung des berechtigten Kapitels sich blindlings eine unumschränkte Eigenmacht zudichten.

Der Rath war theuer, wo der Friede in einem so hohen Preise war. Er lief selbst schon wieder zu Fuße Würtenberg durch, kam nach Reutlingen, Tübingen, Rottenburg, Horb, und noch weiter, um einen geborgten Nothpfenning zu erheben. Was fand er aber in Orten, die selbst Mangel litten, und leere Börsen hatten? Die Erarmung beyderseits hatte den Credit unter Abenteure verwiesen. Aller Orten abgefenstert sah er keine Hülfe mehr, da doch die Kreiskomitien zu Ulm auf die Bezahlung heftig waren, und die Weihenachten herzu näherten, welche uns einen Heiland in der Krippe zeigen, der nur im Frieden der ganzen Welt unter den Menschen erschien, und nun der Friede als ein Krippel mit gebrochnen Beinen nicht in Fätschen, sondern Schindeln sich aufzurichten begann.

Konrad sah in die Höhe, auf die heiligen Berge der Himmel hin, und in Zurücknehmung seiner beängstigten Blicke führte er sein Auge bey den Thürmen der Tempel fürbey, sah die Glocken derselben, und entschloß sich selbe mit jenen der dem Kloster einverleibten Pfarreyen verkäuflich zu machen. Er achtete besser zu seyn, wenn das Volk in der Stille zum Gottesdienste käme, als wenn es unter dem verdrüßlichen Geschelle des fremden Erzes der Schulden, laut jammernd dahin zög; und er versprach sich, daß die schwedischen Straußmägen von der Glockenspeise satt werden möchten. Er eröffnet seine Meynung dem anwesenden und auswärtigen Kapitel, wozu er auch, gegen Herkommen,

kommen, die jüngsten Neulinge berief, damit sie spätern Nachfolgern die Noth Marchtalls erzählen könnten. Seine Meynung war von dem allgemeinen Beyfalle untersetzt, und da es zu der Sache kam, so fand man, daß die verkauften Glocken dem Elende mit Bezahlung der anbegehrten Summe aus, und den Frieden einzuläuten im Stande waren.

Æs campanarum vendis, *propriúm*que *alienas*,
Æs *alienum* ne téque tuósque premat.
Sit! *tempestates* magis *æra sonantia* nunquam
Dispulerant, quàm dum *vendita bella* fugant.

Das Erz der Glocken du verkäuflich hast geschrieben,
Damit das fremde Erz die deinen drücke nicht.
Nun! kein Gewitter war durch sie so schnell vertrieben,
Als das verkaufte Erz die Kriegeswolken bricht.

XLIII.

Jtzt sehen wir den tobenden Krieg in seinen endlichen Schmachtungen. Jtzt will Irene, die holde Irene, die Pforten des Janus schliessen, und dem abgematteten Kriegsgott unter ihren Olivenästen einen Schatten zum Ausruhen gönnen; und eben jetzt werden wir unsern Konraden, unsern Vater, vielleicht in bessern Fügnissen zu betrachten haben.

Der Friede wird gestiftet und Konrad sah die von ihm vormals durch die göttliche Vorsehung für Marchtall gebrauchte Maasregeln wohl erfüllt.

Deutschland! beklemmtes Deutschland! der Friede ist da. Ist aber der Friede, so tröstlich sein Name lautet, so erquickend er nach dem niederschlagenden Kriege tönet, allemale eine Post der Ergötzlichkeiten? Er, der Friede ist zwar jederzeit ein kostbares Geschenke des Himmels, weil er nur in ihm unvertilglich ist. Wenn er aber, der Friede, ein

Werth der menschlichen Staatsklugheit ist, wenn er nur eine Aussinnung irdischer Köpfe, eine künstliche Tapetenwebung Eigennützigerr Seelen heißt, wie kann er von seinem Namen glänzend seyn? Wie ein wahrer Friede heißen? Oft Zwang, oft Noth, oft unrechtmäßige Gewalt, verkappet sich mit dem Namen des Friedens, wo dem unschuldigen Theile vielmehr die Hand zum Einschlage gerissen wird, als er sie freywillig dahin selbst ausstreckt.

Man muß öfters Bedingnissen gewähren, Artickel unterzeichnen und Bündnissen unterschreiben, welche die Rechten Gottes bekränken, den Gesetzen des Himmels trotz biethen, und alles Heilige verletzen.

Die durch Gottes Zulassung siegende Ungerechtigkeit ist die tolle Entscheiderinn der Dinge. Sie spricht in dem höchsten Tone ihre trabende Foderungen aus, und ist niemals zu frieden, als wenn sie erhällt, was sie durch ihre Waffen gesucht hat.

Da ist Friede, da blühen Oliven, welche Billigkeit blasse Zypressen sind; Isidor der Pelusiot heischet zum Frieden Gerechtig- und Frömmigkeit; (i) wenn aber diese zu dessen Stiftung nicht nur eingeladen, sondern offenbar verbannet sind, wie wird es Friede werden? Der Friede läßt sich leicht entwaffnen, wenn der angegriffne Theil dessen Willen zum Gesetze nimmt. Er packt das genommene zusamm, und zeucht als der beste Freund dahin; da indessen der bis aufs Hembd Ausgeraubte ihm bittere Blicke nachwirft; dem Freunde! wackere Freunde! die nur alsdann huldreiche sind, wenn sie andere plündern. Wie sich die zur Ruhe legende Winde die Blätter eines Baumes allererst gelinder anwehen, nachdem sie dessen Aeste in Stücke zerbrochen; und wie die Meere die Schiffe nach dem Sturme wieder schmäuchelnd lecken, nachdem sie selbe vorher an den Felsen zerschmettert haben.

Wir

(i) Pax vera est, quæ justitia, & pietate cohonestatur. Lib. 3. Ep. 246.

Wir haben Deutschland schon den Frieden verkündet; und dieser war zu Münster mit den allerchristlichsten Galliern, zu Osnabrück mit den allerfreundlichsten Schweden ausgeblasen; jene entzogen dem Reiche, diese der Kirche, was beyden noch die Thränen ausdrückt, und dieß war der so berüchtigte westphälische Friede, wo die Bischthümer, Ordenshäuser, Stiftungen der frommen Alten zusammt der Religion, wie die westphälische Schunken zertheilt waren. Wir sagen schon genug, den Gräuel dieses Friedens zu entwerfen, wenn wir nur das sagen: daß Innocenz, der zehnte Statthalter des Herrn auf Erden, über diesen Frieden bitterlich und untröstlich hinweinte, welchen, so lang die Kirche Christi steht, keiner von den Nachfolgern des Petrus als einen geltenden erkennen wird.

Grotius lacht indessen in die Faust, und die Feinde der Kirche lassen sich den erhaschten Braten wohl schmecken. Der Sache näher zu kommen, und Konraden wieder zu sehen, so war unter andern den Orthodoxen nachtheiligsten Sätzen dieser: daß alle geistliche Güter, welche den Gegenglaubern Zeit des dreyßigjährigen Krieges wären entnommen worden (so sie vorher der Kirche widerrechtlich entführt hatten) sollten zurück gestellt werden, und das überhaupt, das Religionswesen betreffend, alles in jenen Stand zurück gesetzt werden sollte, wie es den ersten Jänner des sechszehn hundert vier und zwanzigsten Jahres war, dem man daher den Namen des zur Richtschnur, und zum Winkelmaaße (es waren aber beyde sehr unrichtig) gesetzten gab.

Wir sagen es deutlicher: die Schnur war überspannt, und das Winkelmaaß krumm. Wie betraf aber dieses unser Marchtall? Die Frage ist billig, und die Antwort fertig. Auch Marchtall würde böse Kalender, und den Anfang schlimmer Jahren gesehen haben; und würde für selbes die schrecklichste Epoche geschrieben worden seyn,

 wenn

wenn die Vorsehung des Herrn, wie wir alles von der Uebergabe wissen, Konradens Klugheit nicht zum tauglichsten Werkzeuge in schon zurückgelegten Jahren erkießt hätte. Wir müssen Schritte zurücke machen. Das bemeldte unglückliche Schalt- und Schalk-Jahr für die geistlichen Stifter, hätte bey nahe unserm Gotteshause auch den Untergang zugeschaltet. Es war ein beständiger Gegenwurf der bösen Nachbarn; und man legte alle Sappen und Minen an, damit es von dem Schooße der Kirche abgerissen mit andern in die Lüfte flög. Es waren schon Feinde zugegen, sich den Besitz eigenmächtig zu behaupten; und es würde jener unselige Tag auch Marchtall getroffen haben, wenn nicht Konrad, vermuthlich damals Prior, kaiserliche Völker von der Reichsstadt Biberach in Geheim berufen hätte, durch welche die Häscher unserer Gegner, einige Zeit vorher, abgetrieben waren, und Marchtall den schrecklichen Tag des ersten Jänners wieder sich so grimmig nicht erfuhr.

Himmel! welchen Dank blieben wir Konraden auf ewig schuldig? Welche Kabalen spielte durch ihn der große Gott, da er von dem argen Ausschlage des besagten Tages mit der ganzen Welt zu selber Zeit noch kein Bündniß hatte. Wie dankte er aber als Prälat für diese nur von dem Himmel eingeflößte Maasregeln? O! er dankte, und wir mit ihm, in heutigen und folgenden Zeiten werden von Grunde unsrer Herzen immer danken. Wir kommen nun wieder in das Geleise der Geschichte, weil uns der Westphälische Bund aus selbem brachte, der an sich selbst die Quelle aller Unordnungen war.

Hostis adest anno *Normali jura* daturus,
  Quem tamen Austriacô milite *jure* fugas,
Tunc *Felix novus Annus* erat, faustæque calendæ.
  Queîs referent *normâ* sæcula nulla pares.

Der

Der Feind ist da und will mit dem Besitze pochen
Auf Schwedens Frieden hin. Er weicht, du bist der Mann.
**Glückseligs Neues Jahr war Marchtall dir gesprochen,
Dergleichen man dir nicht aus tausend wünschen kann.**

XLIV.

Konrad bringt nach Versammlung der Ordensbrüder vor allem andern die Ordenszucht wieder in die Ordnung.

Die Welt hat von den Verderbungen des Krieges Beylagen genug, und sind die Ordenshäuser davon die besten Zeugen, welche niemals mehr als in dem Kriege ihrer schönen Ordnungen entsetzt werden. Kein Tag hat seine richtige Eintheilung mehr, und sind es nur die Stunden an dem Zifferblatte, denen noch ungehindert fortzulaufen vergönnet ist. Die vernünftige Liebe zur Sicherheit, die Gefahren der andringenden Feinde, der Tumult feindlicher Berennungen brechen die Schnur entzwey, und wickeln den Leitfaden zusammen. Die Flucht der Klosterbürger hebt alles zumal auf. Das Stillschweigen, die Geistesversammlungen lassen nach; und das Chorgesang leidet die längsten Pausen, wenn Trummeln, Herpaucken und Feldtrompeten die Choralmusik des mit den schwersten Pfundnoten und in dem verworrensten Kontrapunkt psallierenden Mars aufführen.

Gehen aber die Unruhen zu Ende, kommen die wiederkehrende Ordensmänner anheim, welcher Mann wird erfodert, welcher Geist, welche Arbeit, welcher Ernst muß nicht da seyn, die alte Klosterzucht wieder herzustellen, alles in seinen richtigen Lauf zu bringen, wie es zuvor war, da auch nachmals die Nachwehen des Krieges viele Hindernissen einstreuen.

Gewiß ist es, daß ein Prälat und Oberer in solchen Umständen nichts zu vergessen hat, was zu Wiederbringung der Disciplin

füg-

füglich ist. Wie ein Gärtner nach einem stürmenden Schlossengewitter seinen Blumenbetten zueilt, die herabgeworfenen Oranienpflanzen an die alten Stellen aufrichtet; und wie ein Pilot seinen von den Wellen mishandelten Fahrzeug in einem stillen Haven wieder ausbessert, so liegt es einem geistlichen Obern zur Pflicht ob, nach dem Kriege die Ordnung seines Hauses herzustellen, weil eben nicht alle so anheim kehren, wie sie abgiengen.

Die ob schon gesalzene Freyheit der Abwesenden, bringt oft Schwürigkeiten mit sich, die das vorige Joch nicht so angenehm machen; und hat man vieles zu thun die eingehauchte Weltluft wieder aus der geistlichen Lunge zu bringen.

Konrad berief seine geistlichen Söhne bey anscheinender Friedenssonne nach Haus. Sie kamen mit mehrer Behendigkeit, als da sie gezwungen wegzogen; und er genos die Freude, wie der evangelische Kapharnaiter, daß er sagen konnte: geh, und er geht; komm, und er kömmt, (k) er hatte unter ihnen keinen Raben des Noe, der von dem Weltluder speisend der Arche vergaß. Nein! sie eilten in die Wette, den Schooß ihrer verlassenen Mutter zu suchen, und unter einem so werthen Vater ihre Tage zu beschließen. Nur jene blieben zurück, welche von dem Tode in dem Elende hingeraft, in das wahre Vaterland, den Himmel, hinpilgerten.

Wir sind nicht fähig den Eifer Konradens mit jenen Zügen zu bilden, die er hatte, sein theurestes Marchtall in eine Gestalt zu bringen, welche Gott am besten zu gefallen hätte. Er sprach, seinen Kindern in den öftern geistvollesten Anreden mit dem ganzen Feuer seiner Brust zu, in jene Fußstapfen wieder einzutreten, in welchen sie vor der Flucht zur Erbauung der Welt stunden. Das heilige Chorgesang,

(k) Dico huic; vade, & vadit, & alio veni, & venit. Matth. 8.

sang, die Betrachtungen, die geistliche Lesungen, das Stillschweigen, die Clausur, und andere gottselige Uebungen liefen durch die Aemsigkeit dieses unvergleichlichen Prälatens so gleich wieder in der schönsten Verfassung fort. Niemand getraute sich hierinn nur die mindeste Fahrlässigkeit zu begehen, da er das reizende Beyspiel seines Vaters immer vor Augen hatte.

Konrad war allen geistlichen Uebungen selbst zugegen, und gab allen Dingen durch seine Gegenwart Kraft und Dauer. Seine einzige Herzenslust war, Gott mit den seinen das Lob zu singen; da war er wie David mit der Harpfe unter den Kindern Aarons, und munterte alle mit seinem Vorgange auf. Er schrieb selbst die besten Lebensregeln für sich, und andere; und er wollte sie auf das genaueste erfüllt wissen.

Die Ordensstrengheiten beobachtete er selbst als der erste Ordensmann in dem Kloster, und so hatte er das herrschende Ansehen selbe auch andern zu empfehlen. Sein Getränk war Bier und Wasser, und den Wein ließ er andern, und den ankommenden Gästen zur Labung über. Er tröstete die seinen in Abgang eines gebührenden Priestertisches öfters mit den Worten des Tobias: Meine Söhne! fürchtet euch nicht, wenn wir schon ein armes Leben zu führen haben; ach! wir haben Güter genug, wenn wir Gott fürchten, von Sünden abweichen, und gutes wirken. (1) Wie er auf das innere Wohlstehen der Ordenszucht auf das genaueste sah, und selbst das Amt der klösterlichen Runde, oder eines so genannten Circators, eine geraume Zeit versah, so hielt er die zur Seelsorge ausgesetzte in den beharrlichsten Blicken, machte ihnen heilsame Verordnun-

(1) Noli timere Fili mi! pauperem quidem vitam gerimus, sed multa bona habebimus, si timuerimus Deum, & recesserimus ab omni peccato, & fecerimus bene. Tob. 4.

nungen, außer dem Kloster die untadelhaftesten Religiosen zu machen; auf die Ordensjünglinge trug er die strengste Obacht taugliche Männer zu pflanzen, und erfüllte durchaus alles, was Disciplin und Zucht foderten.

Disciplina vetus rediit, te Præsule, tota,
Quam procul à claustris *Mars alienus* agit.
Strenuus hanc reducem conservas, denique totam
Totus, & hoc *proprio Marte*, vigere facis.

**Die schöne Ordenszucht kömmt hurtig und behende
Zurück in Marchtall an vom Krieg vorher gestöhrt;
Sie blühet wiederum gepflanzt durch deine Hände.
Durch deinen Fleiß und Ernst sie blieb auch unversehrt.**

XLV.

Als ein großer Liebhaber des Nächsten empfiehlt er die brüderliche Liebe mit allen Kräften.

Wäre das Paradies, der Vorhof der Himmel selbst, nicht schon auf der Erde anzutreffen, wenn das heiligste Geboth der Liebe unter den Sterblichen durchgehends seine Erfüllung fände? Wäre unser Jammerthal nicht schon ein Vorgeschmack der ewigen Freuden, wenn seine Bürger nur an die wohlgeordnete Liebe sich hielten? und hätten wir nicht immer die reitzendsten und ergötzendsten Geschichten zu hören, wenn Zänke und Zwiespalten von uns ausgebannet keine Trennungen der Gemüther mehr stifteten? Wer wird über diese Fragen anders als mit ja antworten können, wenn er von den süßen Früchten der Liebe nur die äußerste Schaale verkostet hat? Es würde mir die Zeit gebrechen, so ich diese Früchten in allen Menschengemeinden nur mit dem Finger zeigen sollte. Ich will sie aber nur in klösterlichen Versammlungen berühren.

Kein

Kein Ort in der Welt ist zu finden, wo die Liebe den Keim der Vergnügenheit stärker zu treiben weis, als in diesem. Die Gott verlobten Seelen sind ohnehin in Geschäfften begriffen, die nur Quellen des Trostes sind. Sie haben sich von dem störenden Geräusche der Welt losgebunden, dienen gemeinschaftlich ihrem Gotte, genießen in der sanftesten Einsamkeit den heiligen Seelenschlummer der Geliebten, ferne von Sorgen zeitlicher Bedürftnissen, entäußert von plagenden Kümmernissen leben sie von den seinen Dienern bestimmten Geschencken; und darfen sich vor allen Glückskindern der Welt die gesegnetesten schätzen.

Thronet die Liebe unter ihnen, wissen sie von Zwisten nichts, herrschet die Einigkeit über sie in ihren Mauern, gönnen sie einander die Wohlfart ohne Eigenliebe, o! wer wird sie nicht in einem irdischen Himmel zu wohnen glauben? Mangeln diese Liebesübungen, wird die Liebe ausgetrieben, giebt es auf das Glück der Mitbrüder scheele Augen, streuet die böse Afterpolitick ihren Unkrautsamen aus, welche Hölle wüthet nicht inner dem Umfange der geheiligten Mauern! Ein Kloster wird durch die Zwietracht zu einem wilden Acheron, und zu einem von würgenden Bestien gefüllter Park oder Thiergarten; und der Umsturz einer solchen geistlichen Gemeinde muß ober den Köpfen der Misvergnügten nothwendig krachen.

Konrad unser rechtschaffener Prälat hatte von diesen unumstößlichen Wahrheiten die beste Einsicht; und da er Marchtall von den übergroßen Unruhen des äußerlichen Krieges frey sah, wollte er die noch gefährlichere eines innern gänzlich daraus abgewiesen haben. Ein Feind der Liebe und des Friedens, der zumal ein Mitgenoß aller Dinge ist, und den Namen eines Bruders trägt, schien ihm weit schädlicher, als die Waffen der Schweden.

Er erwählte zwar zum Stoffe seiner geistreichen und vielen Anreden die heilsamsten und zur Uebung nothwendigsten Gegenstände. Er sprach für die apostolische Armuth, für den schleunigen Gehorsam, für eine berufene Keuschheit, für den Eifer des Gottesdienstes, für die Flucht von der Welt, für den Gewinn theurester Seelen allemal dreiste; doch erschöpfte er den ganzen Vorrath seiner ihm natürlich, und künstlich beywohnenden Wohlredenheit, so oft er von der unschätzbaren Gegenliebe der Ordensbrüder handelte. Keine Gründe, keine Beweisthümer mochten sich vor seinem aufgehellten Erkenntnisse verbergen, das große Geboth der brüderlichen Liebe, mit deren unentbehrlichen Pflichten zu erweisen. Sein Antlitz entbrann von der heiligen Glut, so oft er seine bündige Worte von der Verbindung der Gemüther ausgoß.

Neid, Eifersucht, Zänke, stellte er als die fürchterlichsten Abenteure vor, sie allen und jeden häßlich zu machen. Er stillte die Aufruhren, wenn doch eine waren, in dem ersten lallen, ehe sie zu reden anfiengen. Er zeigte seinen Kindern allezeit das Olivenzweig Norberts, dessen größte Bemühung war, auf der Welt Frieden und Liebe zu stiften. Er überführte sie, wie ungereimt, wie sträflich es sey, wenn Brüder wegen einem Aemtchen, wegen einer Stelle und Beförderung sich anfeindeten, und wie die Meerswellen wider einander sich aufthürmten. Er wies die Unzufriedenen mit den eindringlichsten Vorstellungen zu einer ruhigern Lage; und brachte es so weit, daß er von Klägden, von Vorwürfen, von Ausstellungen, das wenigste hörte. Sein liebvolles Beyspiel bekräftigte seine Worte zum besten.

Alle, ohne Ausnahme, trug er mit gleicher Gewogenheit in seinem Vaterherzen; und wenn er die mehrern Verdiensten vor den mindern belohnte, geschah es ohne Gemurmel, weil sie, seine Söhne, die Gleichgiltigkeit mit der Klugheit immer gepaaret sahen. Seine ne Liebe machte die schönsten Proben in Tröstung der Kleinmüthigen, in Berathung der Zweifelnden, in Hülfe gegen die Kranken, in Beystand der Sterbenden. Auch seine Bestrafungen gaben die Schärfe der Liebe in allen Kapiteln, die er täglich hielt, zur Gefährtinn; und sah man wohl, daß die Liebe die Oberhand für sich behauptete.

Die Worte Augustins, seines Regelvaters, waren bey ihm unvergeßlich: Du mußt nicht den Fehler des Menschen, sondern den Menschen lieben. Der Mensch ist ein Geschöpf Gottes, und die Irrung ein Werk des Menschen. Liebe jenes, so Gott gemacht hat, und nicht diese, welche ein thun des Menschen ist. (m) Nichts fiel der Welt reitzender in das Auge, als wenn er an dem Tage des heiligen Ordenspatriarchen, mit seinen Kindern, dieser liebvolle Vater, vor dem Tabernackel des Herrn die feyerlichen Gelübde erneuerte. Er führte diesen erbauenden Gebrauch der erste ein, und er hat bis daher sein rühmliches bestehen. Da war er wie ein Bienenkönig in Mitte seines Schwarmes im Angesichte der Sonne; und da glich er dem Noe als er nach der Sündfluth mit seiner Haushaltung das Opfer reiner Thiere vollbracht, welches zum Wohlgefallen Gottes so niedlich, so schmackhaft ausfiel. (n)

Möchte ich noch die Liebe Konraden gegen die armen Unterthanen mit weitern Anekdoten verzieren! möchte ich das reichliche Almosen, so er ihnen in der Armuth des Klosters selbst ausspendete, berechnen! möchte ich seine Räthe und Thaten aufführen, mit welchen er die Nothleidenden selbst besprechend, ihre Bittschriften selbst lesend, in ihren Stroh- und Bettelhütten sie selbst besuchend der Noth zueilte!

(m) Noli in homine amare errorem, sed hominem: hominem enim Deus fecit, errorem ipsus homo fecit; ama illud, quod Deus fecit, noli amare, quod ipse homo fecit. S. Aug. lib. I. Confess. c. 18.

(n) Odoratúsque est Dominus odorem suavitatis. Gen. 8.

eilte! wie müßten wir zu einem unverhinderlichen Geständniße gebracht, ihn als das ächte Muster, als den besten Lehrer der Liebe ausrufen, wie wir es wirklich thun, und nicht anders thun können.

Imperat in teneris amor, affectúsque medullis,
Quando tuos *totus* tu moderaris *amor*.
Non ignare mali! miseris succurrere *discens*,
Et verbo, & factô, quid sit amare, *doces*.

**Ganz Liebe warest du, ganz Liebe dein Betragen,
Den deinen stundest du mit ganzer Liebe bey;
Wohl lernend, was die Noth, was Leid, du konntest sagen,
Auch lehrend zeigtest du, was wahre Liebe sey.**

XLVI.

Eifert sehr für die hyperdulische Verehrung der jungfräulichen göttlichen Mutter.

Die Einrichtung eines rechtschaffenen Ordenshauses, die Feinheit klösterlicher Beschäftigungen machen sich von selbst des Tadels frey; und nöthigen auch ihren Feinden einen Beyfall ab. Die über die Gotteshäuser zörnendsten Widersacher gestehen dennoch, daß in selben das Christenthum seinen Pracht, der Dienst des Herrn seine Herrlichkeit, und die Andacht ihren Schimmer habe, da sie in vielen Orten der Welt, besonders wo Lauigkeit, und flüchtiger Kaltsinn herrschet, nur unter die letzten und vernachläßigten Dinge verwiesen sind. Nicht nur Gott dem Allerhöchsten wird in wohlgestellten Klöstern das Gebührende gezollet, sondern auch jener großen Frau die Ehre befördert, welche in den Himmeln, als eine Königinn, zur Rechten ihres göttlichen Sohnes ihren Thron hat.

Und

Und wem anders nach Gott haben die Ordensmänner ihre Wohlfart, als Maria, zu verdanken? Troja in Asien brüstete sich, wie wir in den Fabeln dieser Stadt finden, von seinem Palladium, welches ein hölzernes Bild der Pallas war, und in den hohen Schlössern des Priams aufbehalten wurde. Die Bürger von Pergamus ließen sich bereden, daß es vom Himmel gefallen sich hinter den Altar stellte; und sie gaben vor, daß die Weißagung des Apolls der Stadt so lange alles Glück versprach, als es von seiner Stelle nicht käme.

Wir behaupten das gewissere, und sagen: daß ein Ordenshaus keine Verwüstung zu befahren habe, so lang in ihm Maria wahre Diener zählt. Ihr Schutzmantel ist ihm der beste Schirm, und ihre Vorbitte bey dem Throne Gottes die sicherste Vertheidigung. Die Versicherung, welche Maria ihren Pflegsöhnen verheißt, ist in den Sprüchwörtern Salomons geschrieben: **Ich liebe, die mich lieben. . . . Bey mir ist Reichthum und Herrlichkeit, ansehnliche Güter, und Gerechtigkeit . . . damit ich die, so mich lieben, bereiche, und ihre Schätze anfülle.** (o)

Sie, Maria, ist jene Esther, welche das Unheil von dem klösterlichen Israel abzuwenden weis; und sie ist jene Judith, welche das geistliche Bethulien erhält, wenn schon tausend Hamanen und Holofernen dawider mit ihrer thörichten Staatsklugheit, mit ihrer falsch zugemaßten Gewalt an deren Zerstörung arbeiten. Wir haben in unsern Zeiten von dieser Sache die augenscheinlichsten Beweise. Wenn traten jemals mehrere Chartequen mit verwegnern Schritten wider die Ordenshäuser in die Welt, als in unsern Tagen? Und wenn vermochten sie weniger, als Zeither?

Nicht

(o) Ego diligentes me diligo . . . mecum sunt divitiæ, & gloria, opes superbæ, & justitia . . . . ut ditem diligentes me, & thesauros eorum repleam. Prov. 8.

Nicht unlängst flog in unsrer Nachbarschaft ein kühner Hader aus dem Neste der Fledermäuse in die Luft, als eine würdige Geburt dieser Nachtflatterer, aus, welche die Ampeln des Heiligthumes ausfirflen. Der großthuende Verfasser wollte zum Scheine die Insel Korsika mit öconomischen Ränken verbessern, welche er nicht einmal in der Ferne gesehen; in der That aber war seine Feder ein Dolche, das Herz der Klöster zu treffen. (p) Seine von Voltairen geraubte Sätze, waren mit einer ansteckenden Schreibart verkleistert. Schwache Seelen, und kleine Hirne frohlockten hierüber; und rühmten den ohne Zusammenhange, ohne Ordnung, ohne Grunde sudlenden Author gegen Verdienste an; wie bald verlohren aber diese feinen Blätter Namen und Ehre, weil sie von Oesterreich unter der Bank der unachtbaren Fetzen mit einem öffentlichen Verbothe, sie zu lesen, dem Staube der Vergessenheit überlassen wurden. So kurze Dauer hat alles, was der Wahrheit Leide thut. Fromme Fürsten denken klüger, und sie lassen sich dergleichen Spinnengewebe auf ihren christlichen Purpur nicht anwerfen. Maria beleuchtet sie besser, als sie diese rußige Projektenschmiede zu verfinstern suchen; und leben in den Hofgezelten noch gute Achiors, welche, als Diener Mariä die Anschläge der Feinde zernichten.

Marchtall, unser Gotteshaus, war schon von Anbeginn nach Gott der Himmelsköniginn Geburt eingeweihet; und bis daher war die

(p) *Corsica* pro peplo rabulæ tibi servit, ut astu
Sica Sacerdotum *cor* truculenta petat.
Cor sica haud Feriet, meritò quam Scabra rubigo
Ferramenta inter trita, *vetusta* locat.

Die Korsen Insel dient dir Schwätzer! zu Beweisen,
Was man dem Priesterthum zu Leide solle thun.
Umsonst! dein Dolche liegt schon unterm alten Eisen
Zerfressen ganz von Rost, da soll er billig ruh'n.

die eifrigste Verehrung derselben zur Handhabung unsrer Gerechtsamen durch ganz Marianische Prälaten veranstaltet. Schon das Alterthum schilderte sie mit Rosenkränzen, und Bethschnüren in der Hand, wie wir ihre Bildnissen in unserm Schlafhause sehen.

In Konraden glimmte die Andacht gegen Maria in einem ganz außerordentlichen Feuer. Niemals, auch in Kriegszeiten, auf weiten Reisen, war er ohne dem an seinem Lendenbande hängenden Rosenkranze gesehen. Dieses treffliche Gebeth verkürzte ihm viele Stunden; und schätzte er jeden Tag für verlohren, wenn er selbes zurück lassen sollte. Kaum war er mit den seinen in dem ruhigen Besitze seines Klosters, da er Marchtall dieser mächtigen Fürstinn huldigen ließ.

Er heiligte die ihr gewiedmete Samstäge und Feyerabende mit den besten Fügnissen. Er ließ vor ihrem anmuthsvollen Bilde, welches wir noch in unserer Küsterey schauen, die lauretanische Lytaney, das Gegrüßt seyst du Königinn! und andere Lobgesänge durch wohlunterrichtete Sängerknaben absingen, und berief nicht nur seine geistliche Söhne, sondern auch die Dienerschaft und Unterthanen hierzu. Wie lag er aber indessen in dem Schoose seiner Mutter entzückt? Wie befahl er ihr sein liebes Marchtall? der Mariä ganz ergebene Abt! Auch in seinem Tode verordnete er, daß man ihn mit dem Rosenkranze in der Hand beerdigen sollte; und war dieser von schwarzen Agtsteinen gemachte Werkzeig seiner marianischen Andacht bey Aushebung seiner Gebeine noch so glänzend, und unverletzt gefunden, daß wir ihn bis anheute als ein unlaugbares Merkmaal seines Mariä ganz ergebenen Herzens zur Bewunderung als ein Kleinod des Priorats sehen können.

O! ja! Maria erhielt Marchtall in die sechshundert Jahre aufrecht; und wie es wider die Gewitter, durch Veranstaltung Konradens, allemal ihre Prose zur besten Hülfe absingt, so mögen wir deutlich schließen, daß Maria nach den Worten des gemeldten, von einem seligen Novizen Jakob von Vicon unsers Ordens aufgesetzten, und in dessen Sterbstunde abgesprochnen Gesanges, uns auch dieses Jubiläum zutheilte. (q)

Sabbatha sancta colis *salve Regina!* canendo
Virgineæ *Matri* dedite serve! tuæ.
Salve! sancte parens! Marchtallum te resalutat,
Hoc nunc, & semper dum tibi dicit *ave.*

Weil den Sonnabend du der Mutter Gottes z'Ehren
Andächtig wiedmetest, als eine Königinn
Von Herzen grüßend sie. So wirst im Himmel hören
Das Marchtall auch dich grüßt als Vater immerhin.

XLVII.

Führt in Marchtall die Studien und schönen Wissenschaften ein.

Man wird unsere Moral sonder Zweifel gut heißen, die wir einem jeden Paragraph vorsetzen. Eine Schrift ohne Sittenlehre ist eine trockene Feige, und ein saftloser Apfel, die man unter den Tisch wirft; und da wir von einem Abten, von einem Ordenshause schreiben, so deuchte uns, daß wir ein Recht besäßen, eine dahin einschlagende Sittenlehre allezeit der Geschichte vorzuheften. Die Welt liest dergleichen Dinge gerne, besonders wenn sie die Unpartheylichkeit findet,

(q) *Tempus implens Jubilæi*
Per te libertatem rei
Recipiunt abundè.
Exulta Sion Filia
Sanctorum tibi millia
Deserviunt jucundè.
In prosa contrà tempestates.

det, welche wir ohne Scheu nach den Regeln der blosen Wahrheit unsrer Feder ankleben.

Auch hier können wir nicht verbergen, daß die schönen Wissenschaften eines der wesentlichsten Dinge eines Klosters ausmachen. Was hörten wir mehrer auf unsere Ohren anprellen, was flog uns derber an die Köpfe von Gegnern hin, als daß die Ordenshäuser Umfänge der von Gott wohl belohnten Tagdieben, der Taugenichts, der Müßiggänger seyn, welche nach dem mit Geprelle und Geschrey angefüllten Tempel, sich zu einer kömmlichen Ruhe auf das Lotterbette hinwerfen, und die flühende Zeit mit dem Posthorne der Trägheit fortschnarchen.

Was schwatzte der oben nur im Vorbeygehen berührte, in der That muthwillige und freymüthige Briefsteller der Korsikanischen Sendschreiben, die er an einen Freund seines Gelichters in Utopien unter dem verdächtigen Pettschaft des Freygeistes durch die zörnende Postillonen seiner feindseligen und unreifen Gedanken abließ, anders, als eben dieses? Wir müssen seine Worte zur Ueberzeugung seines Frevelmuths hieher setzen, ob sie schon von dem angebohrnen Schmähgeiste über die Ordenshäuser gesetzt keinen Raum in unsern Blättern verdienten: Soll das bethen heißen, und gar zu verdienstlich seyn, wenn der Religios . . . . in lang gezognen Tönen durch ganze sieben bis acht Stunden in dem Chore hernåselt, daß er darüber einschläft? Heißt das nicht die kostbare Zeit, die wir zu unsrer und unsers Nächsten Wohlfart anwenden sollten, muthwillig verderben? Heißt das nicht die Welt blenden, und sich aus Nichts ein Verdienst machen wollen? (r) So plaudert der tiefsinnige Quacker

(r) Pag. 100. Freymüthige Briefe über die von der Krone Frankreich gemachte Eroberung der Insel Korsika . . . mit Anmerkungen über verschiedene andere wichtige und *NB.* angenehme Gegenstände. Frankfurt und Leipzig NB. nächst Söflingen.

cker, und so quackte dieser Frosch aus Korsika in Schwaben, und wie man wissen will, nächst dem Schilfe und Geröhrichte des Federsees. Wer kennt aber den garstigen Laich dieses Verleumders nicht? Wo hörte er einmal in dem Chorgesange der Religiosen dergleichen abgeschmacke Dinge? Wo sah er die Schlafenden? Wie wahr ist es, daß ein sinnlicher Mensch die Werke des Geistes nicht verstehe. Er wird wohl von den Chorgesängen des Herrn ein kleines Kenntniß haben. Weil ein schon einmal von dem Hohenliede Salomons so sprechen gehört wurde, daß es nicht der Geist des Herrn, sondern ein Kühehirt in der Schweitz verfertiget hätte. Die Verleumdung des Chorgebethes ist seine einzige Tonkunst, und daher ist er ein von dem bösen Freygeiste besessener und wider die Gotteshäuser wüthender Saul, der auf die Harpfe Davids Lanzen wirft; kann ein unverschamter Lästerer, oder darf er in seiner groben Keckheit sich so weit aufkühnen, daß er die Verdienste der nach ihrem Berufe gottlobenden, und psallierenden Ordensleute satyrisch beurtheile? Zur billigsten Strafe sollte man diesen schamlosen Beschnarcher bey allen Choralbüchern umher führen, und dessen gottlos witzige Nase darein stossen. Vielleicht würde er das polternde Recht der Gewalt, worinn er ein praktischer Lehrer ist, hinfüro leiser herabnäseln, und nicht mehr wider die Geistlichkeit wüthen, deren Schuhriemen er so wenig aufzulösen, als ihre Chorbücher nur abzustäuben würdig ist. Doch mag man diesem Behemoth schon noch einen andern Ring durch die Nase ziehen (s), daß er wisse was näseln oder psallieren sey. Weg von diesem, und zu der bessern Sache. Es würden unsere Feinde vollkommen Recht haben, wenn sie die Wahrheit sprächen, und der schändlichen Lügen keine Pachter wären.

Kein Ordenshaus läugnet, daß die schönen Wissenschaften eine der besten Pflanzungen einer guten Klosterzucht sind. Die in alles Gute

(s) Nunquid pones circulum in naribus ejus? Job 40.

Gute eingetheilten Stunden sind auch für diese bestimmt, und weil die Klöster auch zum Nutzen des Staates gestiftet worden, müssen Männer erzogen werden, die mit nützendem Wissen begabt, der Kirche und Religion, welche die ersten Theile des Staates sind, Ehre machen. Sind aber die Klöster nicht meistens mit Gelehrten versehen? Und werden allda nicht aus dem besten Fache der Gelehrtheit Dinge vorgelesen, die Leute zum besten des Christenthumes staffiern sollen? Keine Winkelschulen sind es, und keine Nachtschulen zufälliger Lehrlinge.

Die Lehre ist jener gleichförmig, die auf Akademien vorkömmt, und ist sie dessentwegen kernhaft, weil sie von Getöse und Ausschweifungen nichts leidet. Es kömmt nur auf die Prüfung an, und wie die in das hölzerne Roß eingeschloßnen Soldaten Griechenlandes die besten Helden zu Troja machten, so kann man in geschloßnen Gotteshäusern gelehrte Männer im Ueberfluße finden. Selbst gelehrte Aebte sind auf alles bedacht für die Musen einen Parnaß aufzustellen; und sie bemühen sich ihren Beschnarchern den Trotz zu biethen.

Konrad war gewiß einer von diesen. Schon vor ihm arbeiteten seine Vorfahrer in dieser Sache; und finden wir in den vielen hebräischen und griechischen Büchern unser Bibliotheck, und in vielen andern wohlgebrauchten Tomen von juridisch und theologischen Wissenschaften, daß Marchtall wenigst nach Beschaffenheit der damaligen allgemeinen Zeiten große Männer hatte. Wir können es auch daher schließen, weil unsre Pfarreyen in dem lutherschen Religionswirbel unbeschädiget geblieben. Freylich lehrte man bey uns bis auf Konraden die grüblende Gottesgelehrtheit nicht; es wurden aber die jungen Geistlichen dennoch nach Dillingen, Freyburg, Ingolstadt, Mussipont selbe zu ergreifen geflissenst abgeschickt.

Konrad, der zu allen Großheiten gebohrne Konrad, nahm die Keimung der Wissenschaften zu seiner unermüdeten Besorgung. So gut er das Geld für sein Gotteshaus zu sparen hatte, so bereicherte er gleichwohl die Bücherschreine mit den besten Schriften, und verwendete in kurzer Zeit aus seinem geschwächten Beutel zweytausend Gulden dahin. Er ließ den studierenden Klosterjünglingen die beschauliche Gottesgelehrtheit durch einen berufenen Mann aus dem heiligen Predigerorden Pater Aurnhammer vorlesen, da er die Tüchtigen seines Klosters zur Besetzung andrer Aemter benennte. Er sah den Kirchsprengeln mit den Tauglichsten vor. Er nahm, welche Verdemüthung eines so großen Abtes! selbst die Mühe eines Didaskaln oder Schulmeisters auf sich, und lehrte die untern Schulen, da er zumal die sittliche Gottesgelehrtheit den seinen vorlas.

Er dachte noch weiter, da er mit gnädigster Bewilligung des Erzherzogen Leopolds, nachmals römischen Kaisers, zu Munterkingen ein Gymnas zu stiften Sinnes war, wo Tiberius Bitterlinn, Pfarrer daselbst, die Weltweisheit lehrte; und würden, wie gute Dinge allezeit Widersprecher haben, seine gelehrte Absichten zu Ziel und Zweck gekommen seyn, wenn alle, die dazu helfen sollten, selbe unterstützt hätten. Ihm hat Marchtall alles Künftige überhaupt zuzuschreiben, was es nachmals zur Aufnahme der niedern und hohen Musen sah, da aus fernern Ordensklöstern junge Leute, ja bis von Bellay oder Bellelagien aus dem Basler Bischthume dahin verschickt waren. Er hatte das Glück der Minerva die Lanze aus den Händen zu reiben, und ihr das Buch der Wissenschaften dahin zugeben.

Quas pepulit Mavors, revocas pater optime! *Musas*,
Ipse docens Musis primus *Apollo* faves.
Sic migrat in *Bindum* Marchtalli Petra fluenta
Danubii nobis sic *Aganippis* erant.

Die

Die Musen brachtest heim, wie sie sichs selbsten wünsch-
ten,
Du warest selbst Apoll gelehrt vom ersten Fach,
Der Felse Marchtalls wird durch dich zum Berg der
Künsten,
Die Donau änderte sich in den Musenbach.

XLVIII.

Sorget aufs beste für Marchtalls Gerechtsame als der erfahrenste Haushälter.

Die Segnungen des Herrn sind die reichsten Goldadern, und die Gunst des Himmels das beste Erzgebirg, dergleichen noch in Peru, noch in Mexiko gefunden werden. Alle Kunstgriffe des arbeitsamen Wuchers sind unwirksam, wo diese nicht beyhelfen; und alle Projekte der erfahrensten Haushälter werden zu vergeblichen Ersinnungen, wenn diese nicht in der Rentenkammer erscheinen. Die Kunst einer guten Wirthschaft wird freylich unter die nutzbarsten Dinge unserer zeitlichen Wanderung und Pilgrimschaft gerechnet, doch ist es handgreiflich, daß sie ohne Hülfe des göttlichen Hausvaters eine fruchtlose Bestrebung sey. Wie die Geschöpfe der Erde ohne Regen und Sonnenschein in kein Wachsthum gelangen, so bleibt ohne Gottessegen alles zurück, was man mit Mühe und Kunst forttreiben will. Hoffe sich niemand eine Glückseligkeit, wenn sie nicht aus der Hand Gottes kömmt. Wo diese geschlossen ist, wird das beste Erdreich unfruchtbar, der Weinstock von Engaddi eine Dornhecke, die Goldberge von Potosi zu einer Leimgrube werden; ist sie aber geöffnet, da wird man von dem Schleenstocke süße Trauben kältern; und Feigen von wildem Gesträuche sammeln. Eine nach den Regeln der Klugheit eingerichtete Haushälterey ist für alle Menschen nicht nur löblich, sondern nothwendig. Sie muß zwischen der Kargheit und Verschwenderey das Mittel behaupten. Sie hat jedem zu reichen, was er mit Recht fodern kann; und sie muß auf künftige Zufälle kluge Vorsehungen machen. Es ist nichts thörich-

thörichters als einem Menschen das misgönnen, was er von Gott und Fleiße, und Erspahrung hat. Die Verschwender, die Misbraucher der Glückesgaben sind gemeiniglich die ärgsten Neidhälse auf gute Haushälter. Sie wissen tausend Schimpfe auf fremde Güter zu werfen, welche mit Schweiße, Sorge und vernünftiger Gesparsamkeit hergebracht werden; da sie ihre Einkünften Pracht, Ueberfluß, Schwelgerey opferten, und aus eigner Schuld Mangel leiden. Sie wissen von der Segnung des Herrn nicht, welche mit halbgescheelten Gerten die Heerde der ihm dienenden Jakoben, zum Trotze der heydischen Labanen vermehren kann.

Ein Gotteshaus darf sich wohl um fähige Männer umsehen, damit es sich mit allen Nothwendigkeiten vorsehe. Es hätte sich auf keine Hülfe zu verlassen, wenn es Noth litt; und daher thut es wohl, wenn es unter der segnenden Hand Gottes die Sparsamkeit zu Rathe nimmt. Die Gastfreygebigkeit hat indessen auch ihre gemessene Maasregeln; und ist es nur zu bedauren, daß die Ordenshäuser meistens nur ihre größte Feinde zu futtern haben.

Für die Innsassen und Hausekinder ist ein standesmäßiger', nach dem Ordensgeiste schmeckender Unterhalt anzuschaffen, auf daß man sie von Fuhrknechten in dem Bauhofe wohl unterscheide; und kömmt es einem wuchernden Obern zum billigsten Hohne, wenn er seinen Conventualen Kleidung, Speise und Trank entzeucht, und mehrer Freude an geschwollnen Börsen, als Mitleiden an ausgehungerten und magern Religiosen zeigt, da er indessen seinen wohlgeätzten Schmeerbauch munter vor sich herschiebt. Nichts ist indessen von der Welt schärfer berechnet, als die Renten der Gotteshäuser. Gotteshaus und Goldgrube ist bey ihr eine Synonimie, oder gleichgeltende Bedeutung. Sie schneidet ihre Bleystefte in zween Spitze, und setzt die Ziffer, wie die betrügenden Gastgebe die Zeche, doppelt an. Die

Einbildung ist ihre übertriebene Arithmetik; und wie weis sie von der Einnahme nichts, und wie von der Ausgabe eben so viel. Sie ist viel zu arg, als daß sie beyde wissen wolle; und man ist nicht so verträulich, daß man sie davon berichte. Genug! daß die Stiftungen ein Erbtheil des Herrn sind, welche durch dessen Segnungen von wirthschaftenden und auf die Gerechtsame ihres Hauses bekümmerten Obern erhalten werden.

Marchtall hatte nach seinem gänzlichen Verfalle eines Mannes nöthig, der ihm in allen Stücken, mithin auch in der Haushaltung, schleunig zu Hülfe eilte, und war es kein anderer als Konrad. Er fand aller Orten das Nichts in dem Finstersten Chaos; und er mußte nur nach der Allmacht des Herrn rufen, daß sie ihm mit einer neuen Erschaffung, also zu sagen, beyhälfe.

Auf den Segen des Allmächtigen hoffend ließ er seine Hände dennoch nicht lange in dem Gürtel stecken. Er griff an, und weil er in seinem Wappenschilde ein Pflugeisen führte, legte er die Hand an den Pflug alles in fruchtbringende Furchen zu legen. Seine erste Anwendung wiedmete er der Sorge, die Karthophylacien seines Klosters, oder das Archiv, in eine gute Ordnung zu bringen. Er wußte wohl, daß ohne dieses keine Rechte ihre Vertheidigung hätten; und daß sich eine gute Haushaltung auf papierene Gründe setzen müsse, wenn man sie in Verfechtungen wider unfriedliche Nachbarn und Feinde aufrecht halten will.

Er verstund daß die Autographen die besten Schätze eines Hauses wären, die man vor allen andern Geräthen, so kostbar sie sind, bewachen solle; und daß keine Grundstücke fruchten können, wenn man fremde Betaster mit schriftlichen und wahren Urkunden des Unfuges bey Gerichtstühlen nicht überweisen könnte. Da war er unermüdet.

det. Er theilte alles in geordnete Fache ein, sönderte das Aechte von dem Unächten, gebrauchte sich getreuer Hände die Urschriften in authentische Kopien zu bringen. In Handhabung des klösterlichen Eigenthumes besaß er eine Tapferkeit, welche man nur von einem großen und standhaften Manne vermuthen kann.

Seine Nachbarn, welche als gute und freundliche eine der besten Stützen der Haushaltung sind, fanden ihn zu aller Willfährigkeit bereit, so lange sie die Gränzen nicht überschritten. Da stund er wie ein Löw vor seiner Höhle unerschrocken, und wie ein Adler bey seinem Neste unertattert. Er war mit dem seinen Zufrieden, und auf fremde Güter niemals lüstern. Er liebte die Eintracht, und haßte Gezänke, die frevlende Haderer nach Belieben mit den Brosamen aus der Tasche, und mit dem Tabackpulver aus der Büchse ziehen können.

Zu Reuttlingen, einer lutherschen Reichsstadt in Würtenberg, besuchte er den Marchtall bis an heute zugehörenden Hof. Er las in der dasigen Kapelle die öffentliche Messe, predigte zu einer großen Volksmenge als Prälat, und wollte seine Rechte behaupten. Der Magistrat sprach nichts entgegen, weil die Ehrfurcht gegen Konraden ihn so lange zurück hielt, bis die widerrechtliche Gewalt alle Füge bemeisterte.

Zu, für die Oekonomie bestellten Aemtern wählte er nur Männer, von derer Treue und Erfahrenheit er keinen Zweifel hegte. Sein sorgendes Auge lief über alles her; und wenn er schon, seiner Würde keine Unehre zu machen, zu Niederträchtigkeiten sich nicht hinab sank, entfloh seinen Blicken dennoch nichts. Er schrieb selbst für Kasten, Keller und Küche die schönsten Verordnungen, und sahen wir sie in dem Drucke noch bey unsern Zeiten, ohne jener klugen Anmerkungen zu gedenken, die er für alle übrige Werkstätte des Klosters zu Papier bracht.

Sollten wir seine fast unglaubliche Schicklichkeit in der Wirthschaft in allen Vorkömmnissen beybringen, mit welcher er die Einrichtung des Klosters verbesserte, seinen Unterthanen unter die Achseln griff, Tempel und Altäre bepråchtigte, seinen Ordenskindern Nahrung und Kleider schuff, die Gäste verpflog, erstaunliche Abgaben auf Reichsunkösten, und Abtragung des fürchterlichen Schuldenlastes binnen eilf Jahren von sich ließ, wie würden wir Wunder der göttlichen Segnungen mit aufgezogenen Augbraunen erblicken.

Wir können diesem unvergleichlichen Hausvater keine bessere Worte beyfügen, als jene, so wir in unsern Jahrsschriften von ihm zu einem schicklichsten Epiphonem, oder Endespruche, lesen: **Sieh! so wird der Mann gesegnet, der Gott fürchtet.** (t) **Ja! Gott** segnete ihn aus Sion, und er achtete ihn würdig auch die ewigen Güter Jerusalems alle Tage seines Seelenlebens zu sehen. (u)

Oeconomi partes tu solertissimus Exples,
Chartophylax, quæstor *rus* benê, *Júsque* colis,
Auges proventus, alienáque *Nomina deles*,
Delebunt nomen sæcula nulla tuum.

Rentmeister! Archivar! Wirthschafter! niemand weichest,
Weil Recht, und Renten nur dein Witzeslicht durchstrahlt,
Du mehrest alles wohl, das Schuldenbuch durchstreichest,
Was wir dir schuldig sind, nur Gott, kein Mensch, bezahlt.

 XLIX.

(t) Ecce sic benedicetur homo, qui timet Dominum. Psalm. 127.

(u) Benedicat tibi Dominus ex Sion, & videas bona Jerusalem omnibus diebus vitæ tuæ. Ibidem.

XLIX.

Er stirbt, und macht Marchtall mit seinem Hingange untröstlich.

Der Gerechte, der Diener des Herrn, würde schlecht belohnt seyn, wenn er nur auf der Welt die Bezahlung seiner Mühe zu erwarten hätte. O! die Welt, die untreue Schaffnerinn, weis den Verdiensten der Frommen keinen Preis zu bestimmen. Ihr Geld ist ohnehin von dem geringsten Korne und Schrotte; und sie erkennt die Foderung der Tugend nicht, welche nach einem bessern und unverfälschtern Zahlmeister sehnet. Der Himmel ist die einzige Münzstädte, wo der in dem Evangelium verheissene Tagegroschen geprägt wird; und nur von ihm wird er guten Seelen ausgegeben. Es ist dieser auf keinem Wechselbanke mehr fortzubringen, denn er bleibt in den Händen des Gerechten ewig, von dem er sich ohne Ende ersättigen kann. Wie getrost siehet ihm der Gerechte hingegen, und wie ist er von dessen Empfahung gesichert, weil ihm Christus selben schuldig ist, sind die eigentlichen Worte Leons des heiligen Papstes. (x)

Unsre Wünsche sind oft lachenswürdig, sie sind thörichte, wenn wir sie für rechtschaffene Leute auf ganze Jahrhunderte hinaus treiben, wenn wir ihnen unzahlbare Jahre wünschen. Wir wissen ja, wie kurz die Tage sind, die ein Mensch zu erleben hat, und ist es uns nur gar zu bekannt, wie eng unser Lebensraum begränzt sey; hören wir nicht an unsern Geburts- und Namenstagen, bey den Jahrswechseln, sogar bey dem entlaßnen Blute einer geschlagnen Ader Wünsche, die uns mit halben Myriaden der Jahren, die sie dreiste aussprechen, ihre Aufrichtigkeit schmäuchelnd erklären, und wahre Lügner sind?

Seneka wies einen Gratulanten von dieser Gattung derbe von sich. Er sagte diesem ewigen Kalendermacher, der ihm die Jahre des Nestors, und das erhabenste Alter der cumanischen Sybille wünschte, tro-

(x) Non dubitat de receptione præmii, cui Christus debitor est. S. Leo Serm. 2. de Jejun. Sept. mensis.

trocken in das Angesicht: Was wünschest du mir, so mir die Götter selbst zu geben nicht denken; und welche zu erleben ich wegen den Unbilden des Alters nicht einmal mir selbst wünschte, wenn ich auch dahin kommen möchte. Du siehest, wie meine Natur von Schwachheiten entkräftet ist, wie die entfleischte Haut meinen Todtenkopf zu bedecken nicht mehr kleckt. Schwätzer von Unmöglichkeiten! Verheisser dessen, was nicht geschehen wird! Packe deinen Kram zusammen, und mach dem in die Faust lachenden Tode keine Kurzweile, der mir schon auf den Nacken kömmt. Ich wünsche dir ebendieselben Jahre, sieh dir aber weislich vor, daß du nicht bälder verhungerst, als du von ihnen nur eine Stunde zu leben hast. (y)

Es ist unlaugbar, daß große Männer bis an die Gränzen der Unsterblichkeit zu leben verdienten; allein sie werden zum Lohne gerufen, und wie würden wir gegen ihnen grausame seyn, so wir selben zu verzögern suchten. Unser Leidwesen muß sich mit ihrem bevorstehenden Glücke zur Ruhe legen, und unsere Thränen von ihrer ewigen Wohlfart sich hemmen lassen. Sie sehen selbst, daß ihre Wünsche nur nach dem zeitlichen Hingange erfüllet werden; und sie dachten auch in ihren besten Tagen aufgelößt zu seyn, wozu sie immer die Zubereitungen machten. Eine ewige Ruhe ist also ihr einziges Verlangen, und das ewige Licht der seligen Ewigkeiten, die einzige Wonne ihrer heiligen Begierde.

Konrad unser auserlesenster Abt, hatte die Völle seiner Verdiensten erlebt. Marchtall sah dem seine Mauern erschütternden Zeitpunkt

(y) Ecquid mihi precaris, in quod nec dii consentiunt, nec ego attingere cupio, si possem, mala senectutis adeò reformidans, vides, quam me destituat viribus natura, ùt cuticulam contrahat vix tegendæ calvariæ sufficientem. Abi blatero, impossibilia garris. Scias, mortem ipsam cachinnare mihi tam propinguam, reddo tibi annos, quos mihi precaris, sed cura, me prima horula eorum te fame enectum videat. Senec. in mon. polit.

punkt dessen Hinganges ächzend entgegen; weil es an ihm die Schwindung der Kräfte wahrnahm, die ihm natürlicher Weise die ertragene harte Zufälle des Kriegs zugezogen. Seine ganze Lebenszeit war eine Zurüstung auf eine glückselige Ueberfahrt in die Ewigkeit. Der Tod war der einzige Gegenstand seiner Betrachtungen; und er wollte sich von ihm nicht überraschen lassen. Es hatte dieser Assaßin und Meuchelmörder keine Liste zu brauchen ihn von der Welt hinweg zu nehmen; Konrad kennte ihn zu gut, und er hielt ihn als seinen vertrauten und geheimen Rath, alle ersinnliche Anstalten zu seiner Entführung vorzukehren. In Mitte seiner Hochschätzung, seiner Arbeiten, sanft und gelassen nach empfangenen heiligsten Geheimnissen der Kirche, seine Söhne segnend, sie zur Erhaltung des Hausfriedens ermahnend, starb er, und gab in dem Kusse des Gekreuzigten seine Seele dem ewigen Belohner in die Hände über.

Sein Tod eräugnete sich den dreyzehnten Augustmonde in dem Jahre tausend sechshundert und sechzig, in dem acht und sechszigsten seines Alters, und drey und zwanzigsten seiner Prälatur. So viele Zähren seiner verweysten Kinder, und Unterthanen über seine verehrten Hände abfloßen, so vielen Trost fühlten alle, einen Vater in den Himmeln, und einen Fürsprecher bey Gott zu haben. Sein Wappenpflug mit zweenen Sternen im blauen Felde beleuchtet verdiente unter die besten Gestirne versetzt zu seyn; doch seine Seele reisete dahin, wo das Lamm auf dem Berge die Lampe der Seligen ist. Das jährliche Gedächtnis seines Sterbetages fällt eben auf den Festtag einer seligen Gertraud, Vorsteherinn des Parthenons Altenburg in der Wetterau, so wir unsrer königlichen Ordensschwester feyerlich abhalten; und wie gut sollen wir jährlich eben auch in einem stillen, und der Kirche unvorgreiflichen Gedächtnisse uns Konradens erinnern, der für uns, für Kirche und Religion nächst unserm Schloßberge Altenburg so viele Marter erlitten hat.

Die

Die entseelte Leiche unsers großen Prälaten wurde, gleich jenen seiner Vorfahrer, in der Klosterkirche beygesetzt. Die Kapelle des heiligen Norberts öffnete ihm die Ruhestätte, die er schon im Leben zubereiten ließ, und wo er sich von den nachstellenden Schweden so oft verbarg. Die Grabschrift war ein Werk seines Willens. Sie war auf einem dreyeckichten Steine mit diesen Worten schon in seinen Gesundheitstägen eingegraben. **Der hochwürdige Vater, Bruder Konrad Kneer des befreyten Reichsstiftes Marchtall der dreyzehnte Abt erwartet hier von dem auferstehenden Heilande die Urstände seines Fleisches. Er starb an dem Tage . . . . in dem Jahre des Herrn tausend sechshundert . . . .** (z).

Wir müssen zum Beschluße von den tröstlichen Umständen seines Todes die Worte Peters des Blesensers hersetzen: **Jener Tod muß sehr süß seyn, wenn man in den Aermen seiner Freunde stirbt, wenn man von den Zähren der Geliebten bedauert wird, und wenn man das Begräbniß bey seinen Vätern findet.** (a) Wir wissen nicht, wer diesem großen Abten die Leichenrede sprach; doch wissen wir, daß jene Worte zum Theme derselben sehr schicklich gewesen wären, welche die Schrift in den Machabäer Geschichten dem Helden Judas zum unsterblichen Ruhme Sprach: **Alle Uebelthäter waren durch ihn erschreckt; und es glückte alles wohl durch ihn . . . . und sein Gedächtniß wird im ewigen Ruhme bleiben.** Wir fanden sie wenigst zur Unterschrift seines nach der Natur künst-

(z) RMS P. F. CONRADUS KNER A CHRISTO JESU RESURGENTE EXSPECTAT HIC CARNIS RESURECTIONEM. OBIT DIE . . . . AN. DNI MDC . . . .

(a) Dulce est in amicorum amplexibus mori, charorum lacrymis Excipi, cum suis progenitoribus sepeliri. Petr. Blesens. Ep. 46. ad Richard. Episc.

künstlich gezeichneten Bildnisses in dem Vorzeichen dieser Blätter auserlesen, und seinen Thaten wohl angemessen. (b)

Morte piâ mundum Præsul venerande! Relinquis,
Exuvias terræ das, animámque polo.
Mundus uterque tuo lætatur, *munere*, *Munus*
Impletum Sanctè vidit uterque tuum.

Ehrwürdigster Prälat! du stirbst, wie Fromme sterben,
Der Erde giebst den Leib, die Seel der Himmels Ruh;
Zwo Welten haben dich als best vergnügte Erben,
Weil deinem besten Thun auch beyde sahen zu.

L.

Seine Gebeine werden in eine bessere Ruhestätte gebracht.

Die Menschenliebe hat unter gesitteten Völkern den Sterblichen auch nach dem Tode noch nicht entsagt; sie bleibt ihm geneigt, wenn er aus der Bürgerschaft der Lebendigen schon fort ist; und findet in dem Schoose der Erde noch einen Platz seine Leiche zu hinterlegen. Keine kleine Gutthat für einen Menschen, wenn er seinen entseelten Gliedmaasen noch eine ehrsame Behältniß weis, wo sie bis an den allgemeinen Welttage, ob schon in dem Staube des Moders, ruhen mögen. Die Sorge den Gebeinen einen Ort anzuweisen, hatte schon bey den ersten Weltbürgern ihre Triebe; und war die Beysetzung der menschlichen Leichen die letzte Ehre, das endliche Liebsstück, so sie einander gönneten. Nur Barbarn, nur wilde Scythen verbranten die Beine der Verstorbenen in ihren Küchen; und wenn die Römer und Griechen die Leichen auf einem Holzstosse zu Asche brachten, war es dennoch

(b) Omnes operarii Iniquitatis conturbati sunt; & directa est salus in manu ejus . . . . . . & in *sæculum* memoria ejus in benedictione. I. Machab. 3. v. 6.

dennoch endlich abgeschafft, da sie an statt der Aschentöpfe auf Katakomben dachten, die Leiber der Verstorbenen dahin zu bringen.

Es ist überhaupt ein ehrliches Begräbniß der letzte Trost eines ehrlichen Menschen, wenn es schon ohne Pracht geschieht; und verlangt er für sich keine Feuersäulen aus Aegypten, keine Mausoleen aus Karien, nur ein Grab verlangt er, wo er die den Menschen zur Strafe bestimmte Staub und Asche in der Ruhe um seine Gebeine habe; so war Ovid ein Heyd besorgt, da er seiner in Rom wohnenden Ehefrau seine Beerdigung umständlich und angelegentlich anbefahl; (c) und so denken noch vielmehr Christen, die nach einem gesegneten Erdreiche sehnen, um auch nach dem Tode unter den glaubigen zu seyn. Die Uebersetzung der Leichname ist eben so üblich, wenn die Begräbnissen Unbilden leiden, der Entehrung ausgesetzet sind, und besonders wenn die Gebeine großer Männer sich in der Stille dieses Rechtes anmassen; gleichwie man ihre Großthaten in den Geschichten bewundert, so will man auch ihre körperlichen Ueberbleibseln von der endlichen Zermalmung länger erhalten.

Konrad, weiland unser Erhalter, lag in der alten Klosterkirche beerdiget, wie wir es oben erwehnten; und er lag fünf und sechzig Jahre da. Allein als das Gebäude des Tempels vom Alterthume geschwächt nach und nach seinen Ruinen entgegen hieng, und die Kappelle des heiligen Norberts von dem Einsturze ihres Gewölbes sehr bedrohet war, lebten die Verdiensten Konradens wieder auf.

(c) Ossa tamen facito parva referantur in urna,
Sic ego non etiam mortuus exul ero.
Atque ea cum foliis, & amomi pulvere misce,
Inque suburbano condita pone loco.
Trist. 3.

Udalrich der neunzehnte Abt in Marchtall, ein ausserordentlicher Hochschätzer Konradens, und auch in den meisten Stücken desselben geflissenster Nachahmer, beschloß, die Gebeine eines so höchstverdienten Prälaten aus der Gefahr der Verachtung in eine bessere Lage zu bringen. Er von Gerechtigkeit und Billigkeit gerührt, benennte einen Tag, wo man die Beine Konradens mit den nothwendigen Behutsamkeiten aus der Erde erheben sollte.

Es war der siebente Tag des Maymondes, in dem Jahre siebenzehnhundert fünf und zwanzig, und traf die Zeit mit dem löblichsten Geschäffte wohl ein, weil die Gebeine jenes Mannes aus der Erde zu nehmen waren, durch welchen Marchtall seine Blüthe wieder erhielt, da sie, die Erde, Blumen zugleich aus ihrem Schoose schob, und den Bäumen die Frühlingsblüthe an die Aeste hänkte.

Der vorzunehmenden Erhebung waren als Zeugen zugegen, die wohlehrwürdigen Herren Adelbert Werner, Prior, Johann Baptist Gerer, Subprior, Moritz Treutler, der älteste des Klosters, Franz Joseph Stahl, Küchenmeister, Hermann Gölle, Krankenpfleger, Joachim Gerber, Großkeller, Adrian Dempfle, Kastner, und Friederich Jeggle, Lehrer der geistlichen Rechten. Von Weltlichen hatten zu erscheinen, Georg Anton Vicari, beyder Rechten Dokter, erster weltlicher Rath und Oberamtmann. Marquard von Tilger, Kanzleyverwalter, Kaspar Axmann, Kassier, und Joseph Anton Schmelzler, Registrator.

Der Grabstein war hinweg geraumt, und die Erde kaum in einer Tiefe von vier Schuhen ausgeworfen, da die in der schönsten Ordnung liegende Gebeine Konradens erschienen. Wir sehen selbst dabey eine unversehrte Schnur von Seide, und den oben gemeldten Rosenkranz ohne Beschädigung. Alles wurde in ein hierzu verfertigtes

tigtes Kästgen gelegt, welches bey Anfang des Aprils des siebenzehn hundert sechs und zwanzigsten Jahres der trostvolle Udalrich in das neue und prächtige Kapitelhaus auf der Seite der Epistel, oder des Messebriefs, mit einem neuen Epitaph in die Mauer der so schön als fürchterlichen Kapelle, oder Klosterzuchts Kanzeley, einlegte; da er auf die andere Seite die Gebeine Jakobs des gottseligen zwölften Abtes auf ebendieselbe Art mit einem ganz gleichen Monument beehrte. Die Worte des Epitaphs in einem Sandsteine sind vergoldet, und diese: **Dem seligen Konraden, einem bis auf das Blute tapfern Verfechter der Römisch Katholischen Kirche, und der Rechte Marchtalls, bestimmt dieses neue Grab= Ehren= und Denkmaal von der schuldgisten Dankbarkeit gerührt Udalrich Abt mit seinem Convente in dem tausend sieben hundert und sechs und zwanzigsten Jahre.** (d) So bleibt es nun immer wahr, daß die Freunde Gottes von ihrer Ehre nichts vermissen.

Eruta de tumulo benè transponuntur in Illum
Ossa, ubi nunc degunt, ter veneranda locum.
Præsidium *veteris Marchtalli* namque fuêre,
Præsidium pariter sint, maneántque *novi*.

(d) B. M. CONRADO KNER ECCLESIÆ ROMANO-CATHOLICÆ, IURIUM MARCHTALLENSIUM USQUE AD SANGUINEM DEFENSORI, GRATITUDINIS ERGO HOC MONUMENTUM POSUIT UDALRICUS ABBAS CUM CONVENTU ANNO 1726.

Warum ihr übersetzt, ehrwürdigste Gebeine!
An jenes Orte, wo ihr wirklich sanfte ruh't,
Das alte Marchtall wie ihr schütztet, ist alleine
Die Ursach, daß ihr auch das neue schützen thut.

Memoria justi cum laudibus.

Das Gedächtniß des Gerechten wird voll des Ruhmes seyn.
Sprichworte Salomons 10. Kap.

Ende des Lebens des seligen Abtes Konradens.

Nach-

Nachtrab,

oder summarisches Verzeichniß aller hochwürdigen Vorsteher unsers Reichsstiftes Marchtall.

Das erste Jahrhundert.

I.

Ein Jubeljahr, so nach dem Abtritte einer Zeit von hundert Jahren so bekannt ist, ist der billige Punkt eines vernünftigen Frohlockens. Jene, die es feyern, erinnern sich aufs neue aller Vorfälle, welche sich binner selber zutrugen; und wenn eine Gemeinde sich durch alle widrige Eräugnissen durchgeschlagen hat, noch besteht, und ferner günstige Perioden hoffet, ist sie nicht nur auf die dem Himmel schuldige Danksagungen bedacht, sondern zinset auch jenen ihre gerechte Erinnerung, welche ihrer Erhaltung die erste Meister waren, und Obern heißen. Wir haben bereits die Lebensgeschichte eines Prälaten in die Welt geschickt, dem wir unsere Bestehung meistens, und sonderheitlich zu verdanken haben; itzt achten wir aber uns wieder befugt zu seyn, daß die übrigen seiner Vorfahrer, und Nachfolger, ebenfalls in verkürzten Erzählungen zum Vorscheine kommen.

Sie folgen in der Ordnung, wie sie sich die Gewalt über Marchtall, oder besser zu reden, die Stadthalterschaft und Verpflegung desselben übergaben. Ihre Reihe und Zahl sind unsern Jahrsschriften gemäß, und wenn schon in andern Lexikonen, und Weltschriften theils andere, theils mehrere vorkommen, so glauben wir, daß an der Quelle sitzende dennoch ein helleres Wasser trinken, als andere die es aus fernern Strömen schöpfen, welche trübe Bäche der Unwahrheiten von allen Seiten zu sich nehmen. Wir gehen zur Sache.

Der selige Eberhard aus dem hohen Geschlechte der in Deutschland so berühmten Erbtruchsessen, damals noch Freyherrn von Thann und Waldburg.

Das für Marchtall so brünstig besorgte Reichsgotteshaus Roth in Schwaben, verdient von uns einen ewigen Dank, denn diesem hatten wir in zerschiedenen Gelegenheiten alle Dankfertigkeit zu sprechen; und wenn es nur dieser selige erste Probst wäre, würden wir bis an das Ende der Zeiten diesem preiswürdigsten Prämonstratenserstifte unsere Verbundenheit zu bezeugen schuldig seyn.

Wir haben schon oben angezeigt, daß Otheno der Abt zu Roth auf erhaltenes schriftliches Ansuchen unsers Stifters Hugons des Pfalzgrafen zu Tübingen, und seiner gottseligsten Gemahlinn Elisabethe, Eberharden zur Beherrschung des neugestifteten Marchtalls abgeordnet habe. Viele sind der Meynung, daß Eberhard ein Bruder Othenons war. Dieses hat seine Richtigkeit, daß beyde von ebendemselben Geschlechte gebohren einander an Tugend und Adel vollkommen glichen. Er, Eberhard, besaß in der Welt Güter und Ansehen. Er hatte sich zum geistlichen Stande entschlossen, und trug in der Welt die Würde eines mächtigen Erzpriesters. Der frischer Dinge ge an dem Horizonte der Kirche leuchtende Orden der Chorherren von Prämonstrat reizte ihn so, daß er zu gedachtem Roth das weisse Ordenskleid anzog, und sich dem Dienste des Herrn gänzlich und feyerlichst wiedmete.

Ohne allen Zweifel würde er unter die ersten Vorsteher Roths gekommen seyn, wenn ihn der für Marchtall alles veranstaltende Himmel nicht uns verordnet hätte. Er langte zu Märchtall nach den richtigern Muthmassungen in dem Jahre tausend ein hundert zwey und siebenzig mit zwölf Ordensgeistlichen an, und setzte sich an das Ruder seiner Probstey. Demuth, Frömmigkeit, Menschenliebe sammt allen einem untadelhaften Obern zustehenden Tugenden verzierten sein heiliges Leben so, daß er von dem Stifter selbst nur ein irdischer Engel genennt war.

Man kann sich wohl vorstellen, welche Arbeiten für Eberharden unter der Hand lagen; weil die Aufrichtung eines neuen Stiftes nur ein Werk großer Seelen ist, wie eine noch kleine Pflanze die ganze Kunst und Sorge eines Gärtners heischet. Eberhard konnte sich mit keiner Ruhe schmäucheln, und der Schlaf floh von seinen Augen, als er das tägliche und nächtliche Chorgesang in Ordnung zu setzen, die Güter der Stiftung in sein Kenntniß zu bringen, und selbe in Ruhe dem Kloster fruchten zu machen, mehrerer Aermen als zweener vonnöthen hatte.

Durch seine Klugheit flossen den Stiftsrenten hin und her zwar noch kleine Bäche zu. Er sah dem anliegenden Dorfe mit einer besondern Pfarrkirche vor, und legte allda für die Klosterjungfern unsers Ordens eine Wohnung an, sie von seinen Söhnen zu entfernen; diese nährten sie mit den Chorherrn von einer Stiftung, weil sie von Hugon und Elisabethen zugleich daher berufen worden, und unter einer Prio-

Priorinn lebten, und an der Zahl viele Jahre vierzig waren. Da ist leicht zu urtheilen von welchen Eigenschaften Eberhard müsse geglänzt haben, dessen Aufsicht auch jenes Geschlecht zu beobachten hatte, welches mit größter Sorge als die Schneegänse beobachtet werden muß.

Zu acht Jahren stund er seiner Probstey, wie man sie damals hieß, vor. Gott, rief ihn zu sich, nachdem er ihn durch eine empfindliche Krankheit geprüft hatte. Voll des Geistes, in dem allgemeinen Rufe der Heiligkeit, mit unzahlbaren Verdiensten bereichert in dem größten Leidwesen der seinen, gieng er aus diesem Jammerthale in den Himmel den siebenzehnten Tag des Aprils in dem Jahre 1179. Sein ehrwürdigster Leichnam wurde bey der Pforte der Kirche beygesetzt; und wir werden von ihm noch ein andersmal zu hören haben, nur dieses setzen wir noch hieher, daß er nach uralter Uebergabe mit seinen Segnungen die Kranken zur Gesundheit gebracht habe.

II.

Der selige Ulrich und zweyter Probst.

Es beliebte dem Himmel Eberharden zu der verdienten Krone zu berufen, und der Geist des Herrn schien mit seinem untrüglichen Lichte die verweysten Chorherren so gleich an, daß sie ohne Zaudern zur Wahl schritten. Sie vermochten sie auch ohne Verschub vorzunehmen, weil keine Eindringung einer weltlichen Gewalt sie störte; da der gütigste Stifter Marchtall die freye Wahl seiner Obern, und die theure Freyheit von aller Kastenvogtey zustund. Die Stimmen der Wahlbrüder trafen einhellig zusammen, und weil unser Stift auf heilige Grundsteine sollte gesetzt seyn, folgte ein Heiliger auf einen Heiligen.

Ulrich war es der mit Eberharden von der Ascetenschule Roths nach Marchtall kam. Er war ein gerechter, mit von aller Weltpolitik

ferner

ferner Mann. Die Kunst wohl zu wirthschaften wohnte ihm bey; und sie zeigte sich in der That, da er auf dem Hofe zu Ambra, als ein Noe Marchtalls, doch ein der Nüchternheit beflissener, allda die ersten Reben pflanzte. Die Kirche erhielt von ihm schöne Geräthschaften, und er bauete eine Kappelle zur Ehre des heiligen Nicolaus von Myra an selbe hin. Seine Abtödtung, seine Strengheiten waren außerordentliche; und seine Belustigungen waren Gebeth, Beschaulichkeit, und eine mit den Engeln gepflogene Gesellschaft.

Rudolph des Stifters Sohn, kam unter ihm mit einem Gefolge von hundert und dreyßig Personen von den Reichskomitien zu Ulm nach Marchtall, und fügte der jungen Stiftung mit Aufzehrung des Hausproviants großen Schaden zu. Ulrich suchte bey dem Stifter Hülfe, und fand sie schleunig, weil dieser Mann nach dem Herzen Gottes seinem Sohne Gesetze schrieb, und die Beschädigung alsobald zu ersetzen befahl. Acht Jahre befließ er sich für Marchtall alle Vorsehung zu machen; er erkrankte, und lag einige Zeit mit der ausnehmendsten Geduld zu Bette.

Die Ankündung des Todes fiel ihm zum angenehmsten Zeitungsblatte; und da er seine heilige Seele in die Hände des Herrn zu übergeben fertig war, sammelte er in Gegenwart seiner Kinder seine Kräften zusammen, und mit nach dem Himmel erhobenen Augen, und dahin ausgestreckten Händen sagte er diese merkwürdige und für alle sterbende Obern tröstliche Worte: Herr und Heiland Christe Jesu! ich empfehle dir die Schafe, so du mir zu weyden anvertrautest. Nach diesen letzten liebevollen Sylben entschlief er in dem Herrn. Man wollte seine Leiche jener seines Vorfahrers beylegen. Allein da man die Sarge Eberhardens öffnete drang ein erquickender Geruch von einem mehr als irdischen Balsam aus selber hervor; und Eberhard zeigte sich in einer verwunderlichen, und nur Heiligen zukommenden Stellung, denn er hielt die drey ersten Finger seiner rechten Hand so, als wollte er noch im Grabe die seinen segnen. Daher rührte es, daß ihn, Eberharden, unsere Väter schon vor Alters mit glänzenden Fingern schilderten, und ihm wie Ulrichen einen gemäßigten Stralenzirkel um das Haupt setzten.

Es war freylich damals diese Verzierung gottseliger Männer noch nicht so auf die Wagschaale des Heiligthumes, wie in spätern Zeiten, gelegt. Doch haben uns die Fortsetzer der vortrefflichsten Legende des Bollandus aus der Marchtall und dem Orden von Prämonstrat immer freundlichst ergebenen Gesellschaft Jesu in den Anmerkungen auf Eberharden sehr günstig geschrieben, wir setzen ihre Worte bedächtlich hieher: **Wir sind zwar nicht gewohnt, so schreiben sie, daß wir allen und jeden den Namen der Seligen beylegen, welche einige Ordensstände, als solche, auf eine gewisse Art, und Weise vorgeben. Wir mußten aber der ganz besondern Bescheidenheit der Prämonstratenser Gerechtigkeit wiederfahren lassen, daß wir jenen Männern, welche von Alterthum, und Uebergabe bey ihnen Selige heissen, und deren Leichen mit Ehrfurcht aufbehalten sind, diese Benamsung nicht entziehen.** (a) **Ulrich** starb den sechs und zwanzigsten Hornung im Jahre 1187.

III.

(a) Quamvis non recipiamus omnes, quos ordines aliqui quodammodò beatos, nuncupant; dandum nihilominus aliquid putamus Summæ ac per Eximiæ Præmonstratensium modestiæ, ne paucis illis, quos accepta à majoribus traditione constanter beatos prædicant, præsertim, quorum corpora Religionis collocata, atque à communi cæteris humo elevata fuère, subtrahamus *Beati* titulum. Bolland: ad 7. Aprilis Fol. 502. in B. Eberhardo.

III.

Gerloch, oder Gerlach der dritte Probst eines seligen Gedächtnisses.

Das Sprichwort: Hüte dich vor den gezeichneten, welchen die Natur ungünstig war; trifft nicht allemal zu. Antigon der König Macedoniens hatte nur ein Auge, und war doch einer der rühmlichsten Fürsten, da er als der sanftmüthigste Herr von dem Volke den Namen eines Evergeten oder Wohlthäters, erhielt; und wer weis in den römischen Geschichten nicht von einem Horaz Cocles, welcher einäugig wider den Porsenna Rom auf der Tyberbrücke so heldenmäßig verfocht? Gerloch hatte diesen nämlichen Lichtmangel eines Auges, und war doch wie Argus mit hunderten der Seele nach für Marchtall versehen.

Er war zu Lindau am Bodensee gebohren, und schwur unter der weissen Fahne Norberts in dem dichtgemeldten Stifte Roth eifrigst auf. Man fand ihn allda zu dem Amte eines Priors fähig, und da er mit Eberharden nach Marchtall zog, raumte man ihm ebenfall diese Stelle ein. Die Probstey wurde ihm nach Ulrichen zur Verwaltung übergeben. Seine Unschuld litt von der Wiege bis in das Grab keinen Dunkel. Und seine Gelehrtheit in dem Gesetze war bekannt. Kaum herrschte er über Marchtall zehn Wochen, da er von dem Schlagegicht berührt zwölf Jahre viele Drangsalen erduldete.

Ehe er von diesem Uebel befallen war, übte er sich beständig in den heiligsten Liebeswerken. Er mochte das Elend der Menschen ohne Mitleiden nicht ansehen; und er trug selbst den an der epidemischen Seuche darniederliegenden die heiligsten Geheimnisse der Kirche zu. Die Umstände seiner Unpäßlichkeiten riethen ihm die Last der Regierung von den gelähmten Schultern hinwegzulegen. Er berief seine Söhne, und gab ihnen die freye Willkühr einen andern statt seiner zu wählen.

Sie warfen ihre Augen gezwungen auf Rudolphen von Churwalden, weil sie gerner noch Gerlochen gehorchen wollten. Der Erwählte scheuete in dem armen Marchtall selbst bedürftig zu seyn, und weigerte sich die Würde anzunehmen. Und Marchtall kam zwey Jahre verweyst in betrübte Umstände. Unter diesem Probsten raste der Tod Hugonen unsern theuresten Stifter aus der Welt; welcher zu Blaubeuren, oder wie andere wollen, zu Kalb in Würtenberg beygesetzt war. Gerloch war von seinem siechenden Körper in dem Rufe der Gottseligkeit den zehnten Brachmonde in dem Jahre 1201 aufgelößt, und in dem Monument der Prälaten zur Ruhe gebracht.

IV.

Manegold der vierte Probst eines seligen Gedächtnisses.

In der Welt hatte er die Ehre Guelfens des Herzogs in Bayern Hofkappellan zu seyn, welcher unserm Orden das Kloster Steingaden stiftete. Güter und Ansehen mangelten ihm nicht; weil er die Rennten mehrer Pfründen genoß, und schon damals der Misbrauch, vielleicht doch aus Abgang der Priester, üblich war, daß mehrere geistliche Quellen zu einem sträflichen Ueberfluße in einem einzelnen Pfaffensacke zusammen floßen. In Wissenschaften ungemein bewandert, lehrte er zu Schildbeuren die schönen Künsten, und brachte auch adeliche zum vollkommensten Kenntnisse derselben.

Der

Der Welt, und ihren Eitelkeiten abhold trat Manegold zu Steingaden in das norbertinische Institut ein. Nach seinen Prüfungsjahren, und nach abgelegten feyerlichen Ordensgelübden war er zur Probsteywürde in Marchtall berufen; und er bracht mit seinem Namen die goldne Zeiten dahin, welche sich in dessen Allmanachen verkrochen hatten.

Wir müssen uns da des Pharaons Traum erinnern, indem er sieben magere Kühe aus dem Nilstrome heraussteigen sah, welche andere sieben fette verzehrten, und auffraßen. Die meiste Habschaft Marchtalls beruhte auf sieben Ochsenköpfen, die an dem Ufer der Donau weydeten (b), und deren einer, Manegolden und dessen Gefährten bey seiner Ankunft geschlachtet wurde, und sehr fleischlos war. Die Hoffnung, dem Gotteshause in Bälde eine bessere Gestalt zugeben, machte ihm Muth; und er war nicht von jenen zaghaften, welche von den Beschwernissen erschreckt Schilde, und Köcher hinwerfen, und der Kleinmuth in Triumph gehen. Sein großes Herz kennte nichts von der zitternden Furcht. Er war mit guten Anschlägen, mit Rath, und Klugheit so wohl versehen, daß er die steilesten Gebirge als aufgeworfene Haufen der Scheermäusen ansah. Er überstieg sie, er machte sie der Erde gleich; und ebnete der Wohlfart die Straße nach Marchtall zukommen. Das Reise thun, daß seine Gebärdung begleitende und mit der Freundlichkeit vermischte Ansehen gewann ihm, die Huld der Großen, und Mächtigen, welche er durch künstlich gelegte Kanäle in sein Ordenshaus einzuleiten wußte.

Sie waren Friederichen und Henrichen Kaiser, die Herzogen in Schwaben Friederich, und Konrad. Unter geistlichen Gönnern

(b) Septem emergebant de flumine - - - & pascebantur in ipsa amnis ripa in locis virentibus. Gen. 41.

nern waren Cölestin der dritte, und Innocenz der dritte römische Päpste, und Diethalm Bischoff zu Constanz. Er sah vor allen Dingen auf die Klosterzucht, auf den Pracht des Gottesdienstes, und er erschien in beyden zur Erbauung der andern wie das Vollemondeslicht unter den Sternen. Sein Bruder Rüdiger ein berühmter Arzt hatte das Glück, nicht nur dieser dem Fleische nach, sondern auch im Geiste zuseyn, der in Verlassung der Welt sein treuer Gesell war. Dieser reisete fünfmal nach Rom, und brachte für die Kirche Marchtalls die seltenste Schätze, anheim. Er verbannte den Müssiggang unter den seinen, und lies, weil die Buchdruckerkunst damals noch ein Unding war, das neue und alte Testament, die Psalmen David für das Chorgesang, insonderheit, die Messe und Opfer Liturgien, und die Sittenbücher des großen Gregors auf das feineste Pergament schreiben.

Er betheuerte vor seinen Klostersöhnen zu einem wohl nachzuahmenden Beyspiele, daß er niemand aus seinen Freunden, und leiblichen Verwandten nur den mindesten Häller zugeeignet hätte mit Ausnahme eines einzigen, dem er von dessen Bedürftigkeit angetrieben etwas weniges zutheilte. Die von ihm selbst beobachtete Ordensarmuth war ihm also zu einem goldnen Regen, der nur auf die Fluren des Klosters, nicht auf das so reizende Gefilde der Befreundten und Enkeln fiel. Durch ihn kamen die zur Zeit des weltlichen Collegiatsstiftes in die weltliche Hände verfallne präbenden wieder zurück, und durch ihn fand die Sonne der Glückseligkeit wieder Oeffnungen ihre Stralen auf Marchtalls Dächer herabzuwerfen.

Zwanzig Chorherren, und so viele Layenbrüder, eine schreckliche Zahl dieser letztern, wohnten allhier; und vierzig Ordensschwestern waren in dem Parthenon in der schönsten Frömmigkeit. Er führte

te

te der Erste das Buch der gottesdienstlichen Gepr̈ngen, und jenes der Ordenssatzungen in unsere Circarie ein; und ließ an sich nichts erwinden in allen ersprießlich zu werden. Die fruchtbare Tage, schloßen sich zur größten Niederlage einheimische, und benachbarten Gemüther den sieben und zwanzigsten Märzen in dem Jahre 1204. Die Jahrschriften des uns benachbarten und unser Liebe und Dankbarkeit würdigsten Reichsgotteshauses zwiefalten aus dem großen Orden des heiligen Vaters Benedictus melden von Manegolden, daß zu Machtall dessen unter andern gemalten Bilde folgende Worte unterzeichnet waren:

Ich kämpfte einen guten Kampf, und schickte mich so an,
Daß ich viel mehr, als alle da, für Marchtall hab gethan. (c)

Seiner Beerdigung wohnten der damalige Abt Hermann von Zwiefalten, und jene von Roth, Weissenau, und Roggenburg bey. Er wurde mit priesterlichen Kleidern angethan in der Kappelle des heiligen Täufers Johann unter billigem Weheklagen der seinen begraben, wohin auch die ehrwürdigen Gebeine seiner dreyen Vorfahrer übersetzt wurden. So ruhten die vier erste Grundpfeiler Marchtalls beysammen, von welchen wir an einem andern Orte das Weitere melden werden. Wir schreiben einsweilen nur dieses zu einem gerechten Cenotaph auf den Marmor ihrer gemeinschäftlichen Kruft hin.

Ad

(c) Inter alios præpositos Imagini ejus à suis subscriptum est:
Bonum certamen certavi, quia plus his omnibus laboravi.
Annal. Zwifuld. p. I. Fol. 168.

Ad Marchtallum, & oſſa ſepultorum.

Hoc quatuor recubant *uno* ſub Marmore, pro te
Cor quibus his *unum*, mens ſimul *una* fuit.
Quarta tamen nobis eſſent ſolatia Veſtrûm
Si ſejuncta modo, non ſimul, oſſa forent.

Vier große Männer hier ein Marmor thut bedecken,
Für Marchtall die ein Herz nur hatten, und allein,
Wie beſſer wär es itzt, möcht unſer Wunſch doch klecken,
Daß die Gebeine nun nur einzeln könnten ſeyn.

Iſt dieſe Grabſchrift räthſelhaft, ſo werden wir ſelbſt mit Gelegenheit einen Aedipen machen.

V.

Meinrad der fünfte Probſt.

Der Hingang Manegoldens ſchien, wie die untergehende Sonne den Tag, alſo die heitere Gemüthseinſtimmung mit ſich fort geriſſen zu haben. Der Trennungsgeiſt warf die ihres wahren Vaters beraubte Chorherren dergeſtalt von einander ab, daß ſie auf einen Nachfolger deſſelben keine Einſtimmung beſaßen. Rudolph der Pfalzgraf und Sohn des Stifters kam mit einem zahlreichen Geleite ſelbſt an, nicht zwar aus einer angemaßten Vollmacht ein Oberhaupt zu benennen, ſondern der Zwieſpalt ein hurtiges Ende zu verſchaffen. Da kam die Mishelligkeit theuer zuſtehen. Doch ließen ſich die Zaudernde durch das Gefühl der Köſten eines beſſern bereden; und wählten Meinraden einen Prämonſtratenſer Chorherrn von dem Kloſter Adelberg.

Dieſer

Dieser gieng von dem Weltpriesterstande in unsern Orden über, wo er als ein vernünftiger und erfahrner Mann das Amt eines Schaffners mit Ehre und Nutzen vertrat. Er langte mit einigen Ordensprälaten, nach Gewohnheit in Marchtall an; und gab von seiner Fähigkeit rechtschaffene Beweise von sich. Nicht nur dem geistlichen Wesen erwies er sich als einen geflissensten, sondern er setzte auch seine Bearbeitung dem zeitlichen Wohle Marchtalls bey. Er vergänzte die Mauern des Schlosses Altenburg, und baute den Klosterjungfern einen hölzernen Umfang, den er doch nicht zu Ende bracht.

Meinrad suchte indessen den aufstoßenden Verdrüßlichkeiten zu entweichen, gab seiner Probstey Urlaub, und gieng nach Adelberg zurück; und ob er schon nachmals zu Steingaden die andere pröbstliche Würde erlangte, behielt er sie eine kurze Zeit, und starb zu Adelberg in der stillen Ruhe eines den Verwirrungen gehässigen Mannes. Der Tag, und das Jahr seines Hinscheidens steht, wie noch vieler andern, unter den griechischen Kalenden, weil die Geschichtschreiber mit der Feder hinter dem Ohre den Sachen zugähnten, und der Schnee der frostigen Nachläßigkeit in die Jahrbücher mit großen Flocken einfiel.

VI.

Heinrich von Suppingen sechster Probst.

Auch dieser brachte seine erste reife Jahre in dem vortrefflichen Weltpriesterstande zu; und that sich in der Seelsorge apostolisch hervor, begnügte sich mit einer kleinen Pfarrey, dessen in unserer Mappe, und Bischthumsverzeichniße kein Name zufinden ist, und Mergesingen hieß; und er war mit dem Gewinne der theuren Seelen ohne auf große Zehenden zu sehen begnügt. Er machte einen

nen gottseligen Pilgrim, reisete davon, und besuchte die Asche der heiligen Apostelfürsten zu Rom, und jene des heiligen Jakobs zu Kompostell, wenn sie dort sind, öfters.

Er entschloß sich das Ende seines Lebens in Marchtall zu erwarten, und nahm das heilige Ordenskleid an. Nichts schreckte ihn von seinem Berufe ab, sondern er fand an den Klosterstrengheiten, wie die Bienen auf dem Wehrmuthstocke, eitel Hönig. Seine Verdiensten bahnten ihm den Fußsteig zur Probstey, und er war sehr geliebt. Die Beschwernissen der Regierung, und die Mühe aller Orten Rechtschaffenheiten einzuführen, brachten ihn dahin, daß er seine Stelle wider den Willen seiner Untergebnen verließ, über daß Meer eine Pilgerfahrt wieder vornahm und zu Accon in Phänicien anländete, starb, und auf dem der rechten Hand Gottes, vermuthlich dem Sohne Gottes, eingeweihten Freythofe allda seine Gebeine in die Ruhe senkte um das Jahr 1219.

Unter seiner Vorstehung befand sich ein witziger Priester des Klosters, welcher dem Wassermangel desselben zusteuern wider alle bis dahin angewendete Mühe einen Kanal verfertigte, wodurch er, das uns noch so gebrechende Element herbey leitete: man dachte auch eine Mühle durch selbes in Gang zubringen, allein es scheint noch heute in dem Oeden sogenannten Zeiten Graben, daß der Müller allda den Säcken nicht zu lange übers Maul fuhr, wenn sie ihm auf den gegebnen Gruß nicht dankten; denn es muß das Werk fruhzeitig an seine Störung gelangt seyn.

VII.

Walther von Westernach siebenter Probst.

Auf die von Heinrichen gemachte Hingabe des probsteylichen Amtes folgte besagter Walther durch eine kanonische Wahl.

Man

Man fand an ihm für die geistliche, und zeitliche Wohlfart Marchtalls alles Gedeiliche; und hat er in unsern Jahrschriften dießfalls eine kurze, doch eben so lautende Anmerkung. Das Exempel, und die ganz gleiche Umstände bewogen ihn zur Entlassung seiner Würde, die er in die Hände des Ordensgeneral Gervasens ablegte, doch nach Verlauf einer kleinen Zeit zur Regierung des Klosters Allerheiligen in dem Straßburger Bischthume nächst Oberkirch von dem besagten Oberhaupte unsers Ordens benennt war.

Wir finden noch von ihm, daß er die Klosterjüngfern von der Pfarrkirche des Fleckens, wohin sie der selige Eberhard bestimmte, inner die äußern Mauern des Klosters einzog, und sie in die von Holz unter dem Probsten Meinraden angefangen, und von ihm vollendete Wohnung einschloß, wo heut zu Tage das Kornhaus, und die alte ehemalige Pfisterey steht. Er vergönnte ihnen auch in der Regularkirche unter der Orgel eine Bethaltane, wo er ihnen einen mit dem Bilde der heiligen Catharina Jungfrau und Märtyrinn gezierten Altar errichtete. Das tröstlichste seines Hierseyns war die Aussöhnung mit Rudolphen dem Pfalzgrafen von Tübingen, welcher viele Jahre, ob er schon unsers Stifters leiblicher Sohn war, Marchtall sehr unfreundlich begegnete.

Der Bußgeist griff ihn bey der Brust, und zum Zeugniße seiner Bereuung stiftete er allhier einen Jahrtag für das Heil seiner Seele. Nebst dem Stiftungsgelde dieses jährlichen Gedächtnisses verordnete er, daß an dem Tage desselben den geistlichen beym Tische ein weisses Weitzenbrod, jedem vier Eyer, je zweenen ein Plättgen mit Fischen, je vieren ein ganzer Käs, und jedem ein Becher Wein sollte aufgestellt werden, welches damals eine Tafel der Sybariten war.

Sieben Armen benennte er eben daher auch ihre Speise. Rudolph starb in dem von ihm gestifteten Kloster Blaubeuren des heiligen Benedictinerordens, welches nunmehr der Kirche, und Orden entzogen ist. Von dem Hintritte Walthers von Westernach ist uns so wenig bewußt, als von der Einäscherung des Phönix Vogels, oder von dem Sterbetage des Pelikans in der Wüste.

VIII.

Rüdiger der achte Probst.

Es war das zwölf hundert und vierzehnte Jahr, da er von den zusammenfallenden Stimmen der Wählenden den Stufen der Oberherrlichkeit eroberte. Die im Leben seines großen, und an Ruhm und Ehre unsterblichen seligen Bruders Manegolden, dem Gotteshause geleistete Dienste warben ihm das Wohlwollen der Mitbrüder an; und schärften ihre Hoffnung an Rüdigern einen wackern Vorsteher zu erleben.

Der Erfolg war aber dem Zutrauen sehr ungleich; und er überführte die Welt, daß nicht alles, was glänzet, Gold wäre, und nicht alles, was schimmert, den Diamanten beykomme. Man achtete ihn tauglicher einen Privatmann und Unterthanen, als einen Obern zumachen.

Ihm wird dennoch zu Gutem geschrieben, daß er die Grafen von Tübingen, und Berg, welche sich theils zu Marchtall als anderswo des Rechts der Kastenvogtey ohne Billigkeit anmaßten, durch den Weg Rechtens von ihrem Beginnen abgetrieben habe. Die Sache war von dem für uns gutgesinnten Bischoffe zu Constanz Diethalmen in Beyseyn vieler Aebten und Edelleuten zu Bieberach abge-

abgewandelt. Die Zeit seines Hinscheidens aus der Sterblichkeit ist ein Geheimniß, dessen Entzifferung wir zumachen nicht im Stande sind.

Es bleibt doch unverneinlich, daß man in den finstersten Leben eines Menschen noch ein Sterngen sehe; und in der größten Ohnmacht eines unthätigen Lebens noch ein Wahrzeichen des gegenwärtigen Geistes muthmaße. Nicht alle sind der Herrschung fähig, wenn sie es schon zu seyn scheinen; und bleibt es allemal zu einer unumstößlichen Wahrheit festgesetzt, daß andern Vorstehen eine Kunst sey, die man bey der schwachen Lampe der blendenden Einbildung nicht erlernen kann.

IX.

Rudolph von Ertingen, der neunte Probst.

Wenn man in dem Hause von einem Arzten, der die Wunden heilen könnte, nichts weis, hat man sich anderswo umzusehen. Das Gotteshaus Marchtall sah sich in einer Verlegenheit, aus welcher zukommen ein fremder Retter aufzusuchen war. Die ihre mislichen Umstände wohl einsehende Chorherren entschloßen sich für diesesmal keinen aus dem Schoose ihrer Gemeinde zu wählen, sondern aus der Ferne sich eines rechtschaffenen Vaters zuversichern. Es war Rudolph, der in dem einzigen Reichsstifte Weissenau dem Herrn mit allgemeinem Beyfalle der Frommen diente. Er machte den Anfang seiner geistlichen Jahre zu Schussenried, ein'em eben itzt vortrefflichen Reichsstifte, wovon er in das gedachte übergieng; und allda unter dem in Geist, und Oeconomie bestens erfahrnen Probsten Konraden, welcher nachgehends zum Abten des Klosters, Geheimesthal genannt in dem Bischthume Soisson; endlich wohl gar zum Ordernsgeneral und Erzabten zu Prämonstrat erwählt war,

 und

und von Gelehrt- und Heiligkeit einen tönenden Ruf verbreitete, die Grundsteine seines geistlichen Gebäudes legte.

Rudolph war also würdig geachtet, dem schmachtenden Marchtall aufzuhelfen. Er leistete auch denen von ihm gemachten Hoffnungen ein vollkommenes Vergnügen. Zucht und Eifer in Kloster, und Gottesdienst krochen wieder hervor, und setzten sich durch Rudolphens Bemühungen, und Kataplasmaten auf gesunde Beine, welche unter dem vorigen Arzten Brand, und Fäulung litten.

In die zwölf Jahre versaumte Rudolph nichts, was dem Stifte Nutzen schaffen mochte; und da dieser kluge Arzt den Gepresten der Dinge abhielf, ward er selbst von dem häßlichen Aussatze gepackt, mit dessen eckelhaften Mackeln Gott seinen Diener prüfte. Er sah wohl, daß eine die Menschen von der Gemeinde der andern ausschließende Krankheit einen Obern noch mehr von der Stelle trieb; und er wollte seine Würde mit dem Siechthume nicht entehren, sondern entlaßen.

Konrad des Ordens General verschob seine Einwilligung zu dieser Abtretung sehr lange: er sah die Marchtall davon zubefürchtende Nachtheile wohl ein. Doch Rudolph mattete ihn durch die Menge der gemachten demüthigsten Vorstellungen endlich ab, erhielt die Erlaubniß, und begab sich der Ehren freywilligst. Sein Tod, wenn oder wo er sich zutrug, ist nirgends bemerkt; und können wir nur dieses melden, daß die in Ansehen stehende Menschen sich von ihren zeitlichen Hoheiten gar nicht brüsten können, weil sie von den verächtlichsten Unbilden der Natur keinen Freybrief in der Tasche haben. Es ist ihnen zur Verdemüthigung schon genug, daß sie, wie andere, allen Unfällen ausgesetzt sind, weil sie auf den höchsten Gipfeln der Würden dennoch allen Uebeln blos stehen. Ohngefähr

um

um diese Zeit wurde ein würdiger Conventual von unserm Gotteshause zur Probsteywürde nach Schussenried erkiesen, welcher unter dem Namen Konrads des zweyten besagtes Stift aus seinem Zerfalle so glücklich in seine beste Aufnahme bracht, daß die dortigen Zeitanmerkungen nichts denn herrliches von ihm melden können.

X.

Walther von Schmalstetten der zweyte, und zehnter Probst.

Wir haben da eines Mannes zu gedenken, welcher nach dem Zeugniße unserer Jahrschriften nach Manegolden den Namen eines andern Stifters von Marchtall zutragen die Ehre hatte. In der Sache selbst traf bey **Walthern** diese Antonomasie vollkommen ein. Nur Schade, daß man ihn nicht fruhezeitiger auf den Stuhl der Ehren gesetzt hat; und ist es oft zubedauern, daß man Leute mit Vorzug anderer mindervermögenden so lange zurückhält, und allererst sucht, wenn ihr erhabenes Alter ihre Tage, und die Wohlfart verkürzet.

Walther sah eine geraume Zeit dem Elende so vieler Glückswechseln jammernd zu, und verzeichnete alles mit einer klagenden Feder in den Jahrschriften, die er schrieb, ob ihn schon einige einer Uebertriebenheit beschuldigen. Seine Klugheit zeigte sich, so bald man ihm die Rennbahne zu höheren Geschäfften öffnete, und den Schlagbaum zurückzog: und seine tapfern Gesinnungen fiengen an erkenntlich zu werden, da er ihnen die Wirkung zu geben den Platz eines Probsten innen hatte. Er wagte sich auf ein neues an Willhelmen Grafen von Tübingen des Stiftersenkel, und Ulrichen Grafen von Berg, die ihre ungegründete und von Hugon dem Stifter selbst gleich Anfangs zerstäubte Kastenvogteygewalt mit dem ganzen

Frevel zu behaupten suchten. Er trieb sie mit Beystand Heinrichs von Thann Bischoffes zu Constanz in die enge Gaße so, daß der erste seiner Kühnheit entsagte, und dieser in Gegenwart des besagten Oberhirten des Bischthumes öffentlich sein ungerechtes Verfahren bekennte.

Walther hörte genug, was andere Stifter durch dergleichen sogenannte Schirmgötter von Streichen, und Beleidigungen litten, welche unter dem Namen der Vertheidiger den Schalk im Busen, und die Verletzungen in Händen trugen. Er begriff, daß es sich nicht wohl füge, wenn man dem Schafe den Wolf zu einem Vormunder, der Taube den Stoßvogel zu einer Leibwache, die Baläne den kleinern Fischen zu einem Pfleger, und schwülstige, eigennützige, gewaltthätige Menschen zu Advocaten der heiligen Stiftungen bestelle. So sehr ihn seine Feinde fürchteten, so sehr war er von großen Gönnern geschätzt. Er paarte die Sparsamkeit mit der ehrvollen Gastfreyheit, wo er nach Standesgebühr den Rang seiner Menschenliebe in der schönsten Ordnung zeigte. Er gewann die hohe Huld des schon gemeldten Bischoffes Heinrichs sammt jener des Domkapitels gänzlich für sich, und sein Marchtall, ja er hatte die Ehre für das ganze damals noch weit ausgedehnte Bischthum als ein bündiger Redner zum Prediger des Kreuzzuges, und zum Pönitenzer des ganzen Kirchsprengels erklärt zu werden.

Der von Walthern eingenommene Bischoff schenkte Marchtall bie Kappelle der heiligen Magdalene in Constanz, wo er durch Sifriden einen Chorherrn von uns ein Haus vom Grunde anbauen ließ. Er, Walther, baute zu Reutlingen in Würtenberg die Kappelle sammt dem Hofe allda mit andern Zugehören ebenfalls von den Grundsteinen auf; und brachte auch Marchtalls Klosterkirche mit Hinwegschaffung der baufälligen Mauern in eine bessere Gestalt, welche

welche Heinrich der Bischoff selbst an dem ersten Mayentage und Feste der heiligen Apostel Philipps, und Jakobs zu allgemeiner Freude Marchtalls einweihete.

Walther gieng endlich in Constanz aus dem Zäherthale dieser Erde, nach einer Regierung von vierzehn Jahren, zu einem bessern Aufenthalte in die glückliche Gegenden des andern Lebens über den neun und zwanzigsten Jänner 1243. Sein Leichnam wurde nach Marchtall gebracht, und in die Kruft der Prälaten hinterlegt. Die Trauer wegen dem Verlurste dieses Probstes war nicht nur groß, sondern allgemein, und kann man die Verdiensten eines Regenten niemals besser als bey den Todtenfackeln sehen, wenn Thränen nicht gespart, und Seufzer nicht verhalten sind, da bey dem Begräbnisse der Minder geschätzten jene keinen Ausbruch, und diese keinen Hervorgang finden; weil sie ein heimliches Gelächter, und ein stilles Händeklatschen unter dem Trauerflohre zu ihren Sachverwaltern bestellen.

XI.

Theodorich, oder Dieterich von Wittenhausen der eilfte Probst.

Er hatte nur eine Staffel weiter aufzusteigen: da er schon Prälat war, denn er stund der Klosterzucht als Prior vor; und er zeigte, daß er als dieser mit Gebrauch einer löblichen Bescheidenheit die Gemüther nicht von sich abgeleint hatte; da es sonsten von dieser Stelle nicht so leicht unmittelbar zum obersten Regimente zukommen ist, weil die Strengheiten eines Priors, so ihm ankleben, gemeiniglich die gesalzene Suppe nicht auf die Prälaten Tafel so gleich setzen därfen; und das Gedächtniß der Bestrafungen noch gar zufrisch in das Herze beißt; als daß man in einem Athemzuge einen gestrengen Herrn in einen Gnädigen umwechsele. Gott bestellte aus dem brennenden Dornbusche zwar den Moses zu einem Fürsten Israels, doch aus einem stachlichten Gebüsche der Schärfe schliefen nicht gleich Obern hervor. Kurz, und ohne Umschweife gesagt Theodorich war der allgemein erwählte Probst.

Vernunft, und Einsicht rüstete ihn zu guten Unternehmungen aus. Er war ein mit natürlicher Scharfsinnigkeit, und mit einer wohlsprechenden Zunge begabter Redner, den man zu seiner Zeit unter die berühmtesten Prediger zählte, und er übte seine geistliche Redekunst noch als Probst. Auf die Verminderung des Schuldenlastes war er sehr sorgsam; er wollte lieber das Wenigere in Zufriedenheit mit den seinen genießen, als von den Plaggeistern, denen an die Kellereyporte immer schlagenden Poltergespenster der Gläubiger beunruhiget seyn.

Man erzählt von ihm, daß er selten, und nur nothgedrungen aus dem Kloster kam, weil er die Gegenwart eines Obern als die beste Anstalt einer gesegneten Regierung achtete. Endlich legte er das Amt der Probstey von selbsten nieder. Bereitete sich zu einem guten Tode, und hatte an neun Jahren seiner Herrschung genug, dem strengen Richter der Prälaten eine Rechenschaft machen zu können.

Von dem Tage seines Hintrittes wissen wir so viel zu sagen, als von jenem des Enochs, an dem er in das Paradies kam. Es thun die Regenten der Welt schon vernünftig, wenn sie zwischen zeitlichen Geschäfften und dem Tode einen Raum sich ausmessen lassen; doch sind sie auch nicht zu tadeln, wenn sie als nutzbare ihre Arbeiten mit dem Todtenschweiße unterschreiben, und so lang vorstehen, bis der Athem entweicht, den sie immer für das Wohl der ihrigen aushauchten.

XII.

Friederich der zwölfte Probst.

Das einzige Jahr, so er zur Regierung hatte, ist gar zu enge begränzt, als daß wir von ihm viel sagen könnten; und zwölf Monden bescheinen uns für ihn zu schwach, als daß wir auch vieles sehen mochten. Es ist freylich war, daß auch eine verkürzte Zeit zu großen Dingen fruchtbar sey, und kömmt es nicht auf halbe Jahrhunderte an, wenn sie von trägen Obern in die Brache gelegt sind; es ist ein größerer Schimpf viele Jahre ohne Merkwürdigkeiten oben ansitzen, als nur wenige veröden.

Die Gebirgraben erleben bey hundert Jahre, und die Schlangen nicht wenigere, da jene doch der Welt mit ihrem Geschrey zur Last, diese zur Vergiftung sind. Friederich war ein Probst von einem Jahre. Er trat ab, und gieng nach Laurissa einem Kloster unsers Ordens in der untern Pfalz, und starb so ingeheim, daß uns schon wieder der Tag seines Abscheidens von der Welt unbekannt ist.

XIII.

Heinrich der zweyte, und dreyzehnter Probst.

Munderkingen bettete ihm die Wiege auf; und wir müssen sagen, daß dieses Nazareth der österreichischen Vorlanden uns durchaus wackere Prälaten zeugte, so viele wir von dar gebohrne zählen. Heinrich hatte erlauchte Augen im Kopfe, auf Marchtalls Fortgang in allen Stücken zusehen, welche dessen Frommen betreffen. Unsere Jahrschriften geben ihm das Lob eines Haushälters, und setzen auch die Geldsumme an, die er in Verlauf vierzehn Jahren, denn so lang war er Probst, in die Klosterbörse zurück legte.

Seine oeconomische Kunstgriffe verdienten dessentwegen auch eine Bewunderung, weil er den Hausvater mit dem Baumeister machte, und den größern und längern Theil des Klosters herstellte. Er machte auch den Ordensschwestern ihre Behausung besser zurecht, wußte aber nicht, daß sein Nachfahrer ein Vogler seyn würde, der diesen weissen Choramseln das Nest aufsagte. Er erhielt von Alexander dem vierten römischen Papste ein und andere Gnadenbriefe, durch welche er nicht nur die Marchtall ertheilte Hulden seiner apostolischen Vorfahrer bestättigte, sondern ihnen noch neue, und besonders vortheilhafte zulegte.

Er entsagte seiner Würde ohne Zwang, und schleppte in seiner Einsamkeit noch viele Jahre einen kranken Leib umher, bis er das Gewand der Sterblichkeit hinweglegend seine Seele in das ewige Leben hinpilgern ließ. Der Tag seiner Todesgeschichte liegt unter den Ungewißheiten; doch weis man von ihm, daß er ein sehr freundlicher Herr war, in dessen Antlitze sehr wenige Dunkelheiten erschienen. Die Leutseligkeit eines Vorstehers ist einer der besten Zügen, welche dessen Bilde den Preis bestimmen. Er kann sie dem Ansehen gar wohl an die Seite setzen, weil es in der Gesellschaft der Freundlichkeit auch die Furcht mit der Liebe verbindet.

Der Untergebne läßt sich zum Gehorsame schleuniger reizen, wenn er an der Stirne seines Gebiethers die Gratien sieht; da er alle Gebothe verscheuet, wenn sie von dem Sinai des abteylichen Zimmers unter dem Blitzfeuer herabgedonnert werden. Man muß die Herzen, auch der Unartigen, mit Gelindigkeit gewinnen, weil man sie meistens durch ein zuernstliches und raues Verfahren gar zu verlieren pflegt.

Das

Das zweyte Jahrhundert.

XIV.

Konrad von Taugendorf vierzehnter Probst.

Der Antritt seiner Regierung, und deren Fortgang waren in Zeiten, wo in dem Römerreiche der Kaiserthron leer, und alles im Feuer stund. Das diebische, und mörderische Faustrecht brach allen Rechten die Lenden ein; und waren Gewalt und Stärke die einzigen Entscheidungen des Eigenthumes. Freundschaft und Menschenliebe saßen bey Kalekuth, und Thule im Elende; und Hab- und Mordsucht machten Helden, die alles, was schwächer, als sie, war, zertraten.

Marchtall kam unter Konraden auch in das Gedränge. Ein sicherer Truchsäß von Winterstätten, zween Grafen von Veringen und Schelklingen brannten nicht nur in dem Jahre tausend zweyhundert neun und sechzig das Krankenhaus des Klosters mit andern Gebäuden hinweg, sondern diese geadelten Mordbrenner zerstörten das nahe Schloß Altenburg mit Feuer also aus dem Grunde, daß bis an heute allda auf der obern Fläche des gerundeten Berges keine Pflanze Wurzeln fasset.

Nicht ungleiche Barbareyen, ja noch schändlichere, verübten gegen die Marchtallischen Ordensgeistliche Heinrich, und Gualther zween Ritter von Emerkingen. Sie sprengten ihre Rosse nicht nach ihrem Berufe gegen die Feinde des Vaterlandes, sondern die Geweihte an. Sie brachen aus ihrem noch stehenden Thurme, dem Bollwerke ihrer Feindseligkeiten, nach Belieben aus; und führten mit ihrem Raubrechte in der Faust auch das blanke Eisen in die Geistlichen einzuhauen.

Mordknechte des Sauls, in der Priesterstadt Nobe waren sie, keine christliche Edelleute; Assasinen keine adeliche waren sie. Zweenen

Diakonen Marchtalls hieben sie tödliche Wunden zu Unterwachingen ein, und in dem Dorfe Reutlingen, wohin sie, diese Raubadler die Flüchtigen verfolgten, hieben sie zum Ueberfluße ihrer Wuth einem jeden zu einer erbärmlichen Stimmelung einen Arm und einen Fuß hinweg.

Diese Nachbarn von Emerkingen! die Pfarrkinder! Albert Schedel von Steißlingen, der das Schloß Nieder- oder Untermarchtall besaß, ließ uns sein nachbarliches Vernehmen nicht weniger sauer empfinden. Er dürstete zwar nicht nach Priesterblut, doch gieng er mit der Axt zu werke, fällte in unserm Gehölze die Bäume nach Belieben, und weil er nicht nur gegen dem Gotteshause hölzern, sondern auch thierisch war, brach er in die Sennerey ein, und trieb zwey und sechzig Kühe und Ochsen davon. Gott züchtigte ihn aber mit einer gleich darauf gefährlichen Krankheit. Er kroch zum Kreuze, und nach erhaltner folgenden Gesundheit, gab er mit Ersetzung des verursachten Schadens unfehlbare Zeichen seiner Bußfertigkeit.

Die Umstände, in welchen Konrad sich befand, reden von selbst ohne dollmetschen, welche bittere Kelche er zu kosten hatte. Ohneracht dessen hoffte dieser gefaßte Job zu Gott; und ließ von seiner Sorge für Marchtall nichts entgehen; sondern erfüllte sein Amt bis auf den äussersten Nagel hinaus.

Hatte er mit Feinden von Außen zu fechten, so fand er auch Kriege von Innen. Er hatte an statt der geharnischten Männer auch mit Amazonninnen zu kämpfen, welche ihren Weihel in Sturmkappen änderten, und Klosterjungfern waren. Diese, wie sie Zeither in dem Umfange der äußern Klostermauern uns nahe wohnten, und gestiftete waren, kündeten Konraden ebenfalls den Krieg an.

Adam und Eva in dem Paradiese aßen gleichwohl den verbothenen Apfel ohne Gezänke, allein dieses an Hirn und Vernunft schwa-

che

che Völklein wollte mit uns aus der erlaubten Stiftungsschüssel nicht mehr ruhig speisen. Ihre von einer Flüge an der Wand aufgebrachte Zörnung machte sie vergessen, daß sie unsre Ordensschwestern wären. Sie machten zerschiedene Foderungen mit Ungestümme, stifteten Unruhen, und verursachten große Unordnungen. Da zeigte es sich in Wahrheit, was die Schrift sagt, daß es tröstlicher wäre bey Drachenmüttern in der Wüste, als bey bösen Weibern wohnen.

Konrad aber war der Held gegen diese in unsrer weissen Ordensuniform auftretende und dennoch bey der weibischen Trummel des Unfriedens angeworbene Soldätinnen. Sein Probstey Stab war die Gerte des Moses, die Schnacken und das Ungezieffer wieder abzuschaffen. Er beschloß mit seinen Ordenssöhnen einhellig, die auffätzigen Nonnen abzutreiben, und soll der Paßionsonntag des tausend zwey hundert drey und vierzigsten Jahres; an dem die Kirche den Eingang der heiligen Messe, mit diesen Worten aus Davids Psalter bemerkt: **Schaffe mir Recht, o Gott! und entscheide meine Sache vom ungeheiligten Volke; errette mich von dem ungerechten, und betrüglichen Menschen;** dieser Paßionsonntag soll es gewesen seyn, an welchem Konrad in einem Kriegsrathe wider die unbändige Paßion dieser beweihlten Tomyrissen und Pentesilern den von allen gutgeheissenen Schluß fassete, den Parthenon hinweg zu räumen, und diesen ruhestörenden Feindinnen das Daseyn aufzukünden.

Man trägt zwar einen von diesem Hergange von Konraden verfertigten Brief herum, welcher in unsern Archiven nicht zu finden ist, und zu dem der Lugenschmied Bruschius noch vieles von seiner rostigen Eisenkammer anschweißte.

Konrad hat sonder Zweifel mit Gutachten des ganzen Ordens alles versichert. Er milderte in so weit seinen mit einem Eidschwure bekräf-

bekräftigten Entschluß, daß binnen fünfzig Jahren keine Candidatinn in den Parthenon sollte aufgenommen werden; und so erlosch er durch die gleiche Gesinnung seiner Nachfahrer, wie ein Nest der Alstern leer wird, wenn man den Alten die Jungen entzeucht. Die eigene Schuld der Nonnen war die Ursache ihres Schicksales, und wenn schon die Heterodoxen, namentlich Bruschius und andere in diesem Vorfalle die armen Klosterjungfern mit Nänien und Lamentationen bemitleiden, war ihre Zärtlichkeit dennoch nur von darum rege gemacht, weil sie Weibsleute, nicht weil sie Klosterjungfern waren. Zudem sollen diese Spötter wissen, daß es damals zu Marchtall an der Donau in Schwaben, unvergleichlich gottseliger hergieng, als zu Nimptsch an der Mulda in Sachsen, da der geistvolle Ascet Luther mit seinem Mitapostel Leonhard Koppen allda den geistlichen Besuch machte.

Konrad schuf die Nonnen fort, und die obigen Fleischkatzen nahmen sie mit. Konräd ließ sie geruhig absterben, und die vorigen erhielten sie zu gottesräuberischen Ehen bey Leben. Konrad wollte daß sie ihre Lilien mit Zypressen umflöchten; und jene zerzerrten in Würtenberg die Ehrenkränze der ihrigen gräulich; und Konrad ließ die noch beybehaltene gleichwohl ihrem Chorgebethe abwarten, da Luther und Kopp in den Nachtstunden des heiligen Charfreytags ihren entführten einen ewigen Chorfeyertag ankündeten, und ihre heilige Singkunst von den Klagliedern Jeremias zu Eya puppeya sacrilegischer Müttern zu dem Wiegenchorale, und zu den kreischenden Psalmen des gottesräuberischen Wochenbettes mit den schändlichsten Noten in dem weichesten Gesange der verfluchten Geilheit übersetzten.

Konrad rückte an das Ende seines Lebens hin, und warf sich in die süße Aerme der ewigen Ruhe, zu welcher er in dem Jahre 1275. hinzog, nachdem er von seinen Nachbarn erstaunliche Trübsalen erlitten hatte. Der erblaßte Körper dieses ruhmwürdigen Probstes erwarb

warb sein Lager in der Catacombe der Prälaten. Keine Gemeinde kann sich von guten Nachbarn mehrer Trost hoffen, als eine geistliche. Sie sind eine Gutthat des Himmels, welche unter die besten Hausjuwelen zu zählen sind. Ein freundlicher Gränzemann bleibt der liebwürdigste Gast, sagt Horaz; (d) und wird nach der Meynung des Seneka kein anliegendes Ackerfeld so viele Früchten bringen, als ein Nachbar von einer unverfälschten Gesittung. (e)

Es ist aber dennoch eine geheime Kunst Nachbarn ruhig zu halten, wenn sie Neid, Stolz und Eigennutz in sich herrschen lassen. Sie fodern, daß man ihnen alles zustehe, was ihnen gefällt, ob sie schon vom Rechte verlassen sind; und muß ein Kloster der Halsstarrigkeit, der Grobheit, des Eigensinnes sich beschuldigen lassen, wenn es seine Gerechtsame verfechtend ihnen nicht willfährt, wie es auch nicht willfahren kann. Mit guten Nachbarn ist es gut Häuser bauen, und mit bösen ist man in Einreißung derselben bald fertig. Doch der allwesende Gott ist der beste Nachbar, auf den man sich alleine zu verlassen hat.

XV.
Wernher der fünfzehnte Probst.

Der Machtspruch des Herrn: *Es geschehe*, rief das Licht, das schönste Geschöpf von Luft und Erde, aus dem Nichts; und Wernher wurde von der äußern Schwelle der Gewalt, und von einem fernen Zuschauer der klösterlichen Regierung zum Amte eines Probstes erhoben, da er vorher Suprior des Convents war. Seine Verdiensten in feiner Gebärdung, sein brünstiger Eifer in dem Chore, seine

(d) Bonus vicinus sane amabilis hospes. Horat.

(e) Non magis utilitati est ager redditibus amplis, quam vicinus cum moribus bonis. Senec. Ep. 35.

seine ihm angebohrne Wohlredenheit, und seine Ergötzung in geistlichen Uebungen sprachen ihm das Vorwort. Er dachte nichts wenigers als Oberer zu seyn; und er konnte um so minder zu der Stelle desselben eine Begierde hegen, als er unter seinem Vorfahrer die leidige Folgen des Faustrechtes in Brand und Bedrängnissen mit ansah. Eine alles niederschlagende Theurung des Brods kam noch hinzu, weil der arme Ackersmann seinen Pflug nicht mehr in das Feld zuführen sich getraute. Er war gezwungen einige Güter des Hauses, um die Nahrung zu haben, den Käufern anzutragen. Doch erlebte Wernher die goldnen Zeiten, welche Rudolphen den Grafen von Habsburg und den höchsten Stammvater des allerdurchleuchtigsten Hauses von Oesterreich auf den Kaiserthron setzten.

Dieser glorreicheste und christlichste Fürst bracht die Finger des Faustrechtes auseinander; und verbannte es aus Deutschland. Er ließ die aufgemaurten Raubnester der Mächtigen schleifen, wie wir in unsrer Nachbarschaft ihre Ruinen hin und her mit Lust schauen; wir lesen noch auf ihren entkalchten Steinen das Lob dieses gerechtesten Fürstens; und wir sehen die aus ihren Klüften hervorwachsende Gesträuche als Siegesreiser Rudolphens an. Die in ihnen wohnende Nachteulen und Fledermäuse mögen unserthalben die nachgelassenen Burgvögte des ausgejagten Faustrechtes seyn, wenn wir nur in Zukunft von solchen Zwängen frey blieben.

Wernher erhielt von dem gütigsten Fürsten und Kaiser die Bekräftigung aller Gnaden und Freyheiten, so Marchtall Friederich der erste, Heinrich der vierte, Friederich der zweyte römische Kaiser, und Philipp der Römer König mit gnädigsten Händen zutheilten. Auch Rudolph der zweyte, aus dem nämlichen Hause Habsburg, Bischoff zu Constanz, gab ihm von seiner Zuneigung unzweifelhafte Merkmaale. Er lebte nach Entlassung der Probstey noch anderthalb Jahre. Starb,

und

und wurde beerdiget, wo aber, wie und wann, das wissen noch wir, noch ein anderer Mann. Die Jahrbücher legen ihm das verdiente Lob auch dießfalls zu, weil er von der gemeinen Conventstafel ein ungemeiner Liebhaber war. Recht schön ist es, wenn der Vater mit seinen Kindern ißt.

Seine Gegenwart ist das beste Gewürz, und wenn er mit ihnen, wie der Heiland mit seinen Jüngern, speiset, läßt er sehen, wie er es ihnen gönne, und macht sie glauben, daß er für sich keine besondere Leckerbißgen suche. Da ist es, wo er, wie Joseph bey dem Gastmahle, seine Brüder beobachte; und alles bemerke, wie sie von dem Erbtheile des Herrn genährt werden. Wir wollen aber das Recht der sonderheitlichen Tafel der Vorsteher hier nicht betasten. Die Aenderung der Zeiten ist der Maasstab des Wohlstandes; und unser Wunsch beruhet darinn, daß es allen wohl bekomme.

XVI.

Engelher der sechzehnte Probst.

Schon betagt nahm er den Zügel der Herrschung in seine zitternde Hände. Vielleicht würde er in zurückgelegten Jahren ein mehrers in dem Zeitverzeichniße hinterlassen haben, als da er von der Last seiner Tage gedrückt mit den Silicernionen mit seinem abwärts hängenden Haupte mehrer die Kieseln auf dem Wege, als seine Probsteygeschäfte sehen mochte. (f) Doch hatte er in seinem erhabenen Alter den Muth jene abzuweisen, die mit Vorgebung eines Kastenvogteyrechtes auf Marchtall ohne alles Recht hinpochten; er legte als ein Mann von hundert Jahren seinen gebeugten Leib in das Grab, in dem Jahre 1282. nachdem er vorher seine Würde von sich gewälzt hatte, die seiner Kräfte nicht angemessen war.

(f) Silicernio à silices cernendo.

XVII.

Berchtold der siebenzehnte Probst.

Das Kloster Roth erzog ihn nach dem Geiste des heiligen Norberts; und Marchtall wählte ihn zu seinem Vorsteher. Das erarmte Gotteshaus traf ihm das Herz, und er befliß sich die Wirthschaft in bessere Gänge zu bringen. Wie er diese mit Klugheit ausbesserte, so stellte er auch die Klosterzucht nach den Ordenssatzungen wieder in den ernstlichen Flor, welche unter einem alten Obern sehr jung zu thun anfieng. Die Widerspenstigen erfuhren ihn als einen scharfen Rhadamanten, deren er einige der Gemeinde unwürdig hielt.

Die Gebäude hatten an ihm einen Ergänzer, und einige einen neuen Stifter. Die Zwiste mit einigen der Seinen sagten ihm die Worte der Schrift in das Ohr: daß es vergnüglicher wäre, ein abgeschacktes Gemüß mit Ruhe, als ein gemästetes Kalb mit Unfrieden abspeisen. Er gab der ganzen Welt den Korb voll der guten Wünschen, und wünschte sich selbst den Himmel, wo ewige Einhelligkeit wohnet. Er stund Marchtall zehn Jahre und eilf Wochen rühmlich vor, und wanderte eine kurze Zeit nach seiner Abtretung an das Ort seiner heiligen Wünsche hin im Jahre 1292.

XVIII.

Heinrich der dritte von Datthausen, achtzehnter Probst.

Kurze und gute Nachrichten sind uns von ihm hinterlassen. Er wird als ein Liebhaber der Lesung, und des Chorgesanges belobt; und von der Nüchternheit, wie von der guten Ordnung der Klosterzucht schrieb man ihm keinen kleinen Ruhm zu. Die Fruchtbarkeit der Erdeschollen, und des Weinstockes segnete seine Jahre. Er erbaute in Kirchbierlingen die Pfarrkirche zur Ehre Gottes, Mariä, und des heiligen

gen Martins Bischoffes von Touron, erlangte von Rudolphen von Habsburg dem zweyten, und von Heinrichen von Klingenberg dem zweyten Bischoffe zu Constanz stattliche Gnaden, und suchte die Todtenbahre nach einer Vorstehung von sieben Jahren nach dem Zeitziffer 1299.

XIX.

Burchard neunzehnter Probst.

Seine getreue und vorsichtsvolle Verpflegung Marchtalls ist mit wenigen, doch vielsagenden Worten bemerkt. Unter ihm wurde die Kapelle der heiligen Magdalene zu Constanz nächst der Rheinbrücke gegen andere Dinge von Marchtall dem Hochstifte zur Erbauung eines Spitals wieder abgetreten, welche ihm von Bischoff Heinrichen dem ersten unter dem Probste Walthern von Schmalstätten zur ewigen Innhabung geschenkt war. Er war von Alberten dem Römerkönige mit ansehnlichen Gnaden bereichert, brachte ein und andere Güter an das Kloster, und machte sich auf die große Reise in die unumgränzten Länder der Ewigkeit fertig, wo er auch nach einer fünfjährigen Probsteyverwaltung anländete, im Jahre 1304.

XX.

Siefried zwanzigster Probst.

Wir wissen von diesem Herrn nur das einzige, daß in seinen Tagen der heilige Konrad, aus den Grafen von Altdorf, weiland Bischoff zu Constanz durch seine Fürbitte im Himmel von hellleuchtenden Wundern berühmt war. Bey diesen großen, und unserm Bischthume zur höchsten Ehre kommenden Stralen, sehen wir von Siefrieden nichts, was wir von seiner Regierung sagen sollen, die sich in die fünf Jahre bey nahe erstreckt. Dichten wollen wir auch nicht, weil Fabel und Geschichte, Aesop und Livius sich mit einander nicht betragen mögen. Er machte sich durch den Tod in der Welt unsichtbar im Jahre 1309.

XXI.

Wernher der zweyte ein und zwanzigster Probst.

Der kleine Raum von zweyen Jahren liefert uns schon wieder keinen Stoff. Nicht länger genoß er die Ehre Probst zu seyn. Doch zeuget das Alterthum von ihm, daß man ihn keiner Nachläßigkeit beschuldigen könne. Er zog seinen Wanderrock aus, und lies sich ohne andere Muthmaßung die Stole der Herrlichkeit in dem ewig daurenden Reiche der Seligen anziehen im Jahre 1310.

XXII.

Konrad Volk der zweyte, zwey und zwanzigster Probst.

Rechtmäßig war er Marchtall vorgesetzt; und darum verfocht er dessen Rechte wieder Burcharden von Reischach, der das österreichische Forstrecht zu weit ausdehnend die Fällung des Holzes in unsern Wäldern verboth. Schiltung der Landvogt Oesterreichs auf dem Bußen, und in andern Bezirken, war von Konraden ersucht einen Schiedmann zumachen, welcher unsere von österreichischen Herzogen besonders von Alberten dem römischen Könige erhaltene Privilegien einsehend uns von dergleichen Gewaltthätigkeiten nicht nur für damals, sondern für alle künftige Zeiten los sprach.

Wie muß doch die Menschenliebe von der Liebe zu Thieren so oft verdrängt seyn; und welche feindselige Gedenkensarten hegen Nimroden, und Esauen, das Forstrecht über das Recht der Natur hinaufzusetzen? Konrad brachte seine gute Regierung nur auf zwey Jahre, re, und schickte seine beste Seele dahin, wo keine Wildbahne, keine Wildfänge, kein Wildbrett, und keine Jäger sind, das ist, in Himmel, in dem Jahre 1312.

XXIII.

Burchard der zweyte, drey und zwanzigster Probst.

Wir müssen uns mit der kurzen doch saftigen Anrühmung dieses Mannes als eines erfahrnen, und frommen Regenten begnügen. Die Jahrsläufte seiner in die zehn Jahre daurenden Regierung sollen glücklich gewesen seyn, und was Wunder, wenn er die Welt voll des Trostes verließ in dem Jahre 1322. Clemens der fünfte römische Papst stund unter Burcharden auf die Vorstellungen des Ordensgenerals zu Prämonstrat Marchtall wieder einige Bekränker dessen Rechten mit Nachdrucke bey, wie wir es aufzuweisen im Stande sind.

XXIV.

Konrad der dritte, vier und zwanzigster Probst.

Roth sendete uns diesen Mann aus seinen geistvollen Männern zu. Doch seine gute Seele hatte nichts vor sich, als eine erbärmliche Theurung, und was das schlimmste war, die schrecklichsten Zwiste zwischen Kirche, und Reich. Seine vergnügten Augenblicke waren also kurz zusammen gefaßt, ob er schon sieben Jahre Probst in Marchtall war. Auch diese Zeit war für seine Talente zu kurz. Er gieng zu dem ewigen Sabbath, und zu den himmlischen Feyertagen über, welche keine Mühe, und kein Getümmel unterbrechen im Jahre 1329.

XXV.

Hermann Huotter, fünf und zwanzigster Probst.

Aus dem Schoose des marchtalischen Kapitels genommen bestieg er die Höhe der probsteylichen Würde. Und in vier Jahren schuff er für sein anvertrautes Kloster Heilsamkeiten nach seinem Vermögen. Rudolph der dritte, Graf von Montfort, Bischoff zu Constanz war ihm in Bestättigung wichtiger Dinge sehr gewogen; und er erwies dem Kloster wegen freundlichster Bewirthung seiner Vorfahrer ganz außerordentliche Begünstungen, unter welchen diese war, daß er allen, die auf gewissen Pfarreyen den Predigten der marchtallischen Seelsorger beywohnten, selbe aufmerksam anhörten, vierzig Tage Ablaß verlieh. Hermann ließ nach vier Jahren auf Erde zu leben nach im Jahre 1333.

XXVI.

Heinrich Walk der vierte, sechs und zwanzigster Probst.

Die acht Jahre seiner Regierung mögen von ihm sonder Gegenachtung wohl angewendet worden seyn. Doch haben wir hiervon keine Kategorie. Es scheinet dennoch, daß er für Marchtall so sorglos nicht war, weil er von Clemens dem sechsten einige Vortheile auswärtiger Pfarreyen befestigen ließ. Die Sterbestund schlug ihm zum Abzuge aus der Menschen Gemeinde im Jahre 1341.

XXVII.

Eberhard der zweyte, sieben und zwanzigster Probst.

Er legte seine Gelübde in Marchtall ab, und kam aus der Zahl der Brüder zur Probstey. Er lebte zur Zeit, als Clemens der

sechste

sechste römischer Papst das christliche Jubeljahr von dem Verlaufe hundert Jahren auf jenen von fünfzig herabsetzten. Der Name eines guten und löblichen Haushälters wird ihm nicht abgesprochen, den er gegen vier Jahre bestens erfüllte. Er bracht seine Lebenstage an die Gränzen im Jahre 1344.

XXVIII.

Konrad Gager der vierte, acht und zwanzigster Probst.

Eben vier Jahre der Regierung waren ihm von dem Himmel ausgesteckt, welche aber für ihn von Kreuzen, und großen Trübsalen sehr merklich, und empfindlich dahin giengen. Albert Herzog aus Oesterreich bracht die Stadt Ehingen an der Donau, welche nur zwo Stunden von uns liegt, von dem Grafen von Schelklingen käuflich an sich. Welches Eberhard Graf von Würtenberg mit scheelen Augen ansah. Er griff zu Feuer und Schwert, und verfolgte den Verkäufer mit dem grimmigsten Ernst.

Marchtall mußte wegen der Nachbarschaft also nothwendig den Zorn des aufgebrachten Würtemberges fühlen, weil kriegerische Menschen die Schuldigen von Unschuldigen, von ihrer Wuth verblendet, nicht mehr unterscheiden; und die Wohnungen der Freunde, wie jene der Feinde, in der Raserey mit Brandruthen verfolgen. Sie kennen die Zeichen der Freundschaft, und der Verbindnissen nicht mehr; und sie sind grausamer als der Würgengel in Aegypten, der doch das Blut des Lammes beobachtete, und den Häusern der Israeliten verschonte.

Der Vorabend der heiligen Jungfrau, und Märtyrinn Catharina war der unselige Tag in dem Jahre tausend zweyhundert vier und zwanzig, an dem das Dorf Marchtall von Eberharden durch Feuer in die Asche gelegt war. Es muß dieser Brenner ein schlechter Philosoph gewesen seyn, der den Vorabend einer Patroninn der Weltweisen so entheiligte. Konrad war indessen ein besserer, der mit einem thränenden Auge dem Verhängnisse das Unglück seiner Unterthanen zu einem Brandopfer zumachen wußte. Die alles verhergende Pest fraß so um sich, daß man in Jahrbüchern dergleichen nicht finden wird, weil die heillosen Christenfeinde, die verworfenen Jüden, die Brunnen vergifteten, doch durchgehends die strengsten Bestrafungen zum verdienten Lohne empfiengen.

So mußte Probst Konrad von Feuer und Wasser geprüft in die Erkühlung kommen, welches sich nach vier Jahren seiner Regierung zutrug im Jahre 1348. Wir können nicht begreifen, was den Lügenkrämmer Bruschius bewogen habe zu schreiben, daß dieser Probst von Marchtall entwichen sey, ohne nach sich eine Spur zulassen, wo er hingekommen wäre.

Träume werden oft Geschichten bey den Heterodoxen; und wenn sie ihrer Gehässigkeit gegen die Ordenshäuser Platz geben, liefert ihnen die täuschende Einbildung meistens Falschheiten, ihre Papiere zu überschmieren, oder sah vielleicht dieser Unwahrheitsfreund Konraden von einem Engel wie den Habakuck durch die Lüfte führen, oder war er vielleicht damals zugegen, als er durch die Staffete des Elias fortgenommen war? Denken, schließen, und dichten hielt dieser Tropf für seine Pflichten; und schrieb auch so in den Geschichten.

XXIX.

Konrad von dem Rade, de Rota, der fünfte, neun und zwanzigster Probst.

So kam dann auf den entwichenen Elias, wie der besagte Lügenboth schrieb, ein Elisäus. Ja er war der nämliche; denn gleichwie dieser Prophet in den Bedrängnissen Palästinens immer zu Gott aufgericht war, so erholte sich Konrad mit einem festen Zutrauen auf Himmelshülfe. Das Gotteshaus war jene betrübte Sunamitinn, welcher er, wie Elisäus vormals, das Oel vermehrte, das ist, er riß Marchtall aus dem Elende in Zeit neunzehn Jahren so heraus, daß man ihn billig unter die größten Vorsteher desselben setzen darf. Albert der zweyte Herzog in Oesterreich nahm Marchtall, und Bierlingen in seinen Schutz, und bestättigte die Schirmbriefe Alberts des ersten seines Vaters und römischen Königes gegen die Feindseligkeit der damals sehr unruhigen Munderkingern. Wo er auch seinen Forstknechten den strengsten Befehl schrieb, über die Gränzen Marchtälls keine Rechte vorzuschützen. Konrad legte mit dem Leben seine Würde ab im Jahre 1367.

Das dritte Jahrhundert.

XXX.

Berchtold der zweyte, dreyßigster Probst.

Er schlof schon wieder aus dem Schoose Marchtalls zur Probstenstelle hervor. Zeit seines Amtes wurde das Schloß Mittenhausen, oder Wittenhausen zusammen gerissen, kam zu einer Sennerey an Marchtall mit allen seinen Zugehören; und wo vorher ein Raubnest war, ziehen nun ein Tytirus und Galather mit der Heerde auf die

Weyde, und wird anstatt des Menschen Bluts Milch gesammelt. Berchtold eroberte die Huld Heinrichens von Brandis des dritten, Bischoffes zu Constanz, welcher alle von seinen Vorfahrern ertheilte Gnaden für Marchtall durchaus wieder auffrischte. Nicht weniger bekräftigte Leopold der Herzog Oesterreichs alle von seinen Ahnen dahin vertheilte Gnadenbezeugungen. Er selbst empfieng von Gott die Gnadenzeilen eines seligen Hinsterbens nach einer neun jährigen Regierung im Jahre 1377.

XXXI.

Ludewig Leo, der ein und dreyßigste Probst.

Man darf ihm den Beynamen eines großen für Marchtall beylegen. Er bracht die Segnungen von oben mit sich, und daß sie ihre Glücksschleussen nur recht auf Marchtall öffnen möchten, gönnte ihm der Himmel zwey und zwanzig Jahre zu einem ergiebigen Raume seiner Befleißungen. Unsere Schriftenschreine geben von ihm sichere und viele Urkunden, wie er durch Huld der Großen, namentlich Bonifacius des neunten römischen Papstes, und Heinrichs des dritten, Bischoffen zu Constanz, und auch mittern Gutthätern für das Gotteshaus arbeitete.

Wir wünschen nicht, daß wir sie gegen unsere Satanen, und Anfechter gebrauchen sollen. Doch sind sie zur Ehre dieses unvergleichen Probstes wohl verwahrt; und werden so lang gelten, als man die Gotteshäuser mit ungerechter Gewalt aus der Welt nicht verbannen wird. Er eilete dem gewissen Lohne seiner Verdiensten wohl betagt zu den vierten Weinmonde des Jahres 1399. Ludewig der in Wahrheit vortreffliche Probst! der Schirmlew Marchtalls! Ludewig der große.

XXXII.

XXXII.

Stephan Wucherer, der zwey und dreyßigste Probst.

Er sah das Weltlicht zu ersten in Ehingen einer vorderösterreichischen Stadt an. Marquard von Randeck Bischoff zu Constanz begünstigte ihn mit thätigen Versicherungen seiner Gnade. Er verdiente wegen seinen guten Eigenschaften das Angedenken der Nachkömmlinge; und ist nur zu bedauren, daß seine inngehabte Probstey über ein und ein halbes Jahr nicht hinaus ragete; denn er ward eine Leiche im Jahre 1401.

XXXIII.

Jakob Kupferschmied von Biberach der drey und dreyßigste Probst.

Nicht Kupfer, Gold eines kostbaren Talentes bracht er von Biberach mit sich, wo Marchtall allen Anscheinen zufolge vor Zeiten verbürgert war. Er war auf die Vermehrung der Einkünften des Klosters wachbar, wo er Gott in dem Orden zu dienen anfieng. Gregor der zwölfte, und Alexander der fünfte Statthalter des Herrn auf Erden bewaffneten ihn mit günstigsten Bullen, durch welche sie nicht nur das ganze Marchtall, sondern auch dessen damalige, und zukünftige Güter in den apostolischen Schutz nahmen.

Die gräuliche Kirchenspaltung verunnützte freylich viele gute Gesinnungen; und wo die allgemeine Kirche bedrangsalet war, kam die Verwirrung auch über alle andere Stände derselben. Jakob verließ die damalige in der That streitende Kirche, und machte sich in die siegende Fort; wo keine Spaltungen sind, im Jahre 1409. Der schreckliche Komet, welcher den Prolog der kirchischen Trauer-

 bühne

bühne von dreyen Päpsten dunkel beleuchtete, machte ihn ertattern, und er suchte in der friedlichen andern Welt günstigere Gestirne.

XXXIV.
Jakob Klingler der zweyte, vier und dreyßigster Probst.

Zu Riedligen einer nun vorderösterreichischen Stadt unserer Nachbarinn, welche uns heut zu Tage unter ihre Bürger zählt gebohren, trachtete er bey mitkommenden Jahren in das Stift Marchtall eingelassen zu werden. Seine Wünsche geriethen, und seine lobwürdige Aufführung klingelte ihm zu seiner Wandelung eines Probsten in Zeiten, wo die Sturmglocke der heiligen Kirche den Gräuel der fürchterlichsten Spaltungen der ganzen Christenheit verkündete. Es ist unzweifelhaft, daß Jakob dem allgemeinen Kirchenrathe zu Constanz beygewohnt habe, wo unter den sauren Weingewächsen der süße Kirchenfriede die besten Trauben guter Hoffnungen sammelte.

Martin der fünfte ein Columneser, und allda erwählter römischer Papst, erzeigte ihm in seinen Angelegenheiten gute Auskünften, wozu auch Otto der dritte Markgraf von Hochberg, und Bischoff zu Constanz ihm verhülflich war, dessen gnädigste Verordnungen uns zur Abweisung der Gegner immer zu guten kommen. Jakob schmiegte sich auch zum Throne Kaiser Sigismunds hin, und nebst der höchsten Zusage kaiserlicher Ergebenheiten, erhielt er Diplomatische Bekräftigungen sonderlicher Vorrechten. Er beurlaubte die Sublunarische Welt in dem Jahre 1425.

XXXV.

Albert Pfluoger von Tübingen, fünf und dreyßigster und letzter Probst:

Er war ein friedliebenden Mann, und hatte, als ein Herold des Friedens, das Glück mit einigen von Adel, die das Gotteshaus anfochten, die besten Verträge zu schließen. Friederich der dritte, Graf von Zollern Bischoff zu Constanz trug eine ganz besondere Neigung zu ihm, die er auch im Werke erzeigte. Ohne Zweifel wohnte Albert auch dem Synodus bey, welcher unter diesem Bischoffe zu Constanz in dem Jahre 1435. gehalten war, und bey dem 26 Aebte, 60 Pröbste, 40 Chorherren, 360 Priester zugegen waren. Damals zählte unser weitschichtiges Bischthum 350 Klöster, 1760 Pfarreyen, Priester 17000, welches doch in dem Abfalle bey Luthers, Calvins, und Zwingels Empörungsposaunen so geschwächt wurde.

Albert herrschte als Probst eilf Jahre; und trat die allgemeine Straße der fortwandernden Sterblichen an im Jahre 1436. in dem eben auch Fürst und Bischoff Friederich von Zollern verschied, der Albertens gnädigster Herzensfreund war. Wir nennten diesen Probsten den letzten, weil unsern Regenten hinführo von Gott, und der Kirche die Würde der Aebte mit den gewöhnlichen Insignien zugestanden war, die Infel ausgenommen, welche für einen andern großen Mann bestimmt wurde, wie wir zu seiner Zeit finden werden.

March=

Marchtalls hochwürdige Aebte.

I.

Heinrich Mörstetter erster Abt.

Niemand als seinen außerordentlichen Verdiensten hatte er die abteyliche Würde zuzumessen, welche ihm Martin der fünfte römische Papst von Herzen zusagte. Er wurde auch von Johann dem Ordensgenerale auf dem Generalkapitel als solcher erkennt, welches sich wegen dem in Kriege verfallnen Frankreiche zu Bink in Henegau am Fluße Haye drey Meilen von Mous versammelt hatte. Seine abteyliche Einsegnung geschah zu Ursperg einem itzigen Reichsstifte, und ältesten Kloster unsers Ordens in Schwaben. Er erhielt sie mit den zweenen Pröbsten von Adelberg, und Soreth, oder Schussenried durch den hochwürdigen Suffragan des Bischthumes Augsburg Johann Bischoffen zu Adrymitt in klein Asien. Er wollte als erster Abt von Marchtall Proben seiner Geflissenheit von sich geben, und den Stab als ein guter Hirt der seinen wider die Wölfe ausstrecken. Wie es jene erfuhren, die das Gotteshaus zubedrängen suchten.

Ulrich Graf von Würtemberg überzog Schwaben mit Krieg, und Unsternen. Heinrich machte sich zwar mit Bezahlung einer ansehnlichen Summe von den Packungen der Feindseligkeit frey, und erhielt von dem Grafen eine schriftliche mit Hand, und Pettschaft desselben besiegelte Versicherung gegen alle Anfälle. Wie geschieht es aber, daß die Großen der Welt sich von Verheißungen keine Bande anlegen lassen, ihren Worten wo nicht einen doppellaut geben, doch selcher in Bälde vergessen, und ihre Geltung mit dem Klange des verbrauchten Geldes in die Lüfte schicken.

Ein

Ein unter Würtembergs Standarten dienender Graf von Leiningen griff dennoch Marchtall feindlich an, trieb das Hornviehe so wohl des Klosters, als der Unterthanen hinweg, verbrennte das Dorf Reutlingen, und schleppte die armen Bauern nach Stuttgard, und Urach in Ketten. Heinrich führte seine billige Klägden bey Ulrichen, wie wurde er aber abgefertiget? Der Graf entschuldigte sich mit der kahlen Antwort: daß er nur für sich, nicht für den von Leiningen Marchtall die Sicherheit gegeben hätte.

So ziehen sich Große aus der Schlinge, wenn sie ihre Worte auf Schrauben setzen, und wenn andere für sie Dinge verüben, die sie wegen der gegebenen adelichen Parole selbst auszuführen nicht wohl thun konnten. Sie wollen von Befehlen nichts wissen, und heißen dennoch alles in der Stille gut, was sie selbst gerne unternommen hätten. Heinrich mußte sich zur lieben Geduld wenden, welche der einzige Schild gegen Mächtigere ist, weil man die Berge umzugehen hat, die man nicht besteigen kann, und den Strömen ausweichen muß, die man durchzuwaden keine hohe Beine hat.

An Gleiche, oder Niederer wagte er sich herzhafter, wie es ein adelicher von Riedern mit seinem Gesellen erfuhr, den er durch seine Amtleute bey Münsingen gefangen nehmen, und nach Urach bringen ließ. Weil er, der von Riedern, den Städten Augsburg, Ulm, und Biberach den Krieg ansagte, und Marchtall mit dieser letztern verbürgert seine ihm von diesen Stöhrern der allgemeinen Ruhe bevorstehende Mishandlungen wohl vorsah.

Kurz! Heinrich war ein Herr von Großmuth, und Unerschrockenheit, wo er sie wirksam machen konnte. Vier und zwanzig Jahre kämpfte er für unser Gotteshaus, und machte den Namen eines Abtes, oder Vaters, der erste so glänzend, daß er den seinen

Hoffnung machte, seine Nachfolger würden eben auch mit Vernachläßigung väterlicher Schuldigkeiten nicht verdunkeln. Er legte den Abtenstab von sich, und ergriff den Wandersteckern aller durch die Welt in die Ewigkeit pilgernden im Jahre 1461.

Heinrich erlebte für sich Zeit seiner Regierung keine geringe Gemüthsergötzung, da er das Gotteshaus Roth von einem wackern, und indessen Jahrschriften sehr angerühmten Prälaten regieren sah, welcher von der marchtallischen Pflanzschule als ein Chorherr von uns unter dem Probsten Jakob Klinglern dahin erwählt war. Er nennte sich Martin Hesser, und machte sich in Wiederherstellungen des erarmeten, und baufälligen Roths ein unerlöschliches Monument: schon sein Vorfahrer Heinrich Merk war von Marchtall berufen die Abtenstelle allda zuvertreten, die er aber in der Blühte seiner Jahre durch einen fruhzeitigen Tod verlassen mußte.

Hier sieht man wie eng Roth, und Marchtall mit einander verknüpft waren. Rühmlich ist es, wenn Klöster Leute erziehen, die nicht nur zu Hause, sondern auch anderwärts nützende seyn können. Es wachsen in Gärten nicht immer brauchbare Pflanzen; doch ist es für sie noch gut, wenn man den Abgang sogleich von benachbarten Treibhäusern wieder ersetzen kann. So bald der Schooß einer Gemeinde unfruchtbar an tauglichen Menschen ist, thut man in der Herbeyrufung eines fremden Nothhelfers vernünftig; und ist es besser von Auswärtigen aufgerichtet, als von Einheimischen abgerissen seyn.

Ein jeder Mensch muß sich zu dem Zwecke der göttlichen Vorsehung gebrauchen lassen; und ist er an seine Heimath nicht so angefesselt, daß er andern nicht dienen soll. Die einzelnen Orte haben ihm das Recht in dem großen Menschenhause, der Welt, Gutes zu verschaffen nicht genommen, so bald er von Gott, und Gehorsam davon

von abgeführt ist. Schon oft sah man Leute in fremden Orten Wunder der Schicklichkeit thun, die in ihrem Vaterlande, unter den ihrigen, in den Winkel verächtlich hingeleint waren.

Joseph war unter seinen Brüdern ein Hader, und in Aegypten war er nach dem Könige der erste Fürst: Achior hörte in dem Lager seiner Spiesgesellen sich Hohn sprechen, und in Bethulien kam er unter die ersten Rathsmänner, und David war von seinem Vater Isai zur Schafhut verwiesen, da er bey Samuel zum Könige gesalbt war. Wie wäre es zuwünschen, wenn so viele herrlichen Talente nicht in dem Schimmel verfaulten, da so viele geringere, wie die Mumien in Aegypten mit unrichtigen Vorurtheilssalben wider den Moder einbalsamiert sind.

II.

Jodoch Blank der zweyte Abt.

Wir waren ihn der Stadt Ehingen schuldig, wo er ein Bürger der Welt zu seyn anfieng, und zu Marchtalls Trost erwuchs. Durch eine geltende, und kanonische Wahl nahm er von der Würde eines Abtes Besitz, und wendete seine ganze Vermögenheit für das geistliche und weltliche Beste in Erhaltung der Klosterzucht, in Erweiterung unserer Bezirken, in Erbauung nothwendiger, und nutzbarer Gebäuden also an, daß er in dem Gedächtniße der spatten Nachkömmlichen allezeit frisch aufzuleben verdienten; ja er hat zur Unvergeßlichkeit noch mehrere Ansprüche, weil er für Marchtall ungemein Trübsaln zu leiden hatte.

Sie kamen schon wieder von Norden über die nahen Alpen her. Schon wieder in Mitten der besten Weinberge wuchs für ihn eine saure Traubenbrühe, die er austrinken sollte; und schon wieder droheten ihm die schwarzen Hirschgeweyhe Stösse, und Spissung. Der Krieg zwischen Siegmunden von Oesterreich, und Eberharden Grafen von Würtemberg machte Schwaben noch große Verdrüßkeiten.

Jodoch zahlte Eberharden ein schönes Geld für dortige Zeiten um inner den marchtallischen Gränzen Friede zu haben; es war angenommen. Allein das Versprechen hatte kein Gepräg von der Aufrichtigkeit; und keinen Werth von der Treue. Ja Jodoch selbst empfand die Schärfe des Grafens auf eine unerhörte Weise.

Zween schnaubende Trabanten des Grafen rumpelten über das Gebirg her. Sie waren Milhans von Winterstetten, und Theobald Bintlin aus der Stadt Reutlingen, die um Geld, und Gunst Glauben, und Gewissen und Himmel feil bothen; und ihre Knebelbärte um die Bezahlung sich aus dem Fleische gerissen hätten, aus selben einen Roßschweif für die Türken zu verfertigen, welche in diesem unglückseligen Jahrhunderte die Stadt Constantinopel hinwegnahmen, und eben um diese Zeit den ersten Einbruch in Deutschland wagten.

Diese zween christliche Janitscharen, oder Spahis, drangen in Marchtall ein, nahmen Jodochen den Abten in seinem eigenen Zimmer gefangen, und führten ihn auf eine sehr schimpfliche Art in Fesseln Stutgard zu. Man hat das Verbrechen des Abtes wider Eberharden noch nicht erfahren; doch sein allen Wohlstand auch unter Barbarn verletzendes Gefängniß wissen wir. Da war die Hofsuppe für den geweihten Arestanten sehr versalzen, für welche er doch tausend Gulden zur Zeche bezahlen mußte, hinfüro von der Tafel bleiben, und bey seinem Klostertische daheim speisen zu dürfen.

Dessen

Dessen ohneracht lud ihn Eberhard auf eine bessere Art dennoch wieder zu sich, als er seinem Bruder Ulrichen das Leichbegängniß hielt; und saß Jodoch unter andern Prälaten an der andern Tafel linker Seits in vollkommener Freyheit, wie wir in den Zwiefaltenschen Annalen lesen. Größere Hulden fand unser Abt bey Friederich dem vierten römischen Kaiser, welcher die Gnadenbriefe aller seiner Vorfahrer für Marchtall geltend zubleiben verhieß.

Jodoch von Alter, und Wiederwärtigkeiten wohl reif fiel dem Tode in die Hände im Jahre 1482. Sein Begräbniß war mit einem rothen Marmorsteine bedeckt, auf welchem sein Name mit einer gothischen Grabschrift zulesen, wenn es möglich ist. Die Verse derselben bringen die Minerva in Harnisch, machen den Pegasus scheu, und verursachen dem Apoll mit den Musen ein heftiges Schnuppen. Wir setzen sie ohne Uebersetzung unten an; und bedauren, daß man für einen solchen Prälaten nichts sinnreichers erdacht hat. (g) Obern, und Vorsteher sind die ersten, auf welche Unheile vermeynt sind, wenn sie über die Ordenshäuser einbrechen. Es ergeht ihnen, wie dem Saul auf dem Gebirge Gelboe, welcher über sein Heer ausragend von den Pfeilschützen vor allen andern in das Auge gefaßt und getroffen wurde. (h)

Sie sind die ersten im Feuer, und wurde es ihnen zur schlechten Ehre gereichen, wenn sie mit Miedlingen die Heerde so gleich verließen, da Wölfe kämen. Der Vater selbst ist die beste Brustwehre

(g) *C quater & semel M duo det ad octoginta,*
Vicesima sexta May quoque corruit ille,
Jodocus Abbas jacet hic in pace sepultus.

(h) Totum pondus prælii versus est in Saul, & consecuti sunt eum viri Sagittarii. 1. Reg. 31.

der Kinder, welche den feindlichen Batterien entgegen steht. Es ist keine Kunst den obern Sitz inne haben, wenn die Sonne scheint, allein auch da verharren, wenn die Wetterwolken Krachen und Blitze speyen, das ist das wahre Merkmaal eines nicht zitternden Oberns. Jodochs Wappenschild zeigte drey Blumen in einem Gefässe.

Das vierte Jahrhundert.

III.

Simon Götz der dritte Abt.

Da folgte ein Landsmann auf den andern, und gereicht es der Stadt Ehingen zur ewigen Ehre, daß sie Marchtall zween Aebte unmittelbar in die Reihe der Prälaten setzte. Doch glauben wir, daß sie ihre Verdienste hierzu nicht so viel ihrem Vaterlande, sondern Marchtall zu verdanken hatten, weil die Klosterzucht das meiste an Ordensleuten thut, was vielleicht die Heimath vernachläßiget hätte. Wenn anders der Verbesserungs Candidat der Hand des säubernden sich geduldig unterwirft.

Simon schien seinen Brüdern tauglich hinfüro ein Cephas zu seyn, das ist ein Felse, auf welchen Marchtall unbeweglicher, als auf seinen Klippen ruhen sollte. Die Sache selbst machte die besten Meynungen von ihm zu unverfälschten. Die Vermehrung der zeitlichen Habschaft, die Gebäude, unter welchen die Wohnung der Aebte nach damaligem Geschmacke wohl ansehnlich war, und vor allen die feine Einrichtung des geistlichen Gewerbes bekränzen den Namen Simons unverwerklich. Die Verherrlichung des Hauses Gottes war die meiste Beschäfftigung seiner heiligen Gedanken. Wir wollen davon die Dollmetschung einer Schrift hier ansetzen, aus welcher wir schlo-

schloßen, daß Simon am Prachte des Tempels nichts vergessen habe. Wenn dieser so viele Kleinodien, als die lateinische Schrift Blumen in sich, trug.

Du würdest, so lesen wir, du würdest allda nicht nur die schöne Orgel, die prächtigen Altäre, sondern alles, was die heiligsten Geheimnissen betrifft, in Licht und Schimmer erblickt haben. Es waren die von Purpur und Seiden verfertigte Messekleider, welche, wie die Rauchmäntel, an dem Saume mit Perlen, und Juwelen besetzt, in der seltensten Stickarbeit spielten. Die Kelche und Opferbecher waren theils goldene, theils silberne vergoldete, die Rauchgefässe und Opferkännchen waren von der kostbarsten getriebenen Arbeit, und durchaus hatte Marchtalls Tempel von Maler, und Bildschnitzer Arbeit die vollkommenste Zierde.

So lesen wir in der Schrift eines Mannes, der den Leviticus Simons meisterlich schrieb. Es ist freylich war, daß die Feder ein künstlicher Werkzeug ist den Dingen mit der Verzierung Kunst und Preis zugeben; und wird der Leser in seinen Betrachtungen oft Schätze sehen, die niemals in der Natur waren. Jedoch können wir von diesen Erzählungen, zu deren Verstehung wir das Wörterbuch Griechenlandes zu Rath nehmen, um desto weniger in Zweifel gesetzt seyn, weil Simon die beste Quelle des Reichthumes in seinen Händen hatte, das ist, das heilige Almosen, welches er selbst unter die Armen reichlich zu vertheilen gewohnt war.

Man ermahnte ihn hierinn gesparsamer zu seyn. Allein, (wie diese Sache P. Biedermann aus der Gesellschaft Jesu, sein Landsmann, mit eigner Hand, nicht als eine Begebenheit aus seinem Utopien, sondern als eine wahrhafte in unsere Jahrschriften schrieb) Allein Simon zog ein mit Gold und Silber beschwertes Kästgen hervor,

vor, wies es seinen Tadlern, und sprach, seinem Vertrauen zu Gott, seiner Liebe zum Bedürftigen, auf die Worte der Schrift: (**Wer dem Armen reicht wird keinen Mangel leiden**). Eine kurze, doch bündige, und mit Darweisung des glänzenden Metalls scheinbare Vertheidigungsrede. (i) Ueberhaupt waren die Tage Simons glorreiche; und wenn sich schon einige Zwiste mit den seinen hervorthaten, so kamen sie dennoch durch kluge Untersuchungen zu einem beglückten Ende.

Simons tödtlicher Abgang von Marchtall war auf den Festtag der heiligen Magdalene angesetzt im Jahre 1514. und sein entseelter Körper hatte seine Ausruhungsstätte in der Kappelle des heiligen Nicolaus an dem nordlichen Theile der Kirche, wo seine Statue das Grabmaal beschönte, welche mit seinen Gebeinen, wie jene seines Vorfahrers von Udalrichen dem neunzehnten Abten in die neue Stiftskirche übersetzt wurde.

Sixtus der vierte, und Alexander der sechste erwiesen ihm beträchtliche Zutheilungen. Otto der vierte Graf von Sonnenberg Bischoff zu Constanz bewilligte ihm seine Gesuche; und Maximilian der erste römische Kaiser ernennte ihn zu seinem Kappellanen; Simon war der erste Reichsprälat in Marchtall, wie er dem Reichsabschiede in dem Jahre 1500 zu Augsburg das erstemal seinen Namen unterschrieb. Er war sehr bejammert, ob er schon einige von den seinen zu etwaigen Gegengesinnten hatte, welche sich aber mit ihm aussöhnten.

Nichts gemeiners unter Menschen als Balgereyen; und, so geheiliget die Gemeinden sind, wird der Geist des Unfriedens dennoch den Saamen der Mishelligkeit ausstreuen. Man muß ihn aber in der

ersten

(i) Qui dat pauperi non indigebit; qui despicit deprecantem, sustinebit penuriam. Prov. 28.

ersten Keimung vertilgen. Das mindeste Wachsthum, so man ihm gönnet verstärkt die Wurzeln so, daß sie auszurotten nicht ein jedes Jäteisen fähig ist.

Es ist die Zankseuche besonders in Klöstern eine gefährliche Unpäßlichkeit. Sie wird Epidemisch, und scheuet alle Pharmacopeen. Sie ist auch für die Nachkommenden erblich, weil die bösen Grundsätze schon den Tyronen zu kommen, und die Verstorbenen als Asceten, und große Männer ihnen angerühmt werden, die doch nichts als Verleumder ihrer Obern und in der Zänkerey Hexenmeister waren. Keine unheilbarere, und hartnäckigere Energumenen sind zufinden, als solche Ordenshäuser, wo sie einmal von dem Beelzebube oder Mückenteufel gegen Obere, und Brüder besessen sind. Simon wählte sich zum Wappenzeichen den Beil eines Fleischhackers, durch welchen ein Abtenstab gesteckt war.

IV.

Johann Haberkalt der vierte Abt.

Ueberlingen eine Reichsstadt am Bodensee war der erste Ort seines irdischen Daseyns; und Marchtall auch das erste seines geistlichen Berufes. Ein Freund der schönen Musen, ein Mann von einem munteren Naturell, ein wackerer Redner, gewann er von männiglich Hochachtung, und Liebe. Von dem Aemtchen eines Kappellans, oder Mithelfers in der Seelsorge zu Seekirch, welcher doch meistens aller Orten auch das Amt eines Kömmlichkeit liebenden Pfarrers trägt, ward er, Johann, in Gegenwart vierer Prälaten von Roth, Adelberg, Weissenau, und Schussenried zum Abten erwählt, bestättiget, und zu Constanz an dem Festtage der Himmelfahrt Mariä eingesegnet.

Er hatte für Marchtall viele, und schleunige Gesinnungen, welche aber in der Theorie größer, als in der Bewerkung erschienen. Die an der Donau gebaute Mühle war eines der besten Gebäuden seiner Architectonik, und hatte den Ruhm eines Wunderwerkes der Kunst vor allen andern von diesem Strome getriebenen Arbeitshäusern des theuren Getreidestaubes. Er leitete das Wasser dieses Flusses durch bleyerne Kanäle in die Höhe des Klosterberges, und schuff Menschen und Viehe hiemit eine große Hülfe. Doch wissen wir von der Dauer dieses hydraulischen Werkes nichts, und sind auch keine Spuren hievon zusehen. Das Schlößgen auf dem Burgberge zu Seekirch war sein von ihm selbst ersonnenes Pathmos, wo er viele Zeit zubracht, und nun in seinen Ruinen liegt; und von dem tiefen Sodbrunnen, in dem er die Thetis vergebens suchte, und den Bachus, das verdrießliche Ausbleiben der Wassergöttinn mit einen guten Trunke zu ersetzen, von oben kommen machte, sind keine Anzeige mehr da.

Er erhielt von Maximilianen dem ersten römischen Kaiser die Regalien, und Hoheiten der Gerichtbarkeit in Marchtalls Bezirken. Uebrigens war er ein Beförderer des Chorgesanges, und liebte die Lesung. Wir haben von ihm noch die mit seiner Hand geschriebenen Syntagmaten, in welchen er seine gute Schreibart, und seinen scherzenden Genie verrieth. Sein Tusculum zu Seekirch streuete ihm sein Todtenlager, wo er nach vier Jahren seiner Abtey verstarb im Jahre 1518. seine Leiche wurde nach Marchtall überführt, und bey der Statue eines ehemaligen Probsten mit einen großen Beutel beerdiget. Weil er schon ein ziemlich kleinern seinem Nachfahrer hinterließ.

Die gute Vernunft muß dem Regenten zu allen Unternehmungen die Fackel aufstecken; ohne diese muß er mit allem, was

er

er unterfängt, taumeln, und für seine Werke an deren Bestand verzweifeln. Es ist eine riesenmäsige Thorheit, wenn man durch etwas seinen Namen zuverewigen sucht, was ohne sattsame Ueberlegung verfertiget, von dem Rathe mehrer eigennütziger, als fähiger Werkmeister unterstützt dennoch zerfällt, und von der Sonne eine kurze Zeit beschienen ist. Dieser Abt pflanzte in sein Wappenfeld ein Reis von dem Baume des Lebens seines Vaterlandes, das ist ein Rebzweig.

V.

Heinrich Stölzlin, fünfter Abt.

Er fieng zu Haslach nächst Roth zu leben an; und opferte sich zu Marchtall dem Herrn durch die feyerliche Gelübde. Er machte sich brauchbar, und stund der Seelsorge in dem Kirchspiele Dieterskirch eifrig vor. Von dar machte er seine unmittelbare Schritte zu der Abtey, wohin er durch eine rechtmäßige Wahl berufen war. Wir würden dem engen Raume dieser Blätter zu vieles aufbürden, so wir alle Gebäude, die er in Marchtall nicht nur ansehnlich, sondern auch dauerhaft aufführte, bemerken sollten. davon freylich einige durch so viele Jahre geschwächet, einige leider! durch plaudernde Anschwätzung gewinnsichtiger Baumeister mit Feuer gesprengt, mit Brecheisen in dem Schweiße des Angesichtes gewalthätig eingestürzt waren; und einige noch stehen.

Zu seinen Zeiten verheerte der Vulkan den Flecken Marchtall in nächtlichen Stunden so rasend mit Beyhülfe eines Sturmwindes von Westen, daß die Feuerfuncken eine halbe Stunde weit durch die Luft flogen. Heinrich sah sich genöthiget den Unterthanen neue Wohnungen zuverschaffen, und entblößte die Waldungen von Eichbäumen so, daß sie wie das Zederholz eine Neuigkeit zu werden anfiengen.

Die Sorge dem Gottesdienste alle nur mögliche Herrlichkeit zuverschaffen war das innerste Geschäfft seiner Brust. Er munterte die Tyronen und Klosterjünglinge zu erfoderlichen Studien auf; und schickte einige, deren Stärke er kennte, auf die damals noch katholische Hoheschule zu Tübingen.

Die Sanduhr seines Lebens lief zu Ende, und er gieng dahin, wo der Herr seinen Dienern eine ohne Menschenhand gebaute Wohnung bereitete nach einer zwanzig jährigen arbeitsamen Regierung im Jahre 1538, den siebenzehnten Herbstmonde. Von Maximilian dem ersten Kaiser, und von Karl dem fünften war er mit höchsten Gnaden angesehen, da dieser Heinrichen den Blutbann nach der besten, und gewöhnlichen Gerichtsordnung ertheilte, und jener Marchtall in den Schutz nahm.

Sein Begräbniß wurde mit seinem Bildniße in Marmorstein beehret, und ruhen nun auch seine Gebeine in der neuen Kirche in der Kapelle des heiligen Märtyrers Ursazens. Das Schwert stehet mit dem Abteystabe nicht uneben an dem Wappenschilde eines Prälatens. Er ist dessentwegen kein Kaiphas in dem Synedrion, der nach Blut des Gerechten dürstete. Die strafende Gerechtigkeit ist eine der gemeinen Sicherheit aufhelfende Tugend; und obwohl geistliche Vorsteher eben auch, wie die Synagog, sagen müssen: **Es ist uns nicht erlaubt jemand zu tödten.** (k) So sind schon andere da, die der Bosheit auf Nacken, und Hals verdienstlich kommen mögen, und Beamte heissen.

Auch diese müssen dem Rechte des Schwertes Ehre machen, und von der heiligen Hitze der züchtigenden Gesetzen beflammt seyn, damit die frostige Natur nicht allein Duft und Eiszapfen an die Gälgen

(k) *Nobis non licet interficere quemquam.* Joann. 18.

Gälgen hinhänge. Sie müssen die Arbeit in Untersuchung der Gebrechen nicht scheuen, noch viel weniger bey der Ausbrechung der Missethäter eine stille Freude hegen. Die strafende Gerechtigkeit bringt nicht weniger Ehre, als jene die Zwisten entscheidet, und Processe schlichtet. Es bleibt einem Landesherrn allemal die Gnade denen das Leben zuschencken, welche selbes verwirkt haben, so ein Stück der herrlichsten Regalien ist. Heinrich führte der erste unserer Aebte das Schwert mit dem Stabe gesellet, und zwischen selben drey Blumen, welche aus so vielen Hügelchen aufsproßten.

VI.

Johann Gudin der sechste Abt.

Seine Aeltern, die sehr ehrbar waren, lebten in Uttenweiler einem itzt Marchtall zugehörenden Flecken, und eben da kam er durch sie in die Welt. Seine fruhzeitige Fähigkeiten setzten ihn bey unsern Chorherren in eine besondere Achtung, und er war ihnen zugesellet. Er lief durch zerschiedene Klosterstellen zu allseitigem Vergnügen; und wurde auch mit der wichtigen Seelsorge zu Munderkingen beschäfftiget. Er brachte sich durch seine unermüdete Anwendung bey seinen Mitbrüdern in eine solche Schätzung, daß er endlich zur Prälatur nach Heinrichen erhoben wurde.

Johann tratt seine Geschäffte mit gefaßtem Muthe an. Er geduldete unter den seinen nicht das mindeste, was einem Ordenshause Unordnung machen konnte. Er theilte ihnen alle Stunden ein, damit sowohl der Dienst des Herrn, als auch die edlen Studien ihre angewiesene hätten. Er verschickte einige seiner Besten nach Freyburg im Breisgau, und geboth ihnen dreiste, nicht als flüchtige Stutzer, morsche Universitäts Früchtgen, Misbraucher der Freyheit, unnütze Verschwender der Köstten, lüftige Sailtanzer, sondern als Gelehrte anheim zukommen, und den Ordensmann niemals zuvergessen.

Für die Kranken erbaute er eine Wohnung, aus welcher sie dem heiligsten Opfer in der Kirche beywohnen könnten, und immer dem höchsten Gute nahe wären, welches sie als den erfahrenſten Archiater, und Arzten, wie die Kranken in dem Evangelium, um Hülfe anflehen sollten. Durch seine Bestrebung stieg ein schöner Kirchthurme in die Lüfte.

Er bracht auch ein wohltönendes Geläute in selben, das Volk zum Gebethe, und Opfer zurufen, und den Bethstunden ihre Zeit anzukünden. Er war nicht nur in dem Kenntniße einer ordentlichen Wirthschaftung sehr erfahren, sondern der Polizey und Staatswissenschaft so kündig, daß die Großen ihn für ein Orackel, und als einen würdigen Präsidenten des Kammergerichtes zu Speyer erkennten, wenn er diese erhabene Würde nur anzunehmen sich hätte entschließen können; doch konnte er das wichtige Amt eines unterverordneten Subdelegaten, in Untersuchungen desselben nicht von sich schieben, so ihm der hochwürdigste Reichsfürst von Kempten, und die hochwürdige Versammlung der schwäbischen Reichsprälaten auftrugen.

Wie geschah es aber doch, daß ein so witziger Kopf, ein so kluger Nestor von der Schwermuth, und schwarzen Galle jähling wider alle angewendete Mittel der besten Machaonen also mitgenommen wurde, daß er seine Abtey entlassen mußte, und mit dem Gefühle seiner Wehetagen, endlich seinen erleuchten Geist zu jenen Lichtern schickte, welche sich mit finstern Gemüthern nicht betragen, und bey dunkeln Seelengrillen nicht scheinen können.

Sein Leib wurde in der Kapelle des heiligen Nicolaus dem Moder überlassen, da dem Angedenken eines so großen Mannes eine Statue verfertiget wurde, die aber in Kriegen muß zerschmettert worden seyn. Sein Wappen zeigte einen Baum, auf dessen Gipfel ein Vogel in dem Neste saß, und um welchen drey Sterne zusehen waren. Große Geister! witzige Männer! zittert an dem Verhängnisse, welches euch auf einen Schritt von der Akademie in das Dollhaus übersetzen kann. Beuget euere sinnreiche Köpfe unter der Gewalt des Herrn, und wisset daß nur jener den Namen eines Staatsmannes verdiene, der Gott giebt was Gottes ist, und dem Kaiser was des Kaisers ist.

VII.

Christoph Boner siebenter Abt.

Buchau die Reichsstadt an dem Federsee, so geringes Ansehen sie hat, wenn wir nicht ihre Rechte, sondern ihre Lage ansehen, zeugte Marchtall diesen Reichsprälaten. Unter uns aufgenommen brachte er sich in seiner Aufführung so weit fort, daß er durch eine unverwerfliche Wahl zum Prälaten ausgerufen war. Er wird als ein für Marchtall sehr bekümmerter Herr angerühmt; und er hatte Ursache dieser zu seyn, weil die schwärmernden Protestanten, die in Sachsen ausgeheckte Lutherthumssekte, das ganze Reich in die beweinenswürdigste Umstände versetzten, dem wahren Heiligthume fluchten, der katholischen Kirche, dem Felsen des Petrus die Zerschmetterung droheten, und gegen die Gotteshäuser und Klöster, also auch gegen Marchtall, eitel Gift spieen. Sie, diese aus dem Neste eines Gott, und der Kirche meyneidigen Apostaten, und ausgelaufenen Mönchens hervordringende Wepsen, flatterten auch in unserm Gotteshause um.

Der

Der gute Prälat hatte sich und den seinen öfters mit der Entweichung zurathen, litt unglaubliche Beklemmungen, und schmachtete in tausend Kümmernissen, Marchtall von dem Anfalle dieser nach Aufzehrung geistlicher Stiftungen hungernden Räubern zu sichern. Er hatte auch jene besonders zu einer Vertheidigerinn, welche nach den Worten der Kirche alle Ketzereyen bemeisterte, und Maria ist. (1) Seine Ergebenheit gegen dieser großen Königinn der heiligen Kirche machte sich auch werkthätig, da Christoph ihr zu Ehren eine Kapelle erbaute, in welcher die Dienstbothen des Klosters täglich die Fruhmesse anhörten, und bey ihrer fruhzeitigen Gegenwart das laibchen Brod ihrer Besoldung empfiengen. Ja, Marchtall, so sehr es die Protestanten zum Zwecke ihrer muthwilligen Wünschen immer in dem Auge hatten, war ihren losen Begierden niemals Preis gelassen; sondern er hielt sich, und seine Bezirke bis daher von den Pest- und Eiterbeulen der Heterodoxen frey.

Christoph hatte aber von der allgemeinen Sterbseuche keine Ausnahme. Der Tag seines Namens, und seines Taufpatronens war ihn tödtlich, denn als er zur Mittagstafel gieng, und die Hände wusch befiel ihn eine schwere Ohnmacht, und Entgeisterung seiner Kräften, wurde zu Bette getragen, und gab seine Seele nach wenigen Tagen auf im Jahre 1559.

In diesen Zeiten rührten die Bauern, und Ackersleute die Trummel, zerstörten alles, was ihnen unter die grobe Finger kam, und waren hauptsächlich den Klöstern gehäßig, wie wir in ihren Jahrbüchern nicht ohne schmerzliche Rührung lesen. Doch finden wir in den unsern nicht die mindesten Anzeige, daß diese pflugende und in ihrer mit Wagenschmiere gebrämten Feldmontur fechtende Krieger Marchtall nur den geringsten Schaden zufügten; wir glauben

(1) Cunctas hæreses sola interemisti. Eccles. in Respon.

ben nach der Uebergabe, daß sie unserm Gotteshause nur darum verschonten, weil sie von Bedrückungen nichts wußten, und also von dem Geiste der Empörung wider uns sich keine Waffen schmieden ließen.

Christoph machte seinen Geschlechtsnamen in seinem Wappen durch zween übereinander gezogne Bonenstengel offenbar, und war er nicht von jenen, die in ihren Schilden ein ganzes Gehäck von Thieren und Vögelfüßen, Köpfen, Flügeln und so weiters, führen, und mehrere Felder in selben, als auf den Fruchtfluren zählen. Der Unterthan bleibt immer in der Ruhe, wenn er in dem Antlitze seines Landesherrn väterliche Züge sieht; er wird aber zur Aufruhr gereitzt, sobald er von Last und Bürden wider alle Grundsätze der Menschenliebe gedrückt beynahe den Athem verliert.

Woher hat der Herr seine Nahrung als von dem Ackersmanne? Und wer diesen mit aufgedrungenen Frohndiensten, Ausmergelungen, Getreidverderbungen durch das übertriebene Forstrecht an den Bettelstab setzt, ist es Wunder, wenn er seines Elendes keine Gränzen sehend anstatt dessen nach Feuerröhren, mit Eisen beschlagenen Dröschflegeln, und unfreundlichen Morgensternen greift? Bewahr uns der Himmel, daß wir den grausamen Aufstand der Bauern rechtfertigen wollen; nur sollen Regenten wissen, daß sie mit einer sanften und christlichen Beherrschung selbe in dem Range der Kinder zu behalten verbunden sind, weil sie ihre Väter auf Erden, ihre irdische Schirmgötter, ihre Wohlthäter heißen; und seyn sollen.

VIII.

Christoph Schenz der achte Abt.

Als ein Bürgerssohn von Munderkingen langte er zum geistlichen Bekenntniße des Ordensstandes in Marchtall an; und machte von sich gute Hoffnungen eines zu allem tauglichen Menschen. Unter andern Wirkungen seines von Gott erhaltenen Pfundes war die Seelsorge, zu welcher er mit Wissenschaften, Leutseligkeit, gutgesetzter Redekunst, und unsträflichen Wandel überflüßig versehen war. Er stund zu Bierlingen der Pfarrey Verwaltung mit allgemeinem Beyfalle vor; und waltete kein Bedenken, daß man ihn zur erledigten Abtey nicht tauglich erkennte.

Sie war ihm zutheile; und er schuff allen klösterlichen Uebungen einen unsträflichen Fortgang. Seine Freundschaft, die er den Musen gönnete, trieb ihn zur Aufrechthaltung der Gelehrsamkeit ungemein an. Dieß war die Ursache, daß er einige auf die Hoheschule zu Freyburg, und Jakob Hessen, der nach ihm der dritte und vortrefflichste Prälat war, nach Ingolstadt schickte. Auch die Wirthschaft würde keine Unpäßlichkeit gefühlt haben, wenn er durch die Schlauchheit seiner nicht wohl rathenden Beamten, und durch die davon zu betrügen gebrachte Lehenmänner der Klostergüter hierinn nicht wäre getäuscht worden.

Er sah die Wunden der Haushaltung später ein, und schob Amt und Würde von sich, weil er kein Galaad wußte, in dem er ein Herzpflaster, selbe ohne Narben zu schließen, holen möchte. Zweymal als entlaßner Abt nahm er die sehr ruhige, und auch einem alten Apostel noch kömmliche Seelsorge zu Saulgart zu seiner Beschäftigung, und erfüllte seine Hirtenpflicht rechtschaffen. Endlich gieng er in seinen Ruhesitz zurücke, und warf sich dem strengen Todes-

Todesgesetze mit der allerbesten Zubereitung unter im Jahre 1589, dem neunzehnten nach seiner Abtretung. Er wurde nächst der Todeskappelle der adelichen Herren von Hoheneck verscharret; und Abt Johann Riedgasser setzte ihm zur Ehre sein Bild in Stein auf, davon wir aber nichts gesehen haben.

Ein Ordenhaus darf sich gute Beamte, und wohlmeynende Räthe zu einem seiner kostbarsten Kleinodien rechnen. Man bedarf ihrer zu großen Geschäfften, in welche sich Ordensmänner nicht einzumischen haben; und es ist billig, daß man sie schätze. Doch hat ein Prälat auf ihr Thun zu sehen, und auf untrügliche Proben ihrer aufgeschwornen Treue sorgsamst zu denken. Sie sollen in ihrem Fache die Geltung haben, doch soll man sie zu klösterlichen Verordnungen nicht anders als räthselhaft gebrauchen.

Das gar zu große-Verständniß mit den Unterthanen ist oft von bösen Folgen; und wenn sie diese auf einer Achsel tragen, wird die andere für das Wohl des Gotteshauses meistens die schwächere seyn. Ihre Gutachten sind in Sachen ihres Berufes der Ehre, und des Beyfalles würdige; es müssen die Rechte ihnen wohl beywohnen; und das Christenthum selbe unterschultern. Es ist nicht genug des Justinians gute Kenner zu seyn; wenn sie von den Institutionen des Evangeliums keine Liebhaber, oft lästerliche Verachter sind. Besonders wenn sie von unkatholischen Akademien eine Rechtsgelehrtheit ohne Gewissen mit sich bringen. Christoph Schenz drückte in sein Siegelwachs einen Baum, auf welchem eine Taube nistet.

Das fünfte Jahrhundert.

IX.

Konrad Frey, neunter Abt.

Aus den Fätschen von Munderkingen wuchs er zum weissen Ordenskleide auf, so ihm Marchtallsstift anlegte. Die Aurore seiner Jugend war schon so behellet, daß wir aus ihrem Schoose eine günstige Sonne für uns fröhlich verhofften. Nur Frey von seinem Geschlechtsnamen war er, da er sich durch den Gehorsam aller Orten hinbringen ließ, wohin seine Obern ihn füglich achteten. Das Kirchspiel zu Kirchbierlingen hatte unter seinem Hirtenstabe alles zu genießen, was ihm ersprießlich war; und er schritt von dieser Pfarrey zu dem Amte eines Oberhirten in Marchtall, eines Abtes, hinauf.

Der nämliche Tag, an welchem sein Vorfahrer den Stab aus den Fingern ließ, gab ihm diesen ohne Verzögerung; und er wurde in Beyseyn der hochwürdigen Aebten Michaels Hablizel von Weissenau, damaligen des Ordensgeneral Verwalter unser Circarie, Martin Ermans von Roth Vater Abtes, und Benedicts von Schussenried oder Soreth in seiner Würde bestättiget, und von dem hochwürdigen Herrn Jakob Eliner Suffragan zu Constanz und Bischoffe zu Ascalon in Palästinen eingesegnet.

Der Anfang seiner Gebiethung war der Anfang seiner Arbeiten. Er hatte keine müßige Augenblicke, und er schaute sich nicht lange auf die glänzende Dinge seiner Würde um, sondern ohne die mindeste Verweilung nahm er das Steuerruder in die Hand, den Fahrzeug seines Klosters von den Klippen und Sandbänken hinweg zu bringen, wo es zur Scheiterung oder Strandung hingelaufen war. Die Liebe gegen seine Kinder war außerordentlich, und er wollte sie ihnen

nicht

nicht nur mit Worten, sondern mit Werken darlegen. Er geistete ihnen den heiligen Eifer in allen Stücken ihres Berufs zu; zierte das Haus des Herrn mit einem schönen pnevmatischen Orgelspiele, beförderte die Neigung zur Gelehrsamkeit, erwies jenen sonderheitliche Gnaden, die sich in dieser hervor thaten, und schickte die Fähigere auf die auswärtigen Hohenschulen.

Für die in die Haushaltung gemachten Klüften machte er die klugsten Vorkehrungen. Er schloß die aufgerißne unnöthige Schleussen, durch welche die Klosterrenten abfloßen; und legte Kanäle, sie dahin zu bringen, wo sie erfoderlich waren. Für die Unterthanen hegte er eine Geneigtheit, wie sie es verdienten, der Strafwürdige lief ihm an seine Faust, und der Getreue an seine Brust. Einigen, und nicht wenigen, zeigte er mit Ernst und Schärfe den Weg zur Herrschaftscheuer, wohin sie die dem Lehenherrn schuldige Fruchtgarben führen sollten, da sie selbe vorher durch den Wegweiser des diebischen Eigennutzes verleitet, ohne Scheu, in die eigene Kornkämmern einbrachten, und dem Gotteshause auf schelmische Art einen schrecklichen Schaden verursachten. Kein Mensch misbilligte sein strenges Verfahren, weil er nur die Ungerechten auf die Hechel nahm, und andern unschuldigen Nothleidenden alle nur mögliche Beystände verschuf.

Maximilian der zweyte, und Rudolph der zweyte Römische Kaiser begnadigten ihn für das Gotteshaus, und für die Unterthanen mit großen Privilegien, welche auch nachmals Ferdinand der zweyte erneuerte. Zu seiner Zeit befahl Gregor der dreyzehnte Römische Papst dem Ordensgenerale, Franzen von Pruet, des allerchristlichsten Königes Almosengeber und Rath, den Besuch des ganzen Instituts von Prämonstrat vorzunehmen. Er kam auch nach Marchtall, und gieng von dar, in Erwägung des seine Pflichten aufs genauest erfüllenden Prälatens bestens zu frieden, fort.

Auch der hochwürdige Herr Felician von Ringuarda, Bischoff zu Scala, des Erzbischoffes zu Salzburg Gesandter auf dem Trientischen Kirchenrathe, kam als päbstlicher Legat in Deutschland die Ordenshäuser und ihre Verfassungen einzusehen. Auch er fand Konraden als einen untadelhaften Vorsteher, und rettete ihn aus den Nachstellungen seiner Widersächer, da er, Konrad, in dem itzigen Reichsgotteshause Ottobeuren bey acht Tagen wohlgehalten dem Legaten seine Unschuld erprobete.

Von dem Schlagflusse endlich berührt kam er in den letzten Lebenshauch von siebenzig Jahren seines Alters beladen, und seine Gebeine wurden in einem mit seiner Bildniß bemerkten Grabe dem Schoose der Erde anvertrauet, im Jahre 1591. Während seiner Regierung brach die erzörnte Nemesis wider boshafte Leute in eine fürchterliche Strenge aus, da der damalige Beamte Bernard Bitterlinn nicht nur die erdappten Kloster- und Scheurendiebe zu Schwert und Galgen verwies, sondern auch mehr als dreyßig Zauberinnen mit etlichen Männern aus den Ortschaften des Gotteshauses auf den brennenden Scheiterhaufen schickte.

Was denken itzt die heutigen Anwalden der Hexen? Welche Gesichtszüge machen sie an diesem Verfahren? Lachen sie in die Faust oder zörnen sie? Diese Wohlredner für die mit dem Satane in dem engsten Bündnisse stehende Abfäume des Menschengeschlechtes? Diese Vertheidiger der abgeneigtesten Feinde der Welt, der unverschamtesten Verläugnern Gottes, und Anbethern der Teufel? Werden sie ferner die schändlichsten Bosheiten zu histerischen Krankheiten, und entschuldigungswürdigen von der verderbten Natur verursachten Vergehungen hinschreiben? Warum halten sie nicht auch ihren Beschirmungsschild auf die Häupter der Dieben, den Mörder, denen sie eben so gut, eben so gründlich die Freyheit von den strafenden Gesetzen bewerten möchten,

ten, weil sie etwa unter dem Planeten des diebischen Merkurs, oder des wüthenden Saturn gebohren, ihren durch die Einflüsse erhaltenen Leidenschaften zu widerstehen keine Freyheit besitzen? Die Hölle wird ihnen Dank sprechen, daß sie mit lasterhaften Seelen ihre Gewerbe ungestört treiben könne; und sie selbst, diese Witzlinge, werden desto weniger von den Zaubereystrafen zu befahren haben, weil sie in den Beweisen, daß die Zauberey ein Unding, eine Erfindung der Albern, eine Träumung unmenschlicher Richter sey, wohl gar keine Hexenmeister sind, da man sie des Gegentheiles schon so oft überführt hat. Konrads Wappenschild hatte den Beil eines Fleischhackers mit einem selben durchdringenden Abtenstabe, und zweenen Sternen in sich.

X.

Johann Riedgasser der zehnte Abt eines seligen Gedächtnisses.

Seekirch, ein Ort unsers Gebiethes, bracht ihm das Tageslicht zu ersten in die Augen; und er trat als ein guter Jüngling in Marchtalls Kloster ein. Er wurde von der Pfarrey Unterwachingen zur Prälatenstelle eingeführt, und von Martin Ermann, Ludewig Mangolden, Aebten von Roth und Schussenried dahin begleitet, und der hochwürdige Herr Balthasar Wnorer, Weihbischoff von Constanz und Bischoff zu Ascalon segnete ihn ein, wobey die umliegende adeliche Nachbarn zahlreich erschienen. Seine Sitten, aus welchen die Heiligkeit eines vollkommnen Ordensmannes glänzte, hatten die Stärke, die Untergebnen zu allen Stücken der Gottseligkeit im Tempel, im Kloster, und auch in der Welt aufzueifern.

Er stattete dem Höchsten nicht nur alle Tage das heiligste Opfer ab, sondern er wohnte ebenfalls täglich, wenn die Geschäffte ihn nicht zurück hielten, der ersten und letzten Messe bey. Bey dem heiligen Chorgesange fand er seine Wonne, und erschien er allemal in der mitter-

mitternächtigen Mette, und bey den Vesperpsalmen, so ihm keine Hinderniß aufstoßte. Liebe und Furcht war sein Gewinn, so er sich von seinen Kindern zuzog, ohne welche Regenten armselige sind. Die erste erwies er den Rechtschaffenen reichlich, da er die andere Mindergerathene empfinden, und in sehr strengen Bestrafungen erfahren lies.

Das Gelübd der heiligen Armuth hielt er selbst so genau, daß er alle Jahre den ältern des Convents seine Abteyrechnung zur Beurtheilung seiner Wirthschaft vorlegte, und sich allen geistlichen Vorstehern zum Beyspiel aufwarf, wie sie ihre Mitbrüder mit einer verheelten Berechnung, mit eigenmächtiger Verwaltung des Klosters, mit kahlen Wendungen, und Zurückhaltungen ihrer Einnahme und Ausgabe, als hätte niemand, dann sie alleine, davon ein Kenntniß zu haben, nicht täuschen, sondern ihr gutes Gewissen mit einer muntern Seele an Tage geben sollten, weil sie nur Verwalter der klösterlichen Renten wären. Er hatte auch alle seine Nachfolger hierinn zu Nachahmern, und ist ein Gotteshaus dennoch getröst, wenn es seinen Abten in so aufrichtigen Verfassungen sieht. Er foderte aber auch hingegen von allen in Aemtern stehenden das genaueste Verzeichniß ihrer Wirthschaftung, die heilige Armuth von Verletzungen zu bewahren. Niemand wider sich aufzubringen, verpflegte er seine Söhne durchaus mit allem Benöthigten, und richtete ihnen das Schlafhaus kömmlicher ein, wo sie aber nicht die edle Tagesstunden mit Schnarchen verschwenden, sondern nur die Nachtruhe suchen sollten.

Die Studien der seinen lagen ihm an dem Herzen; und darum sendete er die mit bessern Talenten staffierte nach Würzburg, Freyburg, und Dillingen ab, die er nach der Wiederkehre auf das schärfste prüfen ließ, ob sie in den Wissenschaften einen guten Fortgang, und keine einsweilige Faulenzer gemacht hätten. Der Ordensgeneral von Prämonstrat

monstrat, Franz von der langen Wiese, de long Pré, besuchte ihn in Gesellschaft Servazens von Layrvelz, Abten zu unser Frauen in dem Walde; und waren diese zween Franzosen von dem Eifer unsers Prälaten, als einer in Gallien großen Seltenheit, so erbaut, daß sie seiner Regierung hundert Jahre wünschten.

Was das Vaterherz Johannes sehr quälte, war eine verwunderliche, und zumal schreckliche Seuche, welche in das Kloster einbrach, und die Nachkömmlinge noch heute zittern macht, weil sie beynahe keine natürliche, sondern vermuthlich eine verzaubernde war. Sie, diese fürchterliche Seuche, rafte so viele, auch der wackensten Männer, hin, daß wir von dem Reichsstifte Schussenried einige zum Fortgange der Klosterübungen zu berufen hatten.

Sie, die erbarmungswürdige Chorherren, stunden in vollkommenster Gesundheit von dem Tische auf, begaben sich in den nahe anliegenden Garten ihrer Gesundheit eine frische Luft und Bewegung zu verschaffen, da sie sich jählig in einem Wirbel umdrehten, mit einem großen Geschreye zur Erde fielen, und gleich darauf den Geist aufgaben. Johann zerfloß beynahe in Thränen bey so vielen Leichen der seinen; er warf sich vor dem Throne Gottes mit dem Reste der Unbeschädigten hin, und er erhielt das Ende dieser scheußlichen Wehetagen.

Mit Ludewigen, Herzogen in Würtenberg, einem gegen Marchtall gnädigsten Fürsten, lebte er im besten Verständniße, erhielt von ihm beträchtliche Gnaden, welche daher rührten, weil der mit jedermann freundliche, und besonders gegen Große mit Ehrfurcht begabte Prälat Hochselben auf das Fest dessen Beylagers, und dessen Geburtstages eine große Menge der außerlesensten Krebsen aus unsrer Donau zum Geschenke übermachte, davor der mit Großmuth und Erkanntlichkeit begabte Fürst ihn mit Hirschen und andern Gnaden zu belohnen wußte.

Johann erkrankte, und da ihm der heilige Ulrich Bischoff zu Augsburg in der Todesstunde zu einer süßen Tröstung erschien, gab er diesem seinem allezeit werthesten Schutzheiligen seine Seele zur glüklichsten Reisgefährtinn in Himmel mit, an dem Festtage der heiligen unschuldigen Kinder, des Jahrs 1599. Die Fürsten bedaurten den Verlurst dieses großen Prälaten, denen er so wohl zu begegnen wußte.

Ein sicheres Geheimniß ist es, daß sich ein Prälat um mächtige Fürsprecher umzusehen habe; und wo findet er sie, als unter dem erhabenen Adel? Er muß zwar nicht auf Verschwendungen bedacht seyn, welche gemeiniglich von Menschen eines höhern Standes mit der größten Kriese angegangen, und auf gar zu übertriebne Scheinbarkeiten der Klöster ihre Vermögen in einer Uebermaase berechnet werden, die in der That nicht so sind. Nein! solche Ueberschreitungen der Kräfte, und der klösterlichen Sittsamkeit, machen Klöster zu Feinden; sie begnügen sich, als mit Vernunft begabte, an dem wenigern, und an der Aufrichtig- und Gastfreygebigkeit eines Prälaten; und sie entschuldigen auch einen etwaigen Mangel als selbst gute Haushälter in ihren eigenen Burgen, weil sie nicht auf den Speisenkünstler in der Küche, sondern auf die ergebenste Gesinnung des Gastgebers sehen, welcher nicht so viel die Tiefsinnigkeit des Würzers, als die Säuberlichkeit beyzutreten hat. Johann ließ sich in sein Pettschaft ein Mosrohr, oder schwarzen Riedkolben zwischen zwoen Lilien stechen.

XI.

Jakob Heß, der eilfte Abt, eines seligen Gedächtnisses.

Wer wird uns die Farben liefern, und wer wird uns ihre Mischung lehren, das Bild eines Prälaten zu verfertigen, den wir der Welt zur ewigen Herrlichkeit unsers Gotteshauses unter das Auge

stellen

stellen müssen? Jakob war es, dessen Leben große Tomen verdiente; und dessen Thaten in Marmor und Porphyr eingehauen seyn sollten.

Wir sind in unsern Ausdrücken nicht zu schwülstig, und wir haben das Recht, sie zu behaupten. Die weit aussehenden Vorsehungen des Herrn bestimmten ihn groß zu werden; und eben darum nahmen sie ihn aus dem Staube, auf daß er desto greller in seiner Erhebung scheinen sollte. Es ist freylich eine Großheit von einem adelichen Stammenbaume getrieben an Aesten gesehen zu werden, die mit der Heraldik der edeln Ahnen prangen; doch ist es eine gemeine Sache, daß derley Gewächse schon Ehren bestimmt sind, wohin ein gemeiner vom Stande so leicht nicht gelangen kann, wenn jener die Leiter nicht dem Fuße unterlegt, der den Bedürftigen aus dem Kothe nimmt, und unter Fürsten setzt, wie Anna des Elcana sagte. (m) Wir wollen der Wahrheit zum Zeugen werden.

Jakob kam in einer solchen Dunkelheit zur Welt, in welcher man nur Schlechtigkeiten suchen sollte, wie man auf einem öden Felde keine Narcissen, Tuberosen, Ranunkeln und Tulpen finden mag.

Gütlhofen, eine Einnöde, ein unachtbares Weiler, oder Dörfgen unsers Gebieths sah ihn von armen Aeltern zur Welt kommen. Schon seine kleine Augen waren Sterne, die in einem erhabnern Horizonte ihre Höhe erlangen sollten; und die kleine Kinderhaube war der verächtliche Vortrab jener Infel, welche er in Marchtall der erste an seiner Stirne zu tragen verdiente.

Er konnte als ein Knab die Gaben seines Geistes nicht verhüllen. Man bemerkte in ihm treibende Aufkeimungen einer vortrefflichen Ernte; und man ließ ihn die mindern Schulen durchlaufen, welches ihm

(m) De pulvere suscitat egenum . . . ut sedeat cum principibus. 1. Reg. 2.

ihm die besten Gönner verschuf, die ihn in das Kloster aufnahmen. Seine Befleißung, sein fruchtbares, und von selbst wucherndes Pfund bereicherte ihn mit der Gnade des damaligen Abtes Christoph Schenzens, daß er nach Ingolstadt zu erhabnern Musen geschickt war. Fähig zu allen Aemtern machte er seinen Fortgang stufenweise, und leistete aller Orten genügen. Seine letzte Stelle unter den Gemeinen war die Pfarrey Saulgart, wo er in engen Bezirken Großthaten des Apostolischen Eifers von sich merken ließ; und täglich an diesem Orte der Pilgerschaft in die Kirche gieng, welche von einer Höhe, auf seinen im Thale und Sumpfe ferne liegenden Pfarrhof mitleidend herab sahe.(n) Da lernete er seine Gänge zu machen, und von dar machte er auch seine Schritte zu der Stelle eines Abtes in Marchtall.

Die Aebte von Roth und Soreth, Balthasar und Ludewig, gaben seiner Wahl die Geltung im Namen des Ordensgenerals; und der hochwürdige Suffragan von Constanz Johann Jakob Mürgel, Bischoff zu Sebaste in Armenien, reichte ihm die abteylichen Kleinodien. Die Freude, einen gottseligen Nachfolger auf einen gottseligen Vorfahrer zu sehen, war allgemein; und war kein Tag der vorgehenden Einsegnung jemals hier so prächtig, als dieser. Es waren nicht nur die ernennten Ordensäbte, sondern auch zween Prälaten von Zwiefalten zugegen, deren der erste wirklich allda regierender Michael Müller, und der zweyte abgetretener Georg Rau und zugleich Probst zu Mochenthal war.

Die hochadeliche Nachbarn erschienen zumal. Sie waren Johann Christoph Schenk von Stauffenberg, Landvogt zu Ehingen. Jakob von Stein zu Uttenweiler, Heinrich von Stein auf Rechtenstein, Wolfgang Theodorich von Stadian, Ulrich Speth auf Untermarchtall, Philipp von Nippenburg auf Grunzheim, und zween Herren Reichlin von Meldegg auf Waisenburg.

Die

(n) In loco peregrinationis. Ps. 118.

Die Welt sah in diesem Gepränge, was wir an Jakoben glorreiches hoffen könnten. Seine erste Bemühung hatte die Zucht des Klosters, die Herrlichkeit des Tempels, die Frömmigkeit der seinen zum Gegenstande. Er kam auch in diesen Stücken so zum Ziele, daß schon wider die für Deutschland gar zu sehr besorgten Franzosen des Ordens von Prämonstrat Servaz Layruelz Abt zu unser Frauen im Walde und bevollmächtiger allgemeiner Verwalter des Generals mit dem Erzprior von Prämonstrat Peter von Rieu, die auf eine Synodalversammlung des Ordens nach Ursperg reiseten, alles bewunderten; und sich in Frankreich derley Beyspiele auch zusehen herzlich wünschten.

Jakob verfügte sich ebenfalls dahin, und seine Glossen waren bey den Vätern des besagten Prämonstratenser Synodus nichts denn Orackeln. Jakob führte in Machtall alles Thunliche ein, was unsern geistlichen Landständen verordnet wurde; besonders jenen Verfügnissen warf er sich mit Ehrfurcht unter, welche nicht nur Ersinnungen einiger gebietherischen, und hypermystischen Klüglingen, sondern Vorschläge bescheidener, und vernünftiger Väter waren. Welche keine übertriebene Neuerungen lieben, nur billigen Gesätzen beystimmen, und selbst zuhalten bereitwillig sind.

Er verbannte alles, was die Eitelkeit, der leichte Sinn in das Ordensgewand nach und nach einflickte. Er wollte sich durch waßerley Vorstellungen von der klösterlichen Einfalt nichts benehmen lassen, welche einen Religiosen vor Gott und der Welt ehrwürdig macht. Nach der Regel des heiligen Augustins mußte der Ordensmann von allen und jeden durch lüftige halbgeistliche eingeschlichene Moden in Kleidern und Haaren losgemacht seyn; und von der Schätzung der heiligen Armuth aufgebracht verboth er unter schwerer Ahndung, daß ein Privatordensmann, der in keinem Amte stund, nur das mindeste Geld bey sich führe, selbes zu einem Spiele aussetze, und dem apostolischen Leben der ersten Jünger Jesu zuwider handele.

Er sprach von diesem Hauptstücke eines Klostermannes bündig, und er überwies alle, die dagegen waren, daß ja ein solcher mit allen Nothwendigkeiten versehener, und eben daher glückseliger, aller Sorgen von zeitlichen Dingen entladener Religios keines Geldes bedürfe, und keines sonderheitlichen Zellebeutels nöthig hatte: er hielt ihnen die Verächtlichkeit eines armen Klostergeistlichen vor, der im Angesichte der Welt, wie ein Werber, auf dem Platze mit Gelde erscheint, selbes, wie ein Zöllner, auf den Tisch hinwirft, und auf den Spielbänken einen unachtbaren Pamphili macht. Er sah dessentwegen in Kleidung, Kost, Wohnung, erlaubten Gemüthsergötzungen allen seinen Söhnen aufs beste vor; und sie fanden selbst, daß sie eines heimlichen Vorrathes nicht benöthiget wären, sondern unter einem so lieben Vater gar wohl, und standmäsig leben könnten.

Die allen gemeine Kleiderkammer, die für alle gleiche Küche, und Keller hatten Jakoben zu einem besten Stifter, welche Dinge zur Erhaltung der Liebe, und Einigkeit eines Klosters unentbehrlich sind. Auf die gute Beschließung der Kloster Bezirken sorgfältig gestattete er niemals das Thüren, und Schlösser gebrächen. Er wollte das Heiligthum der heiligen Einöde durch kein Gewerb mit Weltleuten stören lassen. Da war er ein Kluger beobachter aller Schlüsseln, und rechnete er einen geheimen Dieterich zum größten Verbrecher; so gut Salomon die zwo Städte Bethoron mit Pforten, Riegeln, und Schlössern verwahrte, (o) so wachbar war er die Klausur des Ordenshauses bey Tag und Nacht zu versichern, allen Zugang von Weibsleuten, wessen Rang und Standes sie immer waren,

(o) Habentes portas, & vectes, & feras. 2. Paral. 8.

ren, verbannte er mit dem heftigsten Ernste; und schien es ihm eine Thorheit, wenn ein Ordensmann die Fenster seiner Zelle mit Mückengattern verschlöß, und wider die schöne und reizende Schnacken keine Verwahrung hätte.

Er ahmete dem Herrn nach, der die Arche Noes von aussen sperrte, damit in selbe niemand eingelassen würde, was nicht sollte. Das geistliche, und leibliche Wohl seiner Kinder war der einzige Herzenswunsch Jakobens; und wie seufzete er in Entrichtung des heiligsten opfers für sie, damit ihnen daran nichts gebräche. Die Stärke seines Gebethes drang durch die Wolken, und der süsse Geruch seiner auf das andächtigste vollbrachten Meßopfern entfernte sich bis zum Throne des Höchsten hin.

Es erfuhr die Kraft der väterlichen Seufzer einer der seiner, der von dem Satane verblendet sich aus dem Kloster flüchtig machte. Wen traf dieser leidige Zufall schärfer als Jakoben? Er goß seine Thränen so lange bey dem Altare vor seinem Jesus hin, bis der Unselige wider alles vermuthen zurück kam, in Jakobens heiligen Aermen haftend die ihn immer beunruhigende Triebe zur Wiederkehr selbst bekennte, und wo der Büßer seine Zähre zu jener seines gütigsten Vaters schüttete, davon der vom Bußgeiste seines aus der Wüste zurückgehenden Schafes getröste Hirt den Abten zu Roth selbst berichtet hat.

Jakob gab den seinen alle Gelegenheit die kostbaren Zeitminuten verdienstlich anzuwenden. Er bereicherte die Bücherschreine mit den besten Authoren; er rief die auf Hohenschulen studierende ab, wo sie nur unter Weltleuten wohnten, und schickte sie nach Dillingen um unter der Obsicht trefflicher Männer, aus der Gesellschaft Jesu den Geist eines Ordensmannes sicher zubehalten. Da war es, wo

er

er immer zween oder drey mit vielem Aufwande den Wissenschaften obliegen ließ.

Der allerheiligsten Gottesmutter war er so zugethan, daß er seine geschmackeste Erquickungsstunden in jener von ihm derselben zur Ehre ausgeschmückten Kapelle fand, wo er sich auch sein Begräbniß bey den Füßeu Mariä schon im Leben zubereiten befahl. War er ein vollkommenster Innhalt aller Tugenden, und Gottseligkeiten, so war er auch in der Wirthschaft einer der einsehendsten Hausväter.

Man konnte nicht begreifen, wie er so viele Gebäude herstellen mochte, die er theils zu dem Dienste des Herrn, wie zu Reutlingen, und Hausen, theils haushälterischen Absichten erbaute; und da man nach Tilgung so vieler Schulden, nach so vielen Hingaben, auch nach seinem Absterben einen unverhoften Vorrath entdeckte, mußte man schließen, daß er mit der göttlichen Vorsehung, mit der segnenden Hand Gottes einen außerordentlichen Tarif getroffen, und aus der allerbesten Lotterie eines festen Zutrauens auf Gott die besten Loose gezogen hätte.

Der Himmel wollte Jakoben schon auf Erden krönen, und dieses geschah, als Jakob aus den Reichsgrafen von Fugger Bischoff zu Constanz einen Synodus hielt, wo unser Jakob durch die allerhöchste Vergünstigung Pauls des fünften römischen Papstes mit der Infel als der erste seines Gotteshauses durch die Hände seines auserwähltesten Freundes des hochwürdigen Herrn Jakob Mirgels Weihbischoffes daselbst verherrlichet war.

Jakob erkennte die Freygebigkeit des Herrn, mit welcher er schon im Leben geschmückt war; und wie erfuhr er sie allererst in reichen Ausspendungen, als er im Rufe eines gottgefälligen Mannes dahin-

dahingehend sich den Schätzen, und Reichthümern der belohnenden Ewigkeiten durch einen heiligen Tod näherte, den ihm eine mit unbeweglicher Geduld erlittene Wassersucht verursachte den neun und zwanzigsten Maymonden im Jahre 1614, in dem vier und sechzigsten seines von allen Tugenden, und Rechtschaffenheiten angeschimmerten Alters.

Das Begräbniß für seine Leiche war die obenangezeigte Kappelle der göttlichen Mutter, welches mit einer noch zubewundernden herrlichen Statue verziert war. Von dieser haben wir durch die Uebergabe folgende Anmerkung zu machen. Der künstliche Bildhauer setzte sich zu Kopf, und Witze das wahrhafte Bildniß dieses unvergleichlichen Abtes in dem Sandsteine zu entwerfen. Seine Fähigkeit, und Kunst sah beynahe keine Möglichkeit es in das Werk zusetzen. Ganz entrüstet warf er sein Stemmeisen an die Nase des Bildes, und da er die Verletzung wieder ausbesserte stund Jakob in dem Bilde so lebhaft da, daß man es für unverbesserlich hielt, wie wir es noch in unserm Kapitelhause nicht ohne Rührung schauen, wohin es mit dessen ehrwürdigsten Gebeinen durch Abt Ulrichen übersetzt war. Es zeigte sich aber nach seinem Hingange, wie und wo er sich in der andern Walt befände.

Jakob Mirgel Weihbischoff zu Constanz kam zur Einsegnung des Nachfolgers nach Marchtall. So gleich besuchte er das Grab seines vielgeliebten Achaten. Er warf sich auf die Knie, besprengte selbes mit dem geweihten Wasser, und brach wiederholter Maasen des Trostes in diese Worte aus: Ich schloß ihn oft in das Gedächtniß meines heiligsten Opfers ein, doch er bedarf keiner Hülfe mehr. Jedermann schloß, daß die abgeleibte Seele Jakobens, bey diesem großen Gönner um Beystande gerufen, und solche

 von

von ihm auch erhalten habe: wie ein alles Fleißes gestochenes Kupferbildgen davon das Zeugniß macht.

Nicht genug. Die Schweden mußten selbst, so ungerne sie wollten, bekräftigen, daß in Jakobs Grab kein Superintendent aus Stockholm, sondern ein heiliger Mann aus dem katholischen Christenthume ruhte. Zweymalen rißen diese muthwillige Störer auch der Verstorbenen die Grabstätte unsers frommen Abtes auf. Sie glaubten in diesem todten Behältniße eine Schatzgrube zufinden.

Sie fanden ihn auch, den Schatz, doch nicht von Juwelen und glänzendem Metalle, sondern die Gebeine eines Heiligen. Der liebliche Geruch, der angenehme Duft, so aus dem Grabe kam, und der noch unverletzte Handschuh der rechten Hand, welche Jakob so mannigfältig gegen die Bedürftigen ausstreckte, brachten sie auf ein freundlichers Denken, ließen das Geripp des Seligen ohne Entehrung, giengen mit einer reifen Betrachtung davon, und erzählten, sonder Zweifel, den Hergang der Sache in ihrer Heimath, daß sie von dem wohlriechenden Grabebalsam eines katholischen Abtes wider Verdiensten erquickt waren, derley Gummi sie in den Gräbern ihrer Prädicanten und auch in den Mausoleen ihrer unkatholischen Erzbischöffen zu Upsal nicht suchen möchten.

Jakobs Wappen machte der Kopf eines Wildschweines aus, so er entweder wegen seinem Geschlechtsnamen, oder vielleicht von dem armen Stande eines Schweinshirten wählte, welchen er in seinem Knabenalter, wie einige glaubten, auf sich hatte. Lernet stolze Seelen! euch dessen immer zu erinnern, was ihr waret, ehe euch Gott aus der Bedürftniß riß. Lasset euch die Schamröthe nicht auf den Wangen ausbrechen, wenn ihr an eure ehevorige Armseligkeiten denkt, welchen zu entgehen der Herr euch Verdienste schuff. So nicht

nicht anders, werdet ihr von dem Hochmuthe entfernte, und immer gegen Gott dankbare verbleiben.

Wie macht ihr euch des Belachens würdige, wenn ihr von dem schmeuchelnden Glücke aufgeblasen schnaubet, auf euere niedere Herkunft niemals herabsehet, in eueren Schilden Säulen, Sonnen, Gestirne, Löwen, und Adler einquartiert, die ihr vormals unter den finstersten Strohdächern, unter Mäusen und Ratten die Bettelsuppe aßet, und nun euer geringen Abstammung ganz vergessen lebet. Lasset euch den Schweinskopf unsers Jakoben öfters auf die Tafel stellen, und futtert eure schwülstigen Ideen mit bessern Betrachtungen. Ihr stolze Glücksgünstlinge! ihr euch selbst verkennende Wohlfarts Puppen! ihr Erdeschwärmme des gütigen Schicksales!

XII.

Johann Engler der zwölfte Abt.

Wir befinden uns wirklich auf der Galerie und Bilderlaube unsrer vortrefflichsten Aebte. Jakob sah aus den Himmeln seinen Nachfolger, den er, wenn es in seiner Gewalt gestanden hätte, auf seinem Sterbelager als solchen würde benennt haben. Es war dieser Johann Engler von Steinhausen einem Dorfe des schussenriedenschen Gebiethes gebürtig. Wir wissen von seinen Erzeugern nichts, als daß sie sich kümmerlich ernährten. Er gieng zu Soreth, oder Schussenried, einem vortrefflichen Stifte unsers Ordens in Schwaben an die dort fließende Hippokrene; und trank von ihr so gut, daß er ein Freund der kleinern Musen war, und auf die Gesundheit seiner anzuhoffende Wohlfart gute Trünke that.

Johann gieng durch dringende Vorworte dortiger Chorherren nach Marchtall, und lief die noch übrigen Schulen allda durch.

Er hielt um das Ordenskleid an, und ob er schon in keinen sichersten Gesundheitsproben war, kam er dennoch an das Ziel seiner brünstigsten Wünschen hin. Nach den Probierjahren, welche bey uns, wie bey den Gesellen Jesu zwey sind, wurde er nach Dillingen zur Erlernung der Weltweisheit abgeschickt. Allein weil er von Gliederschmerzen sehr angegangen war, wurde er zu seiner größten Bestürzung nach Haus berufen, wo er das übrige von seinen Studien in schmerzvollen Stunden ersetzte.

Er wurde nachgehends den Knaben zu einem Schul- und Sittenlehrer vorgesetzt, welche bis dahin unter weltlichen Pädotriben in beyden sehr schlecht fortkamen. Er besorgte diese Stelle rechtschaffen, und weil er in dem Wenigen getreu war, so wurde er über größere Dinge bestellt, und dem vielsagenden Amte eines Großkellers vorgesetzt. Liebe der Brüder, unpartheische Liebe derselben, Milde gegen den Unterthanen, Höflichkeit gegen Gäste, Räthe, beste Räthe, in der Kanzeley, welche nicht nur von einer scharfsinnigen Natur, sondern von einem gegründeten Wissen herstammeten, Besuchung, fleißige Besuchung der Werkstätte, genaue Berechnungen der Klosterrennten, vernünftige Austheilung derselben, und was man von einem ausgemachten Schaffner fodern kann, alles beysammen war in einem noch so jungen Manne zubewundern.

Johann schmückte sich bey seiner Schaffnerey so gut mit Erfahrenheit, mit einer unter zeitlichen Geschäfften ungeschwächten Tugend so heraus, daß er nach dem heiligen Tode Jakobens ohne weiteres Bedenken zum Abten Marchtalls in Beyseyn Joachims von Roth Vaterabtes, und Martin Dieterichs Abtes zu Soreth in dem dreyßigsten Jahre seines Alters erwählt war. Die Einsegnung empfieng er auf hohen Befehl des hochwürdigsten Fürsten und Bischoffes Jakob Fuggers eines der größten Gönner der Ordenshäuser durch Jakoben

ben Mirgel dessen Suffraganen und Bischoffen zu Sebaste, an dem Tage seines Taufpatronens Johann des Täufers, der zumalen sein Geburtstag war.

Nicht nur Marchtall schwamm damals in Freuden, sondern der benachbarte Adel und andere Freunde vertheilhaftigen sich derselben, und wünschten dem Infulierten Glück, und Segen von oben feyerlichst an. Sie sahen aber auch, daß ihre Worte in die vortrefflichste Erfüllung kamen.

Johann, der an seinem Vorfahrer Jakoben einen untrüglichen Spiegel eines vollkommensten Prälaten immer vor dem Auge hatte, machte sich indessen Fußstapfen ein Geleise, so er nie zuverlieren dachte. Er vermehrte die Anzahl der Chorherren bis auf vierzig. Schickte die mit Talenten versehenen Jüngere nach Dillingen, gönnete ihnen nach erworbenen Wissenschaften auch die akademischen Stufen; und wollte Marchtall hiedurch Ehre machen. Seine sorgsamste Absicht war auf die schöne Zeitordnung der Geistlichen gericht, welche in dem Tage keine unnütze Minute geduldete; und, wie sein Vorfahrer, trug er auf die Vollkommenheit der seinen die strengsten Bedenken.

Kirche, und Küsterey vermehrte er mit Zierde, und heiligen Schätzen; davon wir in Gottesdienstkleidern noch einen rothsammeten Ornat zum Gebrauche haben, welcher so lange Jahre in Zeit des schwedischen Krieges ohne Beschädigung unter der Erde verborgen lag. Und er baute zu Seekirch nach dem Grundrisse seines Vorfahrers die Pfarrkirche, welche heut zu Tage eine der schönsten auf dem Lande ist. Was wir ihm vor allen andern Stücken seines Eifers zuverdanken haben, sind die heiligen Reliquien, von welchen bis dahin Marchtall so entblößt war. Er wollte sich aus dem Himmel Anwalden bestellen, und er verstund, daß jene die sichersten wären, deren Gebeine mit Andacht, und zärtlichsten Zutrauen in dem Hause verehrt würden. Der Commenthur des hohen Maltheserordens zu Straßburg machte ihm ein kostbares Geschenke von einem Haupte aus der Gesellschaft der heiligen Ursula, und ein gleiches brachte er sich von einem ihm sehr zugethanen Pfarrer zu.

Ihm, Johannen, sind wir unsern theuresten Klosterschatz schuldig, der uns bis daher, wie den Unterthanen, also gesamter Nachbarschaft, eine Goldader der Wohlfart, und des Segens war. Wir verstehen hier das Haupt des marchtallischen Schutzherrn des heiligen Tiberius Märtyrers. Dieses erwarb er von dem hochwürdigen Herrn Johann Anton Tritt Bischoffen zu Tiberias, und Suffraganen zu Constanz, dessen noch mehrere Gnaden zu Marchtall unvergeßliche sind.

Die Wirthschaftung unsers Prälaten war in den Einrichtungen so vortrefflich, daß er ohneracht der vielen Gebäuden so er innen und aussen aufführte, keinen Mangel spürte. Kurz! der Engel seiner Wappe war das Bild Johannens; und ob er schon von schwarzen Augen, und Bart ernstlich aussah, war er dennoch der freundlichste Herr, ein von männiglich geschätzter Menschenfreund. Von den Dransalen des schwedischen Krieges machten wir bereits in dem Leben Konradens die ganze Berührung; und von seinem Tode auch die gebührenden Anzeige, welchen ihm seine Gebresten, oder die dazustoßende Pest zubrachte. Es eräugnete sich diese bedaurensvolle Geschichte zu Amaren nächst Tübingen im Jahre 1637. wo er auch beygesetzt war.

Unter der Regierung dieses merkwürdigsten Prälatens wurde Georg Heinlin geweßter Prior des Hauses nach dem Kloster Sanct

Luzen

Luzen nächst Chur in Graubünten zum Abten erklärt; welcher auch zu Bendern in dasiger Nachbarschaft einem unserm Orden zugehörigen Orte, nach vielen erlittenen Ungemachen mit großem Ruhme an der epidemischen Seuche verstarb im Jahre 1629.

Johann war von Paul dem Fünften, und Uban dem achten mit ansehnlichen Hulden begnadiget, da dieser letztere zumalen unserer schwäbischen Circarie die auserlesensten Privilegien ertheilte, und dem ganzen heiligen Orden von Prämonstrat die von seinen Vorfahrern zugeschickte so geistliche als zeitliche apostolische Gnaden erneuerte. Der heiligste Stuhl hat in der Wahrhelt die heiligen Ordensstände allezeit gegen ihre auch mächtige Feinde geschützt, so lange sie ihrem schönen Berufe nachhiengen; und wir sind alle verbunden, die päbstliche Gewalt wider die Anfechter derselben, als die wahre Haustruppen der Statthalter Christi auf Erden, in dem Felde zu vertheidigen.

Sind aber alle Ordensmänner so gesinnt? Greifen alle nach Harnische, und Schilde, in jene für das Ansehen der Kirche zu schließen, und diese zur Bedeckung derselben zu ergreifen? Wollen sich nicht einige aus den Klöstern nur von darum groß machen, daß sie, die Undankbarsten von der Welt, aus ihren Zellen wider die Gerechtsamen des obersten Hirten hervor kriechen; und als unberufene freche Witzlinge in Schriften, in vernünfteln auf die muthwillige Seite der Kirchenfeinde hinüber treten? Wie besser würden sie ihre Ordensregel, das ächte geistliche Recht, das Tagzeitenbuch, die ihrem Orden von den Päpsten ertheilte Herrlichkeiten zur Lesung in Händen tragen, als da man sie vergiftete Chartequen eines Sarpi, eines Febrons, eines Lochsteins, und derley Sudelköche, und Aufkocher des alten Quarks, mit einem unmächtigen Wohlgefallen aufloben hört. Man kann einen vernünftigen Fleiß, auf die Wahrheit zu kommen, nicht misbilligen.

Allein

Allein bedenken solche lüsterne Klostergrübler, wie schlecht es mit ihrem Ordenshause aussehen würde, wenn der Fels des Petrus, so doch niemals geschehen kann, untergraben würde. Vielleicht ist aber solchen ungezäumten Naseweisen diese Sorge nicht an der Brust gelegen; und ist ihnen vielleicht die Kirche von darum verhaßt, weil sie auf Begünstigung ihrer Leidenschaften um keine Loslassung weis; und sie nach der Freyheit eines meisterlosen Lebens, wie die Hunde nach der Luft, ihren Geruch prüfen. Die Worte Gregors des Großen sind wohl auf diese ungehaltene Ordensbrüder gemünzt. **Die Kirche**, sagt er, **muß auf Erden ihre Wanderschaft durch Verfolgungen machen; und wenn ihr Feinde von außen mangeln, hat sie von innen falsche Brüder, die sie verfolgen.** (p)

XIII.

Konrad Kneer dreyzehnter Abt eines seligen Gedächtnisses.

Dieser von Marchtall hochgeschätzte Mann, erschien bereits in diesen Blättern als die würdigste Hauptperson. Wir begnügen uns mit dem gesagten, und fürchten alleine, ob wir seinen Verdiensten nicht mehrer entzogen, als zugeschrieben haben. Große Männer sind allemal erhabner, als daß ihnen auch die vortrefflichsten Lobsprecher, von deren Fache wir so weit entlegen sind, nahe kommen mögen. Josaphats Thal wird endlich jener Hörsaal seyn, wo der Herr ihnen auf dem glänzenden Redestuhl des Regenbogens selbst den Lobspruch verfertigen, und ihre offenbare Apotheose dazu setzen wird.

XIV.

(p) Sancta Ecclesia non potest sine labore persecutionis tempora peregrinationis transigere; quæ si foris apertos hostes non habeat, intus tamen tolerat *Fictos Fratres*. S. Greg. Lib. 31. Moral. cap. 4.

XIV.

Godefried Dorner, der vierzehnte Abt.

So schmerzlich Marchtall bey dem Grabmaale Konradens gerührt war, und seine dankbare Thräne auf dessen Leiche hinfallen ließ, mußte es sich doch wieder aus der Niedergeschlagenheit erholen, weil der Himmel ihm einen gottseligen Nachfolger schenkte. Godefried Dorner war es, dessen Geburtsort um eine halbe Stunde näher, als jene Konradens war. Untermarchtall war es, wo die Reichsfreyherrlichen Ritter und Baronen von Speth, unsere werthesten Nachbarn, gebiethen. So wenige Schritte er nach Marchtall zu machen hatte, so viele machte er in selbem zur klösterlichen Vollkommenheit; und wenn er schon nicht weit her war; so brachte er dennoch eine treffliche Seele mit sich, die auch von der Ferne kommende an löblichen Eigenschaften übertraf.

Von den Wissenschaften nicht nur getüncht, sondern durchgedrungen; und von der Frömmigkeit nicht nur gefürneißt, sondern in dem innersten ausstaffiert war er unter den besten Männern unsers Gotteshauses; und bekleidete schon in dem sechs und zwanzigsten Jahre seines alters die Stelle eines Priors. Konrad setzte sein ganzes Vertrauen auf Godefrieden, und er wollte, von dessen Wohlverhalten überzeigt, ihn als diesen beybehalten, bis er ihm seine Augen schloß.

Godefried wurde sein Nachfolger, und er wurde ein würdiger, da ihn Ludewig, Vater Abt von Roth, in Beyhelfung Bartholomeens, und Augustins, Abten von Weissenau, und Soreth in die Abtey einführte. Wie verkürzt war aber die Zeit seiner Herrschung.

Himmel! wie vieles that er in wenigen Wochen nach der Vorschrift eines ämsigen Prälatens. Ach! welche Früchten zu geistlich und zeitlichem Wohle hätte Marchtall unter seinen Händen gesammelt, wenn ihm der gar zu eilfertige Tod die Arbeiten nicht unterbrochen hätte. Vier und dreyßig Wochen waren der enge Umfang seiner besten Bestrebungen. Eine scorbutische Krankheit schwächte mit den salzichten Feuchtigkeiten dieses Salz der Erde; und der leidige Scharbock fraß die drey Rosen seines Wappenschildes ab. Er pilgerte also zur empfindlichsten Bekümmerung Marchtalls, nach Elysien, wo der Rosenpurpur seine ewige Farbe behält, nachdem er den grossen Jubelablaß, den Alexander der siebente der Kirche verlieh, zu seinem besten Gewinnste gemacht hat, in dem drey und dreyßigsten Jahre seines Alters, den vierten Aprilmonde des Jahres 1661.

Flüchtige Ehren der Welt! Scheindinge eines wandelbaren Theaters der Eitelkeit! goldene Luftdünste der Sterblichkeit! wie hurtig geht ihr dahin, und wie ist euer Geräusche stärker, als euer Dauer.

Thoren mögt ihr wohl äffen, allein vernünftige Kenner des allgemeinen Weltnichtes könnt ihr nicht so leicht täuschen. Sie bestimmen euch den bessern Preiß; ihr blendet sie nicht. Ihr glitschet aus den Händen, wie die Aalfische; und ihr werdet gleich den Blitzen unsichtbar, welche, da sie am meisten glänzen, schon zu seyn aufhören. Man hat noch keine Uhren verfertiget, euern Bestand, euern Lauf, wie jenen der Stunden, anzumerken; und man wird auch in neuesten Erfindungen keine aufzubringen wissen, weil ihr flüchtiger als die Zeit seyd. Wohl dem der euch mit Nachtheile seines Gewissens nicht sucht, und noch besser, wenn er euch ohne Bestürzung entläßt. Die Anmerkung des jüngern Plinius ist auserlesen: **Es ist eine wackere Großmuth sich von Ehren immer enthalten; eine Freundlichkeit sie von andern annehmen; und eine rühmliche Bescheidenheit selbe von sich lassen.** (q)

Wir

(q) Magnanimitas est semper honore abstinere, benignitas per alios frui, modestia cedere. Plin. II. in Paneg. Trajan.

Wir sind hier nothgedrungen eines Mannes zu gedenken, der sich bey Marchtall unsterblich machte. Er war unter Godefrieden hier; und er war Peter Nobs ein berühmter Doctor des Gottesgelehrtheit, und der Arzneykunst. So gut wußte er jene mit dieser zu verbinden, weil sie beyde einander den behörigen Schimmer geben. Als ein Theolog wußte er seine Pflicht, denn er war ein Christ, und als ein Machaon kennte er seinen Beruf aus dem Grunde.

Er studierte freylich nicht nach Boerhaven und Swietten, welche die heutige Welt mit Aphorismen so anschreyen, und als große Aesculapien so bekannt sind, doch war er ein Mann von Fleiße und Erfahrniß. Die Kranken fanden bey ihm die Fertigkeit, und Menschenliebe; und da er keine Aufzehrer seines Vermögens hatte, so erwies er den allhiesigen Chorherren alle Gefälligkeiten. Ja, er hielt sie wie leibliche Brüder, und obschon Owen den Aerzten von der Freygebigkeit nicht viel zumuthete, (r) so machte er dennoch kostbare Vergabungen, die in dem Protocol des Priorats noch aufgezeichnet sind; unter welchen nebst einem neuen Abtenstabe, einem silbernen Kelch, und anderm Kirchgeräthe ein goldner Ring mit einem Rubin war, so er der göttlichen Mutter, als ein eifrigster Verehrer derselben, widmete.

Er wurde zu einer etwaigen Belohnung, als ein Pfleger unsers Hofes in der Reichsstadt Reutlingen benennt; und nachdem er dort erblaßte, wurden seine Gebeine in Marchtall ohne Entgeltung zur Erde bestattet, auf daß er bey jenen wäre, die er so zärtlich liebte.

 Ein

(r) Accipit oblatum medicus, dare non solet aurum;
Pharmaca dat medicus, non solet accipere;
Ordonner medicos, ægros *or donner* oportet,
Alterius sic res altera poscit opem.
Owen. Lib. I. Epigr. Num. 53.

Ordonner heißt im französischen verordnen, und *or donner* Gold geben.

Ein Prälat ist unsträflich, wenn er die seinen mit einem guten Arzten versieht. Es ist eine große Hülfe für die Kranken, wenn sie einen klugen Gesundheitsrath gleich herbey rufen können. Doch müssen die Gesunden dessen keinen Misbrauch machen, um nur darum sich die Ausnahme von Gemeindsbeschwerden zu zudichten, daß der Arzneybeflißne etwas zu thun finde, oder nur darum, weil er da ist. Auch dieser muß den Benöthigten mit Geflissenheit und Gegenwart zu Diensten seyn, damit er mit mehrerer Besorgung der Auswärtigen den Kernspruch mit seinem guten Gehalte nicht wahr mache: **Ein Thor kauft sich eine Geige, damit andere und fremde bey ihrem Getöne tanzen mögen.**

Das sechste Jahrhundert.

XV.

Nikolaus Wirieth der fünfzehnte Abt.

Von Füssen aus dem Allgäu bekam Marchtall diesen ausbündigen Herrn; das römische Abudiak, oder die julischen Bergschlünde (s) gaben uns einen Mann, der die Klüften des Schwedenkriegs vollkommen schließen möchte; und da Godefried es zu thun von der Sterblichkeit verhindert war, so war ein anderer zugegen, dem eine dreyßigjährige Regierung zur Auswetzung so vieler Scharten eines dreyßigjährigen Krieges vergönnt war. Der glückvolle Tag seiner Geburt war der fünfzehnte des Weinmondes, das Fest der großen heiligen Theresie von Abula, im Jahre 1634. Er kam in den höchsten Verwirrungen des Schwedenkrieges zur Welt; und Marchtall wußte nicht daß einer seiner größten Rettungsgenien in der Wiege lag.

Die heilige Taufe legte ihm zween Namen bey. Sie waren Magnus, Nikolaus; und zumalen keine dunkle Vordeutungen, daß er mit

(s) Fauces Juliæ vel Abudiacum ex Ptolom.

mit der Zeit, wie jener große Abt, die schädlichen Insekten sittlicher Weise vertilgen, und wie dieser große Bischoff von Myra in Lycien Gold mit sich bringen werde. Er reisete mit seinen Aeltern nach Dillingen, wo sie sich niederließen. Da huldigte er in aufreifenden Jahren den Kunstgöttinnen. Sie blieben ihm und seinen natürlichen Fähigkeiten hold; und da seiner Scharfsinnigkeit die Unschuld und Tugend Gesellschaft machten, stund dieser unverbesserliche Jüngling in der größten Huld des damaligen hochwürdigsten Reichsfürstens und Bischoffes von Augsburg, Heinrich von Knöringen, dergestalt feste, daß dieser große Prälat sich an der hübschen Aufführung desselben sehr belustigte.

Gott warb den rechtschaffenen **Wiriethen** für Marchtall verwunderlich an. Ebendamals befanden sich auf der Hohenschule drey unsrer Chorherren, den Studien der Gottesgelehrtheit obzuliegen. Sie waren Godefried Dorner, Norbert Keil, und Bartholome Bauer. Mang Niklas erbauete sich an dem unsträflichen Wandel dieser Norbertinischen Schwanen an dem Wasserteuche der Musen ungemein, bewarb sich mit ihnen in einen nähern Umgang zu kommen, und gerieth in das bessere Kenntniß unsers kanonischen Ordens.

Mit reifer Erwegung seines Vorhabens, und seiner Standeswahl entschloß er sich um eben dieses Ordenskleid zu bewerben; und nach einer erleuchten Zusage brachte er es an dem Festtage des heiligen Gesetzgebers Augustins an die Schultern, in dem siebenzehnten Jahre seines Alters, legte auch nach einem Jahre an der Feyerlichkeit der zur Welt gebohrnen Mutter des Herrn seine Gelübte zum Wohle Marchtalls selbst wiedergebohren ab; denn man verkürzte ihm wegen seinen besondern Eigenschaften die Probzeit mit einer ungewohnten Gnade.

Er machte nachgehends wie in der Tugend, also auch in Wissenschaften so gute Schritte, daß er in der Weltweisheit, als der vertrauteste Freund des Stagyriten, alle seine Mitschüler übertraf, welche sich aus zerschiedenen Ordensklöstern, als Roth, Sanct Luzen, und Allerheiligen, auf dem Marchtallischen Peripatus versammelten. Dillingen sah ihn auch wieder, wo er die Gottesgelehrtheit geflissen die orthodoxen Sätze von der Wissenschaft Gottes mit allgemeinem Beyfalle vertheidigte, und selbe durch die Presse dem hochwürdigen Abt Konraden, seinem besten Vater, zuschrieb.

Dieser auf die Natursgaben der seinen sehende Prälat wollte sich von der durchscheinenden Witz Nikolaens sogleich einen Gebrauch machen, und benennte ihn zum Lehrer der neuangehenden Klosterphilosophen. Es mag sich die Anwendung des Lehrenden jedermann vorstellen, doch mußte er selbe unterbrechen, weil er mit den hochwürdigen Aebten von Soreth, und Wilthau Augustin, und Dominicus auf das Generalkapitel zu reisen hatte, welches der hochwürdigste Ordensgeneral Augustin le Scellier ausgeschrieben hatte.

Noch nicht Priester fand man ihn tauglich eine so beträchtliche Reise zu machen, und jenen großen Synodus zu Prämonstrat kennen zu lernen, bey dem er zu seiner Zeit selbst als ein Orakel zu erscheinen hatte. Die Franzosen bewunderten die ernsthafte Gelassenheit dieses Ordensjünglinges, erstaunend betrachteten sie dessen wohlgereifte Sittsamkeit, und überzeugt bekennten sie, daß ihre junge Luftspringer und unzeitige Lappländer von Nikolaen ferne wären, an dem die Jugend, wie die Feigenbäume, anstatt der Blüthe schon Früchten bracht.

Kaum war er in Marchtall mit dem besten Zeugniße des Generals zurükkehrend, da er seinen unterbrochnen philosophischen Lauf vollendete, Priester wurde, und nicht wie die Weihe durch viele Flugkreise in in die obern Lüfte, sondern hurtig auf den höchsten Ehrenstufen des Gotteshauses kam, denn er war zum Subprior aufgestellt, zu Dillingen als Licentiat der Gottesgelehrtheit, und des geistlichen Rechtes aufgerufen, zur Stelle eines Priors erhoben, und nach dem fruhzeitigen Tode des Abtes Godefrieds zur Infel auserlesen in dem sieben und zwanzigsten Jahre seines Alters.

Die Munterkeit zeigte sich an der Stirne aller Wählenden; und die gegenwärtigen hochwürdige Aebte von Roth, Schussenried, und Weissenau Ludewig, Augustin, und Bartholome wünschten Marchtall Segen, und Glück. Kaum war er von dem hochwürdigen Suffragan von Constanz Georg Siegmunden Bischoffen zu Heliopel mit den Ehrenzeichen seiner Würde geschmückt, da er ohne Anstand die obhabende Geschäffte seines Amtes zur Hand nahm.

Muse! günstige Klio! begeistere meinen Kiel, daß ich so viele Dinge in einen engen Raum sammele, welche zu vielen Tomen den überflüßigen Stoff einliefern würden. Seine Frömmigkeit, sein tugendliches Betragen heischt den ersten Platz, ohne welche nichts löbliches geschehen; und ohne die so geistliche, als weltliche Regenten ansehnliche, und gewaltthätige Gespenster sind. Nikolaus stellte nur Gott zum obersten Beherrscher seines Klosters auf; und nur von ihm erwartete er Erleuchtungen, als sein nachgesetzter Befehlshaber, alles so zuveranstalten, wie es ihm gefällig wäre.

Er sah eine baufällige Kirche vor sich. Er gönnte seinem Herrn eine bessere; und ließ zur selben, wie sie heute ist, alle Fügnissen vorkehren. Sie kam unter seinen Augen empor, und gewann durch ihre symetrische Gestalt den Rang vor allen damaligen Tempeln in Schwaben; auch itzt behält sie ihre Majestätsrechte, wenn schon die Verzierungen unserer Zeiten, welche den Andachtsgeist oft zerstreuen,

streuen, selber mangeln. Er hatte zwar die Zeit nicht, diesen Tempel vollkommen, und in allen Theilen herzustellen, doch waren seine guten Gedanken so geäußert, daß sein Nachfolger davon eine genaue Ausführung machen konnte.

War er für die Ehre Gottes so wachbar, daß er den Tabernackel des Herrn von der alten Stiftshüte zu Silo auf den Berg Sion zubringen dachte, so war in ihm die Liebe gegen der göttlichen Mutter in der arbeitsamsten Lebhaftigkeit zu sehen. Diese marianische Liebe wuchs mit ihm von Kindesbeinen auf; und hielt ihn in immerwährenden Trieben, dieser größten Fürstinn des Christenthumes seine Ergebenheit zubezeugen.

Seine erste abteyliche Verrichtung mit Stabe und Infel war ein holdseliges Bildniß von ihr einzuweihen, und der öffentlichen Verehrung auszusetzen. In dem ersten Jahre seiner glorreichesten Regierung ließ er zu Marchtall, Bierlingen, und Dieterskirch die Erzbruderschaft des heiligen Rosenkranzes theils neuerlich einsetzen, theils aus dem Verfalle wieder auffrischen. Er rühmte sich öfters mit einem fröhlichsten Herzensjubel, daß ihm zu Dillingen auf der Hohenschule die Ehre wiederfuhr, der erste auf die Vertheidigung der unbefleckten Empfängniß Mariä Eid, und Gelübde abzulegen. Er wollte unter den vielen Glocken, die er mit großem Aufwande verfertigen ließ, eine der Größten mit den aufgegoßnen Worten: O! glorreiche Frau (t) Mariä gewiedmet haben; und glaubte daß diese in Schwaben vorzügliche Erzharmonie ohne das Gedächtniß der heiligen Gebährerinn des Herrn ein übellautendes Karillon seyn würde.

Seine kindliche Andacht gegen der schmerzhaften Mutter zu Elchingen, und auf dem uns nahen Bussenberge hatte ihre angewiesene Dien-

(t) O! Gloriosa domina Eccl. in Hymn.

Dienste, da er nach jenem in seinem Leben öfters, auf diese marianische Höhe alle Jahre zu Fuß einmal zu Pilgeren pflog, und daselbst zum Beweise einen Tabernackel des heiligsten Frohnleichnams opferte, der mit seinem Wappen bezeichnet ist. Zu Roggersberg in der Schweitz einem uns vormals zugehörenden Sennhofe erbaute er zur Ehre Mariä eine Kappelle, und scheuete so wohl für das Gebäude, als auch für dessen Einweihung keine Kösten.

Der billige bracht des Gottesdienstes in seinem eigenen Hause beschäfftigte sein Gemüth mit solcher Unruhe, daß er nur von darum sich mit zeitlicher Wohlfart beglückt zu seyn glaubte, um dahin die größten Ausgaben zumachen. Das viele Silber, so er auf die Statuen der heiligen Kloster und Ordenspatronen verwendete, zeugt noch von Nikolaens Freygebigkeit auf die Kirchen Schätze, und ist es nur zubejammern, daß jener silberne Altar, den er dem heiligen Haupte des Tiberius verfertigen ließ, durch ungünstige Zeiten hinweg kam. Auf diesen Schirmheiligen Marchtalls fußte er nach Gott, und Maria sein ganzes Zutrauen.

Diesen Gaubenshelden stellte er zur Bewachung seines Klosters dergestalten auf, daß er mit ihm alle Sorgen für dessen Erhaltung zutheilen schien. Es war die Verehrung des genennten heiligen Märtyrers dem Herzen des ihm ergebensten Prälatens so eigen, daß er zur Vermehrung derselben nicht nur monatlich ein heiliges mit Musik begleitetes Messeamt auf dessen Altare halten ließ, sondern auch zur Vorweisung seines aufgeflammten Eifers für den heiligen Tiberius ein ewiges Ampellicht vor dessen heiligen Gebeinen verordnete, welche beyde Dinge noch bey uns üblich sind; und schwerlich eine Abstellung zubefahren haben, weil Marchtall diesem getreuesten Beschützer nur gar zu viel schuldig ist.

Einmal Tiberius war der Jason Nikolaens, der ihm, wo nicht das goldene Widderfell, doch goldene Glückes- und Segensjahre zubracht. Wir sehen noch ein vortreffliches Gemählde in unserer Küsterey, wo eine der größten Gutthaten, so Nikolaus durch diesen beeiferten Fürsprecher von Gott in einer großen Noth erhielt; die Erzählung der Aeltern dollmetschen uns die Züge des Kunstreichen Pensels also: die ganze Hölle mit ihren Zaubertrabanten hätte Marchtall einmal den Untergang geschworen. Ein schreckliches Gewitter von verworrensten Nebeln hätte auf einmal die Luft verfinstert; und seyn Blitzkeule, Donnerkläpfe mit so gräulichen Umständen gesellet gewesen, als hätten Vesuv, und Aetna aus beyden Sicilien ihre Schwefel, Saliter, und Pechmagazinen dem auf, und abwallenden Gewölke zu Diensten überlassen. Zehn Tage, und so viele Nächte setzte sich das Ungewitter so hartnäckig allen angewendeten Mitteln entgegen, daß man urtheilte, es werde sich die Luft nicht mehr aufheitern, bis Marchtalls Zerstörung, und Ruinen von der nächsten Sonne beschienen würden. Alles flüchtete zu Gott um Barmherzigkeit zu erhalten; Furcht und Hoffnung kämpften mit sich selbst, weil die feindlichen Wolken nicht nur die Luft, sondern auch die Gemüther verdunkelten.

Nikolaus lag mit den seinen in immerwährendem Gebethe, die wilden Erdendämpfe auseinander zu jagen; und wäre endlich das heilige Haupt des Tiberius in Lüften gesehen worden, durch dessen offenbare Erscheinung das Feuer, Schlossen, und Tod drohende Gewölk zum weichen gebracht, und Tag und Sonne wieder in ihr altes Licht hergestellet waren.

Virgils Beschreibung von dem Orkan, den die Flotte des Aeneas auf der tyrrhenischen See erlitt, wo der bessergesinnte Neptun die Windebuben und geflügelte Luftpumpen des Aeols in ihre alte Klüfte,

Klüfte trieb, konnte da eben so gut angebracht seyn, wo Tiberius das Zaubergeschmeiß wieder in die finstern Spelunken des Plutons zurück verwies. (u) Von der fernern Gemüthsbeschaffenheit Nikolaens Meldung zu thun, so war sie von der Frömmigkeit durchaus zurechtgemacht. Ganz Liebe gegen den seinen, ganz Holdseligkeit gegen allen, ganz Freundschaft gegen jederman machte sich dieser Gott und der Welt beliebte Prälat zur allgemeinen Wonne.

Wem von den Kloster Insassen erzeigte er sich ungeneigt, so lange er die Ordenspflichten erfüllte, welche Nikolaus mit allem Eifer von sich und andern foderte? Wer sah ihn nicht immer als das beste Muster eines Ordensmannes, da er mit dem schwächern Geschlechte niemals ohne Zeugen sprechen wollte? Wessen Auge hat an ihm etwas ungleiches entdeckt, da er Leutseligkeit, und ernsthaftes Wesen in seiner Gesittung umher trug? Von wem sind einmal so wohl im Zeitlichen als Geistlichen an ihm Irrungen bemerkt worden, da er in diesem nichts vergaß, in jenem die überfließende Wohlfart bey seinen Abteyfenstern einzufliegen schien, und zwar mit solcher Ausspendung, daß ihm aus seinen Vor- und Nachfahrern bisher keiner glich. Seine noch in unsern Händen liegende Berechnungen der Ausgabe zeigt uns die Einnahme der Glücksgeschenken zur Erstaunung; und müssen wir gestehen daß derley Saturnus Zeiten in Marchtall niemals wallteten.

(u) Maturate fugam, & Plutoni dicite vestro,
Non illi imperium cœli, non aeris oræ,
Sed mihi sorte datum; stygias tenet ille paludes,
Vestras nempè domos Lamiæ; se jactet in orco
Lucifer, & clauso tenebrarum carcere regnet.
Sic ait: & dicto citius mala nubila placat,
Collectasque fugat nubes, solemque reducit.

Unter allen natürlichen Schätzen Nikolaens behielt die Weisheit dennoch den ersten Rang. Ein Orackel war er, welches die verwickeltsten Geheimnissen auseinander bracht. Daher fand man ihn auch auswärtiger hohen Ehrenstellen fähig; man gönnte Marchtall freylich einen so ausgemachten Regenten, doch sollte er die Bäche seiner Nutzbarkeit auch außer dem Hausgestade fließen lassen, und wie ein Strom von seiner Quelle gehen, um fremde Ufer zubefeuchten.

Als aufgestellter Statthalter des obersten Ordensgenerals Michael Colberts sah auf das Beste der schwäbischen Provinz oder Circarie, welche sich auch in Elsaß, und Graubünten erstreckt. Durch ihn erhielten die Ordenshäuser ihre regelmäßige Einrichtungen, die Einigkeit ihre Dauer, der heilige Eifer seine gesegnete Glut, die unter ihm gehaltene Provinz Komitien die vortheilhaftesten Gesinnungen, und überhaupt alles seinen Wohlstand.

Bey dem großen Ordenskapitel zu Prämonstrat war dieser Lykurg unseres Instituts auf den Leichter gestellt. Nicht nur bewunderte man seine Räthe, und alles heilsame verschaffende Anschläge zum Besten des Prämonstratenserordens, sondern er mußte als erster Abgesandter desselben nach Versailles an den Hof Ludewigs des Großen, oder vierzehnten, abgehen, um bey dem Throne dieses Monarchens die Angelegenheiten des Ordens, und dessen Anempfehlung zuveranstalten. Seine gesetzte Wohlredenheit, seine standesmäßige Stellung zogen sich die höchste Gnade eines so durchdringenden, und witzigen Königes auf das Vollkommenste zu.

Er wurde von ihm nicht nur in gnädigsten Zusagen des Anverlangten zum Besten des Ordens vergnügt, sondern Ludewig ließ Nikolaen, an dem er einige Zeichen des Podagra merkte, durch seine Lustschlösser, und Gärten des dasigen Paradieses in einem Tragsessel

sessel durch zween seiner Schweizerwache umführen, die außerordentlichen Dinge seines glänzenden Hoflagers zeigen, und beschenkte diesen ihm sehr Beliebten schwäbischen Prälaten mit einem von nichts als kostbarsten Diamanten besetzten Brustkreuze samt Ringe, welche noch unter dem geistlichen Schmucke unserer Aebte an Preis, und Werth den Vorzug behaupten.

Zu Versailles war es, wo Nikolaus von der königlichen Hofkirche den Grundriß sich Zeichnen ließ, nachdem, wie wir es von Franzosen öfters hörten, unser Klostertempel auf das Aehnlichste erbauet war, und wie Maximilian Emanuel Churfürst in Bayern jenen der Cajetanern in München nach der nämlichen Ichnographie zuerrichten befahl.

War nun Nikolaus für den Orden ein so vortheilhafter Werkzeug, so sollte er auch dem großen Römerreiche in einem sichern Fache Dienste thun. Das ansehnliche Collegium der hochwürdigen Reichsprälaten vertrauten seinem wohlabgewogenen Pfunde die oberste Stelle eines Directors. Witz und Staatsklugheit rüsteten sein fähiges Hirn auf alle Vorkömmnisse aus, und füllte er den Raum von achtzehn Jahren, so lang er nämlich diese erhabene Stelle besaß, mit großen und vielen Proben der Staatskunst an, da er von dem großen Kaiser Leopold in zerschiedenen Fügnissen als ein Verordneter vor vielen andern benennt war.

Wer hätte einem so großen Manne nicht ein Alter von höhern Jahren gegönnt? Doch nach so vielen zum Nutzen des Klosters, des Ordens, der Wissenschaften, des Reiches angewendeten Bemühungen legte dieser vortreffliche Ordens- und Staatsmann alle Herrlichkeiten von sich, als er in der gottseligsten Verfassung, in der vollkommensten Vereinigung mit dem Höchsten die schöne Kunst wohlzusterben,

ben, in welcher so viele große Staatsmänner dumme Esel sind, lehrte den dritten Herbstmonde im Jahre 1691.

Der Tag seines Begräbnisses war der Tag des Verzagens für Marchtall. Die Trauer um Nikolaen war so groß, als allgemein; und war endlich nur dieses noch zum Troste übrig, daß man daß Gedächtniß eines solchen Prälatens mit einer in Erzgegoßner Grabschrift in die spätesten Jahre forbringen möchte, welche in dem Kirchthurme nächst der Küsterey zu lesen ist, da sein Leichnam in der alten Kirche vor dem Hochaltar, und in die neue übersetzt, an eben diesem Orte den Verdiensten gemäß ruhet.

Die dreyßig jährige Regierung Nikolaens war für ihn eine geraumige Werkstätte sich für die ganze Ewigkeit einen nie zuverzehrenden Vorrath zusammeln. Er that es; und besiegelte alles mit seinem Pettschaftringe, worinn man einen Stern im blauen Felde, und weisse mit rothen Balken, auch in jenen die Anfangsbuchstaben der heiligsten Namen Jesus, Maria, Joseph sah; welche die Seele seiner Seele waren.

Prälaten, welche zu öffentlichen Reichskomitien ihre Stimme und Antheile geben, verderben von ihrer Geistlichkeit nichts, wenn sie auch Staatsmänner sind. Man fodert von ihnen kein kleines Kenntniß des Staatsrechtes; und sind die Zeiten schon so, daß sie ohne Nachtheil ihres heiligen Berufes davon wenigst zu reden wissen, wenn sie sich keine Verächtlichkeit zuziehen wollen, und ziehen sie sich keine zu, wenn sie mehr von Sennereyen, von Pferd- und Ochsenställen, von dem Ackerbau, und Dunglegen als von erhabnern Dingen zusprechen gewohnt sind? Es ist keine Noth für sie, daß sie sich in Weltmenschen umwechseln. Nein! sie können für die ihrigen geistreiche Aebte, und für den Staat besorgte Reichsstände seyn. Man

darf

darf sie dessentwegen nicht, wie einen sichern kriegerischen Bischoffen mit einer halben Jnfel, und einer halben Peckelhaube, mit einem halben Meßgewande und halben Kürasse, mit einem halben Pastoralstabe und einer halben Musquete malen, noch viel weniger sie an statt: gehet, die Messe ist vollendet: gebt Feuer! sprechen machen. Sie sind eine der Reichsbürger, und machen als geistliche Väter des edelsten Vaterlandes dem allerhöchsten Reichsthrone und dem Staate Ehre.

Man findet sie ohne vieles Nachsinnen zu Abgaben ohne Säumniß, warum soll ihnen nicht das Recht eines Landstandes auch vergönnet werden? Vielleicht möchte man bey jenen bessere Gutachten, und für das Vaterland tauglichere Anschläge antreffen, welche die Religion mit dem Staate zu verbinden wissen, als bey jenen, die diesen abenteurlichen Weltgötzen auf die Ruinen der Religion zu stellen sich immer die Köpfe zerbrechen. Schon in dem alten herrschenden Jsrael waren Sadochen, Abiathern, Eliasiben, und Jojaden zu geistlichen Staatsmännern ausgesucht, und warum suchen böse Achitopheln die Geistlichkeit aus dem Fache des deutschen Reiches heut zu Tage zu verdrängen? Sachte! wir gehen nicht zu weit, und ist es schon genug, daß wir an Nikolaen unserm an Ruhm und Ehre unsterblichen Prälaten zumal einen Ordens- und Staatsmann bewunderten, so ihm auch die große Welt nicht absprach.

XVI.

Adalbert Rieger der sechszehnte Abt.

Er fieng aus sehr ehrbaren und bürgerlichen Aeltern zu Munterkingen, einer schon oft erwehnten vorderösterreichischen Stadt zu leben an; und wurde durch die heilige Gelübdesprechung Marchtalls Chorherren beygezählt. Nach den ansehnlichsten Aemtern des Gotteshauses eines Lehrers der Weltweisheit und Gottesgelehrtheit, eines

Groß-

Großkellers, oder zeitlichen Schaffners, und anderer war er auch als Suprior und Lehrer der höhern Wissenschaften nach Roth berufen. Sein letztes und der Abtey vorhergehendes Amt war die Pfarrey seines Vaterlandes, Munterkingen, wo er der anvertrauten Heerde seiner Landesleute mit den besten Eigenschaften eines Hirten vorstund.

Er war zu einem würdigen Nachfolger des großen Nikolaus erwählt den dreyzehnten Herbstmonde des Jahres 1691. Die hochwürdigen Aebte Martin, Joseph, und Tiberius von Roth, Ursperg, und Soreth stunden seiner Wahle bey, und gaben ihr wider einige Gegensprüche die endliche Geltung. Der unvermuthete Tod des Constanzischen Suffraganen machten die Gelegenheit, daß er von dem hochwürdigsten Fürsten und Bischoffen Marquard Rudolphen von Rodt, unter der Begleitung der hochwürdigen Reichsprälaten, Willibalds von Weingarten, und Tiberius von Schussenried zu Mörsburg eingesegnet war.

Das in sein Wappen gesetzte Kreuz, durch welches Schwert und Schlüssel das zweyte machten, war eine unlaugbare Vordeutung jener Trübsalen, welche die Tage seiner Vorstehung meistens überzogen. Der französisch-bayerische Krieg schenkte ihm bittere Kelche ein; und wenn wir diese leidige Unruhen auf einem Blatte schildern sollten, würden sie mit dem Schwedenkriege, die Religionsbeklemmung allein ausgenommen, ein fürchterliches Paralell machen.

Adalbert mußte mit den seinen ebenfalls in die Flucht; und war nicht nur das Gotteshaus von den Feinden geplündert, sondern die erzörneten Gallier, denen die Donau bey Höchstädt, wie der Fluß Allia den Römern sehr unglücklich war, brennten den äussern Flecken Marchtall hinweg, und schrieben ihre unchristliche Raserey in die kalte Asche der aufgezehrten Bürgerwohnungen.

In

In geneigtern Zeiten that Adelbert seinen abteylichen Pflichten allerorten genug, und machte sich als einen für alles besorgten Vorsteher unvergeßlich. Seine heilige Kümmerung hatte besonders die Vollführung des Kirchengebäudes zum löblichsten Gegenstande. Er zierte unsern Tempel nicht nur mit dem Hochaltare, welcher, gegen einige Witzlinge unsrer auch in Gottesdienstlichen Sachen leckerhaften Zeiten, zu seinem alten Geschmacke an Majestät und Gold tausend andere übertrift, sondern mit andern Opfertischen, deren gemalte Blätter Werke der besten Meister Deutschlandes sind, als Heusse, Knappichen, Kagern, Staudern, und Zehentner waren; wer die mehrere Kostbarkeiten von Kirchengeräthen, und besonders von künstlich aus Elfenbein gearbeiteten vielen Bildnissen des Gekreuzigten, auf die Altäre sehen will, der muß zumal Adelberten als ein Beseleel von Marchtall anpreisen, wenn er sie wirklich schaut.

Durch die Bearbeitung Adalberts kamen aus den Römischen Krüften der Blutzeugen die heiligen Leiber des Pius, Ursazius, Alexandra, und Theodora nach Marchtall, wo sie in besondern Kästen, und Sargen der Kirche Zierde, der Andacht Trost, und dem Zutrauen auf ihre Hülfe vielen Vorschub geben.

Die feyerliche Einweihung des Tempels durch den hochwürdigen Herrn Konrad Ferdinand von Geist, Weihbischoffen von Constanz, machte ebenfalls eine merkliche Verzierung der Tage Adalberts, zu welcher noch die Weihung dreyzehn Altäre, nebst den zweenen in dem Kapitelhause, und der Küsterey kam; zu gleicher Zeit versammelten sich in Marchtall die geinfelten Väter der Provinz zu einem Synodus des Ordens, und fielen auf Adalberts Brust die besten Tröstungen hin, damit sein Leben von Freude und Leide Fühlungen hätte.

Er bauete zugleich einige große Stücke des neuen Klosters der Kirche an, um seinen Kindern eine bequemlichere Wohnung zu schaffen, ob schon unser altes Kloster von aussen und innen gemalet in einer angenehmen Lage, mit großen Säälen versehen, andere alte Ordenshäuser Schwabenlands weit übertraf. Die leidige Hungersnoth brach mit dem Kriege in Schwaben ein, wo Adalbert nicht nur zum Leiden, sondern zum Mitleiden viele Gelegenheit fand. Wie er in dem ersten wohl geprüft war, so war er in dem andern ein wahrer Vater der Armen. Er sah, daß in Zeit von drey Jahren der Tod durch den Hunger viele Menschen fort rafte, und mit seiner Sense nicht nur diese, sondern auch das liebe Getreid hinweg mähete.

Adalbert theilte seinen hungernden Unterthanen so viel Brod aus, als er von seinen Kästen bringen konnte. Den grünen Donnerstag benennte er in dem Jahre tausend sechshundert vier und neunzig, wo er zur Ehre des seine Jünger speisenden Heilandes seiner väterlichen Liebe eine Stunde einraumte. Allein auch da war der allgemeine Menschenmörder zugegen, da man ihn fort schaffen wollte. Die Schaar der Armen war so groß, und der ungestümme Hunger trieb sie so zu der nahen Labung hin, daß in dem Gedränge des bedürftigen Haufens zwey und vierzig der Armen, beyderley Geschlechts, erdrückt waren.

Adalbert erschrack an diesem leidigen Unfalle, und weinte bitterlich, daß der Tod seiner Hülfe den Trotz both. Er selbst empfand den Last seiner Regierung; und der Quetschung seiner Schultern zu entgehen, legte er seine Würde ab, begab sich nach dem Schlosse Uttenweiler, welches er mit dem anliegenden Flecken, ehe noch den sogenannten Todtenhänden der Klöstern, die Finger zu fernerer Beziehung zeitlicher Güter gestimmelt waren, käuflich an das Kloster brachte, und den unfriedlichen Mittelpunkt abschuf.

Da

Da lebte er in Stille und Hoffnung der ewigen Freuden nicht ein ganzes Jahr, sondern wanderte aus den finstern Winkeln des dasigen Kastells in eine bessere Burg der Seligen, durch einen Schlagfluß den siebenzehnten Weinmonde im Jahre 1706. Sein Todenkörper wurde mit einem traurenden Gefolge nach Marchtall geführt, und bey dem Bruderschaftsaltare des heiligen Rosenkranzes auf der Seite der Epistel dem Schicksale der Verstorbenen überlassen.

Da sehen wir wie das menschliche Leben, auch bey jenen die gebiethen, einem Schachbrette gleiche, in dem weisse und schwarze Steine sind. So glücklich ein Mensch zuweilen ist, oder sich zu seyn glaubt, so darf er dennoch auf die heitere Tage nicht zählen, weil ihnen ohne Vermuthen gleich trübere folgen.

Seneca behauptet mit Rechte, daß jene Thoren sind, und das Wesentliche der irdischen Dingen auf beyden Seiten nicht kennen, welche ihr Leben ohne Bisse eines Unglückes, ohne Störung ihrer Zufriedenheiten durchzubringen suchen. (x) Nur gesunde Seelen, nur gesunde Gemüther wissen sich des Glückes wohl zu gebrauchen, und in den Streichen des Misglückes ihren Rücken nicht abzuwenden; weil sie noch in einem Lande sind, wo der Wechsel beyder in allen Weltgeschichten zu lesen ist.

XVII.

Friederich Herlin, siebenzehnter Abt.

Biberach, eine uns benachbarte Reichsstadt, nährte ihn als seinen Bürgerssohn von Kindheit an: und nach erreichten Jahren beurlaubte er sich von der Welt, und suchte in Marchtall die Zufluchts-

(x) Semper esse felicem, & sine morsu animi velle transigere vitam, ignorare est naturæ alteram partem. Senec. L. de provid.

stätte seiner besten Seele, wo er nach glücklicher Genesung von einer scheußlichen Krankheit die heiligen Gelübde ablegte.

Der nicht ohnlängst belobte Peter Robs, der Arzneykunst Erfahrenster, wurde ihm zu einem Elisäus, und er, Friederich, stieg aus dem Jordan, als ein Naaman, oder als ein schöner und reiner, (y) hervor. Kaum war er zum Priesterthume verordnet, da die Obern seiner Person die ihr angemessensten Aemter zur Verwaltung auftrugen. Seine durch viele Geschäffte ihm zukommende Erfahrenheit sprach ihm unter brauchbarn Männern unsers Stiftes allemal einen vorzüglichen Rang aus; und seine ihm von der freundlichsten Natur zugeflößte Milde und Sanftmuth, mit welchen er männiglich behandelte, setzte ihn in eine allgemeine Hochachtung. Nach innheimischen Stellen trat er zu Bierlingen als Seelsorger auf; und hörten wir selbst allda von den Alten, die unter seinem Hirtenstabe stunden, noch sehr viele Zeugnissen, daß er kein grober Corydon, oder feindseliger Menalkas, sondern ein gelinder Tytirus auf der Weyde seiner Schafe war.

Adalbert sah ihn vor andern tauglich, den er zu seinem Statthalter, und Mitregenten benennen sollte, als er von den Kriegsungestümmen nach Constanz, wie die Eisvögel bey der stürmenden See an das sichere Gestade, entfloh. Da hatte er Gelegenheit die Regierungsübungen in der Nähe auszuspähen. Er war hierinn auch so getreu, und geflissen, daß er nach dessen Abtritt von der Abtey zu selber erhoben wurde.

Drey hochwürdige Aebte unsers Klosters waren zugegen, nahmen an dem Glücke Marchtalls Theil, als nämlich von Roth, Tiberius von Soreth, und Adelbert von Sanct Luzen nächst Chur in Graubünten. Konrad Ferdinand von Geist, hochwürdiger Suffragan

(y) Naaman i. e. pulcher.

gan von Constanz und Bischoff zu Tricalon, setzte ihm die Infel an die würdige Stirne. Er sah um sich aller Orten her, was er in der Klosterzucht, in der Hauswirthschaft zu verbessern hätte. Er war die Freude der seinen; und die vergnügendste Ergötzlichkeit aller und jeder, die ihm zu gehorchen hatten.

Liebe und Freundlichkeit thronten auf seinen Lippen; und wenn er auch in billigen Ahndungen das Sprachrohr verändern mußte, hatten seine Worte von dem Honigseim seiner Sanftmuth gemischt, wenig oder gar nichts von einer räuhern Scheltung der begangenen Freveln. Er liebte unter seinen Kindern zu seyn; und sie sammelten sich um ihn, wie die Bienen um eine bethaute Lilie, mit Trost und Vergnügenheit, her. Sein größtes Leidwesen äusserte sich, wenn er nicht jedermann das was man wünschte, gestatten mochte; und er führte immer Tröstungen mit sich, die etwa Unzufriedene auf eine andere Weise von dem Misvergnügen zu entfernen.

Eben so artig gesetzt, begegnete er dem gemeinen Volke. Er besprach es mit der holdesten Mine, und er fand unter ihm auch keine Nabalen und Mopsen, weil sie ihrer angebohrnen rohen Art vergaßen, so bald sie mit Friederichen zu thun hatten. Selbst in seinen Spaziergängen scherzte er mit kleinen Kindern, und waren seine Kurzweile ihrer Unschuld so ähnlich, als zween Sterne einander in der Milchstraße; wie billig hätte er in dem Umgange mit den Gemeinen dem Mayenblümchenbusche seines Wappelfeldes die auf sich schickliche Devise setzen können: **Ich bin eine Blume auf dem Felde, und eine Lilie in den Thälern.** (z)

Kurz! seine sanfte und gelassene Regierung ist von ihm eine Epoche, welche noch in unsern Zeiten angerühmt wird. Nur der erstaunliche Schuldenlast, der auf Marchtall von Krieg und andern

(z) Ego sum flos campi, & lilium convallium. Cant. 2.

Umständen sehr gewichtig lag, bestürzte sein bestes Herz, und raubte ihm die erquickendsten Stunden seiner Prälatur.

Er war gezwungen die Haus und Kirchenschätze, welche den raubenden Kriegertatzen in die Schweitz entführt waren, anzugreifen, unter welchen das kostbare Altargefäß, so Nikolaus dem Haupte des heiligen Tiberius verfertigen ließ, und die große silberne Ampel, von welcher wir noch das hölzerne Behältniß in unserer Küsterey nicht ohne schmerzliches Gefühl sehen müssen, und die Adalbert sein Vorfahrer mit großen Kösten dem Heiligthume stiftete, die leidigen Entfremdungen waren.

Alles geschah mit Gutheißen des Kapitels; und sah man die entblößten Kirchenschreine für erträglicher an, als wenn das ganze Gotteshaus wegen den unnachläßlichen Foderungen der Gläubiger sich in Flor, und Boy einer allgemeinen Trauer verkleiden sollte. Der Tempel schien sich selbsten anzutragen dem Unglücke des ganzen Hauses vorzubeugen; und das Heiligthum gab seine Schätze willig her, als daß man Berge von weitern Entlehnungen auf Berge zur Niederdrückung Marchtalls häufen sollte, in welche keine Goldadern als nur für andere zu finden sind.

Marchtall wollte lieber ohne geschmückte Altäre, als in Verzögerung der Bezahlungen ohne Gewissen seyn; und lachte es derjenigen, welche bey schimmernden Altären die Zinßbeutel der Gläubiger zur Wandlung ihrer Wohlfart klinglen, da sie hinter denselben kleinmüthig mit diesen Worten an die Brust klopfen: **Euch schuldig leben wir, euch verbunden sterben wir, euch sind wir zinsbar tod, und lebendig Amen.**

Friederich hatte nebst diesem auch den Wasserwall bey der Donaumühle mit großen Aufwand herzustellen, den die Eistrümmer des gefrornen Stromes zerrissen hatten. Auch dieser Eisstoß schlug so heftig an seine Börse an, daß er kümmerlich noch die Mühle selbst aus ihrem Einsturze retten mochte. Die Chorstühle in dem Kapitelhause, und die Kästgen der priesterlichen, eine verwunderliche, und von allen Meistern belobte Arbeit, waren Werke seiner Geflissenheit.

Es ist uns unbewußt, warum er seinen Geschlechtsnamen hintanlegend sich Friederich von dem heiligen Joseph schrieb. Dieser große Fürsprecher für alle Sterbenden muß ihn dazu entschlossen haben; und er hatte ihn sonder Zweifel zur Seite, da er seinen Zweykampf mit dem Erbfeinde der Menschen, mit dem Tode, hielt den sechsten Hornung im Jahre 1711. Der Tag der heiligen Doröthea war für ihn der letzte auf Erden, und was Wunder, wenn unserm gottlieben, und gottliebenden Theophilus von dieser jungfräulichen Blutzeuginn ein erwünschter Blumenbusch aus den himmlischen Auen zum Vorgeschmacke der ewigen Florfeldern zukam, wohin er begierigst eilte.

Nur fünf Jahre rechnete er zum Bezirke seiner Würde, und neun und sechszig lebte er auf der Welt, wenn wir sie von dem tausend, sechshundert ein und vierzigsten seiner Geburt herabzählen. Wir sind allezeit gerührt, so oft wir das Bildniß dieses süßen Prälatens in der Reihe der andern sehen, welche er zur Verzierung des untern Klosterganges in Gestalt einer Gallerie mit getuschter Arbeit und kurzen Elogien schildern ließ.

Wer lebt nicht gerne unter einem Obern, dessen Eigenschaften Milde, und Sanftmuth sind? Wer gehorchet einem Vorsteher nicht ohne Zaudern, dessen Befehle mit dem Petschaft der Freund-

lich-

lichkeit bezeichnet werden? Der Unterthan nimmt alles auf sich, was ein gelinder Vater ihm auflegt. Er ist von dessen bester Gesinnung überführt, und er würde sich die schwerste Verantwortung auf den Hals schmieden, so er einem sanftmüthigen, wohlwollenden, und zärtlichen Vater widerstehen sollte.

Nur grobe, und ausgeartete, nur unempfindliche starren ihre Nacken gegen einer gelinden Regierung auf; und nur sie, diese hartnäckige Holzblöcke, sind bey den sanftesten Westlüftgen unbeweglich. Es bleibt einem bescheidenen, und liebhauchenden Vorsteher ein unaufzuhebendes Gedächtniß gestiftet; da einem Unartigen, auf seine Würde hinpochenden Hohnschriften auf den Grabestein eingestochen werden.

Ist es nicht abenteuerlich, wenn ein Vorgesetzter von dem liebreichen Wesen nichts weis, wie der Engel in des Beerenwirthsschilde immer brummet, auf seine Untergebne mit Dröschflegeln, Limmeln, abgeschmacke Kerlen, Schliffeln, Schlenkeln, Narren, Tropfen zuwirft, und nichts wenigers glaubt, als daß die Worte des Paulus auch für ihn vermeynt seyn: liebet einander mit brüderlicher Liebe, einer komme dem andern mit Ehrerbiethung vor? (a)

Wie zitternd ist ein berufener Ordensmann, wenn er nicht weis, ob er mit ganzen Ohren zurück komme, oder wenn er die Stubenschnalle seines Obern in den Fingern haltend zweifelt, ob er nicht vor der Höhle eines herrschenden Panterthiers stehe? Sind solche Klostergebiether wandelbar? Warum denken sie nicht auf die Vergeltung ihrer Unart, wenn sie von der eingebildeten Höhe wieder unter den

(a) Charitate Fraternitatis invicem diligite: honore invicem prævenientes. S. Paul. Rom. 12.

den Kloster Troß kommen werden? Sind sie beharrende? Warum ist ihnen die schöne Moral eines heydischen Sittenlehrers Seneka so verborgen: **Lebe so mit dem Niedrigen, wie du von einem Erhabnern selbst behandelt zu werden wünschtest?** (b) Warum? —— wir setzen nur wohlgemeynte Bedenken hieher, und gehen weiter, ohne uns in einer so kitzlichen doch ächten Moral aufzuhalten.

XVIII.

Edmund Dilger der achtzehnte Abt.

Aus einem ansehnlichen Geschlechte, dessen Schild mit adelichen Helmen staffiert war, gebohren blickte er das Sonnenlicht zu ersten in Lindau einer Reichsstadt am Bodensee an im Jahre 1656. Gott und die Natur belegten sein fähiges Hirn mit Witze, und Scharfsinnigkeit dergestalten, daß er seine sinnreiche Muse schon in dem Knaben alter nicht zurückhalten könnte, und beynahe ein junger Salomon war, der von sich selbst bekennte, daß er ein Knab von hohen Verstande gewesen, und eine gute Seele bekommen hätte. (c)

Ja, der Beysatz Salomons war auf Edmunden in seinen blühenden Jahren nicht minder schicklich, daß er im Guten zugenommen; und einen unbefleckten Leib erhalten habe. (d) Wir behaupten es dreiste, denn, ohne die Welt zu kennen, verließ er sie, und, ohne ihre Reizungen zu wissen, suchte er Marchtalls Einöde, sich in dieselbe in dem siebenzehnten Jahre seines Alters zuflüchten.

L l Geist,

(b) Sic cum inferiore vive, quemadmodum tecum Superiorem velles vivere. Senec. Ep. 47.

(c) Puer eram ingeniosus, & sortitus, sum animam bonam. Sap. 8.

(d) Cùm essem magis bonus, veni ad corpus incoinquinatum. Ibidem.

Geist, und Wissenschaften safteten diesen Wackern Jüngling zur besten Hoffnung der Obern an; und da er in beyden einen guten Fortgang machte, setzte er sich in Stand, selbe auch andern beyzubringen. Nicht nur lehrte er in Marchtall die Gottesgelehrtheit etlichemal, sondern er wurde in das Reichsstift Roggenburg zur Stelle eines Priors berufen. Die drey Pfarreyen Dieterskirch, Bierlingen, und Munderkingen wurden seiner Verwaltung nicht ohne Frucht angetrauet, und von der letztern abgefodert stund er als Prälat da, wohin er einmüthig erwählt war.

Der hochwürdige Vater Abt Martin von Roth konnte wegen Alter, und kränklichen Umständen der Wahl nicht zugegen seyn. Doch erschien statt seiner Innocenz Prälat von Schussenried, und bevor Leopold Abt zu Weissenau der Zeit des Ordensgenerals Verwalter in Schwaben, Elsaß, und Graubünten. Der Tag seiner Einsegnung war einer der prächtigsten, welche die Sonne in Marchtalls Horizont jemals gebracht hatte.

Der hochwürdigste Fürst, und Bischoff Johann Franz von Stauffenberg würdigte sich selbst dero ordentliches Gepräng vorzunehmen; und mögen höchst denselben theils die berufene Schicklichkeit Edmundens, theils die Verdienste dessen Bruders, welcher des hochfürstlichen bischöfflichen Hofes zu Mörsburg erstens Geheimer Rath, und nachmals Kanzler war, bewogen haben.

Marchtall lebte damals ganz in Jubel, und der Sonntag Jubilate genennt war zu diesem prächtigen Geschäffte angesetzt. Jedermann versprach sich von unserm neuen Abte große Vortheile; und er saumte sich nicht für das Geistliche, und Zeitliche seine ganze Klugheit anzustrengen: die Befehle so er voll des Geistes, und Witzes schrieb, werden noch bey uns in dem Preise der Solons-

schrif-

schriften geschätzt, nur schade, daß Edmunden nicht alles so aus- fiel, wie er es vor sich hatte.

Er mußte öfters von sich selbst bezeugen, daß die mensch- liche Klugheit nicht in alle Tiefen eindringen möge, und daß die Scharfsinnigkeit der Sterblichen ohne außerordentliche Mithülfe des Himmels stumpf werden müsse. Die mit Miswachs, Theurung, Viehseuche, Soldatenmärsche, Hochgewittern sehr bemerkte Jahre seiner Regierung vereitelten seine Anschläge gräulich, und die gro- ßen Gepresten der Hauswirthschaft verlegten ihn in eine große Bangigkeit.

Er war zur Vertheidigung der klösterlichen Rechten allezeit gefaßt, und er hatte Feuer und Hitz für selbe zukämpfen. Poli- tick, und Staatsklugheit waren bey ihm zu Hause: es Zeugen von diesen noch so viele von ihnen handelnde Bücher, welche unsere Bücherkammer mit seinem Namen bezeichnet noch aufweiset.

Es war eine tausend Lust, wenn man Edmunden von den politischen Welthändeln sprechen hörte, und hatte er auch bey Gro- ßen den unverhaltenen Ruhm, daß er einer der besten Kenner des Staates wäre. Doch that er sich in ascetischen Gesprächen nicht minder hervor; und sagte er seine geistliche Anreden an seine Or- denssöhne so bündig, und kräftig herab, daß man ihn mit Recht einen geistlichen Demosthen nennen mußte. Auf dem Altare war er in dem abteylichen Schmucke prächtig, und zog er aller Augen an sich, so oft er den Hohenpriester machte.

Das heilige Haupt des theuren Tiberius, und die zwey aus der jungfräulichen Gesellschaft der heiligen Ursula beschönerte er mit einer kostbaren Arbeit phrygischer Sticknadeln, und den feinen

Predigtstuhl unsrer Kirche stellte er in das itzige Ansehen. Die wenige Haare nöthigten ihn sich einer Perücke zu bedienen, welche er nicht zur Pracht, sondern zum Behufe der Kahlheit bediente; und er machte das spannische Sprichwort falsch, daß Köpfe von zweyerley Haargewächsen nicht die Besten wären. Hombres de dos cabellos, nò tienen buenos resuellos. Prov. Hispan.

Seine einem Ordensmanne zustehende gottselige, und erbauende Lebensart begleitete ihn mit der Klugheit bis an die Gränzen seines Lebens. Nach acht beschwernißvollen Jahren seiner Gebiethung hatte er mit leiblichen Wehethumen vieles zu schaffen, und da endlich die Entzündung der Leber, und Lunge selbe vermehrten, unterlag er seinen Wehetagen, und machte mit größter Geduld, und richtigster Gegenwart des unbekränkten Gemüthes seinem zeitlichen Hierseyn das tröstliche Ende den dreyzehnten Aprill im Jahre 1719, in dem zwey und sechzigsten seines zeitlichen Alters.

Beda der in dem Rufe der Gottseligkeit lebende Abt und Reichsprälat zu Zwiefalten gönnte Marchtall die Ehre seinen werthesten Nachbarn bey dem Altare der heiligen Theodora gegen Mittag in den Schooß der Erde zusegnen, wie dessen eben so frommer Vorfahrer Wolfgang Weiland unsern Abten Friederich bey dem Altare des heiligsten Sacraments das nämliche That.

Edmunden stammte ein Wappengepräg an, in dem ein Einhorn, und drey Lilien nach der französischen Blasomierung zusehen waren. Jenes zeichnete seine Klugheit, und diese den Flor seiner Tugend. Die Klugheit ist die beste Kunst eines löblichen Lebens, sagt Tullius, (e) und ohne die Anleitung derselben ist die Verwaltung der Geschäfften nervenlos, bezeuget Chrysostomus, der Cicero

(e) Prudentiam artem vitæ esse dicimus. Cic. L. 5. de Fin.

Cicero von Byzanz. (f) Das Auge eines Menschens ist das Sinnbild dieser Angeltugend.

Die Aegypter bildeten es auf dem Zepterspitze ihrer Fürsten, von welchen sie die Klugheit zu ersten foderten, doch wie das schärfste Auge manchmal von Nebeln, und Gegenständen getäuscht wird, so ist die menschliche Klugheit öfters in ihren Blicken betrogen. Die besten Schaugläser für diese werden in Himmeln zugeschliffen, und wo diese mangeln, darbet der einsehendste Verstand in Ungewißheiten, und erfährt Betrüge, da er die sichere Wahrheit vor sich zu haben glaubt.

Wer öffnet aber die Klugheit mehrer als der Tod? So blind er ist, so weis er alle Vorkehrungen zuhinterschleichen, welche man, ihm zuentgehen, in dem innersten Kabinete der Aerzten, Pharmacopeen ersinnen mag. Da zeigt sich die wahre Klugheit zum überführendsten Zeugniße ihrer Stärke, wenn der Mensch auf das Zukünftige die besten Maaßregeln abfaßt, und durch einen glückseligen Hingang dahin trachtet, zu was ihn der beste Schöpfer bestimmt hat; ist aber dieses wohl etwas anderes, als der Himmel? Berichte man uns eines bessern, wenn wir unsere Frage nicht wohl gestellt haben.

Wir werden ruhig schlafen, bis jemand uns einer Dummheit hierinfalls überführen wird; oder werden es doch die Weltklüglinge wagen, welche ihre Klugheit auf den Genuß irdischer Dinge verwenden? Schon wieder schlafen wir ruhig: denn Moses greift ihnen in das Auge, wenn er sie, wie die taumelnden Israeliten, ein

(f) Nihil ad veram administrationem ita necessarium est, & commodum, sicut prudentia. S. Joann. Chrys. Serm. 15. super Epist. ad Ephes.

ein Volk ohne Rath, und Klugheit nennet, und ihnen ein besseres Kenntniß der äußersten Dinge eines Menschen wünschet. (g)

XIX.

Udalrich Blank neunzehnter Abt.

Gott alleine gebührt die Ehre, und wir erkennen, daß er allein, der allen Dingen vorsehende Herr, unsern Dank fodern könne, wenn wir diesen Prälaten uns mit Erinnerungen seiner Unternehmungen vorstellen, und die Großheiten seiner Thaten nur in flüchtigen Gedanken betrachten. Schon nennte ihn der Himmel zu unserm Regenten, schon zeigte sich die Infel noch in der Ferne für ihn, und schon arbeitete die Vorsehung des Herrn an dem Trauringe, mit der marchtallischen Gesponse zur Zeit gepaaret zu seyn, da die Welt ihn unter dem Pöbel, in dem untern Range des Feldlebens zu Uttenweiler den ein und zwanzigsten Christmonde im Jahre 1673, zur Welt kommen sah.

Wer dachte, daß ein zukünftiger Abt, und zwar einer der vortrefflichsten, da in der Wiege läge? Wer hätte einen Dollmetschen der Horoscopen nicht in das Land der Wahnwitzigen verwiesen? Und wer würde nicht für Lachen zerborsten seyn, wenn man auf derley Weissagungen verfallen wäre? Doch der kleine Johann, so nennte ihn die heilige Taufe, doch er lag ganz in der Hand Gottes, auf daß nur diese etwas groſses aus ihm künsteln, und, wie er im Leben es sich zum dankbarsten Kernspruche nahm, sein Loos bestimmen sollte. (h)

Was

(g) Gens absque consilio est, & sine prudentia, utinam saperent, & intelligerent, ac novissima providerent. Deut. 32.

(h) Sortes meæ in manu domini.

Was bemerkte man an ihm, als einem Knaben, dann eitel Plumpheit, eine stammelnde Zunge, eine gefesselte Aussprache, einen auch zu mindern Begriffen langsamen Verstand? Und dennoch sollte er in die Dienste der Musen gehen, da man ihn ehender zu einem Stalljungen des Pegasus, als zu einem Taucher in der Hippokrene, tauglich achtete.

Schon wieder führte ihn der Herr an seiner Hand, in welcher er zur Tilgung der Dummheit so viele Lichter hat. Johann sehnte sich nach dem Ordenskleide. Er war in die Ausgabe nicht in die Einnahme geschrieben, weil seine stotternde, gatzende Zunge wieder ihn sprach, da er sie für sich zureden bestellt hatte. Schon wieder der Herr machte ihm die Herzen der Chorherren wider Willen gewogen. Mit dem Namen Udalrich benennt legte er seine Gelübde ab.

Schon wieder der Herr stellt sich zu seinem Lehrer auf, ihn vor der Welt groß zumachen. Udalrich warf sich in das Gebeth, er seufzete nach dem Himmel und nach der Mutter der Weisheit Maria, und auf eine ungehofte Weise war seine Zunge gelöset, sein Hirn aufgeklärt, daß er unter den fähigsten Lehrlingen zur allgemeinen Bewunderung erschien, nach Dillingen verschickt war, und auch zu Hause als ein rechtschaffener Lehrer der natürlichen, und göttlichen Wissenschaften männiglich begnügte.

Seine Obern mußten von ihm einen guten Gebrauch machen; und sie hoften auch eben darum alles gedeyliche, weil sie die augenscheinliche Mithülfe des Herrn bey ihm wahrnahmen. Sie verordneten ihn nach der Pfarrey Bierlingen, sie vertrauten ihm den Fruchtkasten, und auch nachmals die in der That schwere Bürde der Großkellerey an, und erstaunten an dessen zu Klosters Nutzen

zen immer ausschlagenden Bemühungen. Reich von guten Absichten, voll von besten Räthen, und allezeit an Frömmigkeit glänzend bemeisterte er die Gemüther seiner Mitbrüder so, daß sie ihn nach Edmunden zum Prälaten erkießten, und, obschon die Zahl vortrefflicher Männer wohl beziffert war, ihm vor allen die Würde eines Vaters auftrugen.

Wie wenig es ihm von dieser Erhebung nur geträumt hätte, zeigte die ernstliche Versagung, sich in die Wünsche der Wählenden einzulassen. Er weigerte mit allen Kräften den Antrag anzunehmen, und war seine Widersetzung keine vermumte Stellung, keine hockerichte oder bucklichte Demuth, keine heuchlerische Ablehnung des Ehrenposten. Nein! der Widerstand war der Ernst seines Herzens, und die Ursache seiner Thräne, die er zur Bewegursache seiner Entlassung schluchzend vergoß.

Doch der Herr war schon wieder auf der Seite der Wählenden, sie blieben mit einer löblichen Halsstärrigkeit auf ihrem Wollen unbeweglich. Hermann der große Vater Abt von Roth, und Dominicus Abt von Roggenburg setzten ihre Zusprüche bey, und **Udalrich** mußte sich entschließen Prälat zu seyn.

Der hochwürdige, und von der ganzen Welt wegen Gelehrt- und Gottseligkeit geschätzte Suffragan von Constanz Konrad Ferdinand von Geist Bischoff zu Tricalon verzierte ihn mit den abteylichen Insignien. Durch welche wir bis daher nur Infel, und Stab verstunden, weil dem Neuerwähten so gleich Pectoral und Ring gegeben werden.

Udalrich trat seine Regierung mit Furcht, und Zittern an, und er läuterte seine Weigerung selber sich zuunterwerfen mit der öffentlichen

fentlichen Auflage der fürchterlichen Schulden, mit welcher Marchtall zum zerbrechen beladen war. Doch der Herr bestellte ihn zu einem Perseus die an den Stein gefesselte Andromeda in die Freyheit zu setzen. So hurtig er war den Untergang Marchtalls im Zeitlichen zuverhüten, so geschwind nahm er vor allen die Klosterzucht zur Sorge. Er verbannte aus dem Gotteshause den politischen Weltgeist, und schätzte sich glückselig genug, wenn er wackere Religiosen zählen könnte.

Sein Leben war in allen Stücken so unsträflich, daß auch Feinde ihm keinen Tadel zu sagen wußten, als daß er etwa in Bestrafungen sich schärferer Ausdrücken bediente, da er doch auf die gesehene Besserung alles, was geschehen war, der Vergessenheit überließ. Die Abtödtung war seine Kömmlichkeit, das Gebeth seine Kurzweile, und die Lesung des geistlichen Rechtes seine besondere Uebung.

An niemand hatte die Gesparsamkeit mehrers zu thun, als an ihm selbst. Er haßte allen Pracht, kleidete sich wie andere, begnügte sich mit gleicher Kost und Trank, und verfolgte das Wohlleben mit dem äußersten Gramen. Niemals entschloß er sich zu einer Reise, als da er von Geschäfften, und Wohlstand dazu genöthiget war, und so that er den Kloster Einkünften wenig Leide, weil diese sehr viele Unbilden fühlen, wenn Prälaten mehrer auf der Landstraße, als in ihrer Abtey gesehen werden.

Von den Wissenschaften war er ein sehr kenntlicher Mecänat. Er prüfte die seinen in öffentlichen Schulkämpfen selbst, half ihnen aus der Noth, wenn der Schulsack sie verschlingen wollte, liebte die Gelehrten, und beförderte sie nach Verdiensten.

Das Ansehen Udalrichs machte in die seinen Furcht, welche die Liebe nicht verdrängte; und suchten die Ausschweifungen allemal ihre Winkel, wenn dieser ernsthafte Minos erschien; das gemahlte Bildniß des gekreuzigten in unserm Kapitelhause war sein Delphos, wo er sich mit öfterer Entrichtung des heiligsten Opfers in allen Vorfällen Raths erholte. Die Schätzung dieses anmuthsvollen Gemäldes rührte bey ihm von darum her, weil selbes vor einfallenden Kriegszeiten etlichemal von seiner wohlverwahrten Heftung zur Erde herabfiel.

In nichts gieng er gemächlicher als in Entschlüsse. Man merkte das tiefsinnige Gemüth an seinem starren Auge, und schlugen ihm seine Absichten desto weniger fehl, als er in selben ein zaudernder Fabius war. Die Kanzeley, welcher er geflissenst vorsaß, war der Ort eines gerechtesten Richters für ihn. Feind der Parteylichkeit, Freund des Rechtes bestimmte er den Schuldigen Strafe, den Unschuldigen die Rettung.

Die wohleingerichtete Urbarien, oder Lagerbücher, die ausgemessene Lehengüter der Unterthanen schienen ihm die tauglichsten Vorkehrungen gegen Zwiste, und Uneinigkeiten. Er häßte Processe, und Rechtshändel, weil auf den papierenen Wahlstätten der Advocaten so viele Kösten liegen bleiben. Mußte er mit jemand zu Gerichtstuhlen ziehen, und waren seine freundlichst angegebene Verträge ausgeschlagen, bracht er die hellesten Proben seiner angefochtenen Gerechtsamen mit sich, und überwand.

Was man meistens zur Bewunderung zog, war die künstliche Vertheilung der Klosterrennten. Innsassen, und Gäste hatten bey ihm die beste Verpflegung. Dem Tempel schuf er zwo schöne Statuen von Silber, deren eine des heiligen Tiberius, die zweyte

der

der heiligen Agatha ist. Er erhielt von Rom einen beträchtlichen Abschnitz von dem Kreuze des Erlösers, und setzte ihn in einem schönen Gefäße feyerlich aus. Er beschenkte das Haupt seines heiligen Obristhofmeisters des heiligen Tiberius mit einem neuen Altare. Er baute den vierzehn heiligen Nothhelfern zu Datthausen eine neue Kappelle. Er stellte das neue an die Abtey angehängte Gasthaus aus dem Grunde, nebst andern auswärtigen Scheunen und Mühlen her, und durch die segnende Hand des Herrn trug er die ungemeine und fast unglaubliche Schuldensumme bis auf den letzten Häller ab.

Auch der Armen vergaß er keines Wegs. Er unterstützte ihre Noth in allen Zufällen der Bedürftigkeit mit einer eilfertigsten Vaterliebe; und glich er einem an der Gartenmauer stehenden Baume, welcher mit den über selbe hinausragenden Aesten dem hungernden Wanderer seine Früchten anbiethet, und mit den innern den Eigenthumsherrn speiset. Haushälterischen Unterthanen blieb er immer gewogen. Er unterschulterte sie, wenn sie nicht von der Fahrläßigkeit, sondern von Unglück Schaden litten; unachtsame und schwelgende Lumpen fanden bey ihm keinen Zugang, und er verwies sie unter die Haderstämpfel der Papiermühle, damit sie zu einem Schandblatte ihrer Liederlichkeiten würden. Sieben und zwanzig Jahre blühten unter ihm Marchtalls Glückseligkeiten, ob schon verheerende Gewitter hin und her selbe in etwas brachen.

Endlich berührte Udalrichen ein unverhofter Schlagfluß, weil man ihm wegen dem gemäßigten Podagra mehrere Jahre versprach. Er war zur Uebergabe seiner Würde so gleich bereit, doch verschob er sie klüglich, bis alle Schuldbriefe in Fetzen lagen, und Marchtall nicht einen Häller mehr abzinsen durfte. So bald das auf fremden Matten furraschierende Heer der Gläubiger in seine Casernen zurück gieng, und der böse Schuldenkrieg sein Ende hatte, wozu er allein der Held war,

 ließ

ließ er ein feyerliches Hochamt, und nach selbem, das Herr Gott dich loben wir absingen, gab seinen von den Schuldenketten gänzlich befreyten Söhnen ein fröhliches Gastmahl, und entließ mit höchstem Gutheißen des Ordensgenerals Claudius Honoratus Lukas seine Würde, lebte noch drey und ein halbes Jahr in den gottseligsten Vorbereitungen zu einem guten Tode, in erbaulichster Geduld, niemand zur Last, allen zu Trost, und zahlte auch der Natur großmüthig die große Schuld der Sterblichkeit in Mitte seiner Ordensbrüder gegen den Quittungsschein eines unsträflichen Lebens den siebenzehnten Weinmonde im Jahre 1748. Er verlangte, daß man seine Gebeine in der Kappelle seines werthesten Schatzmeisters des heiligen Tiberius beylegte, und sein hochwürdiger Nachfolger gewährte ihm es mit eigener Hand.

Zur Bildung seines Wappenschildes bestellte er das Wappen Adelbertens, seines Vorfahrers, dem er die Aufnahme in das Kloster schuldig war, und dann für sich eine Sonnenblume, und den großen Tagesplaneten selbsten in einem himmelblauen Felde. An dem Tage seines ersten Trauerbesingnisses drohte das Feuer dem Schloße zu Uttenweiler, seinem Vaterorte, eine große Gefahr, doch sie verschwand, und vielleicht war die Fürbitte Ulrichens keine kleine Hülfe.

Welche Sittenlehre soll uns aus so vielen, die von dem Leben dieses unvergleichlichen Regenten aufquillen, zu einer kleinen Haltemachung schicklich seyn? Nur diese, daß das Glück, das wahre Glück der Sterblichen nur von der Hand Gottes abhänge. Der Herr ist der einzige, welcher mit Hervorziehung unachtbarer Menschen die schnaubenden Großen beschämet. Die Schätze seiner unergründlichen Schlüssen liegen auch im Staube verborgen, aus dem er die geschmücktesten Männer hervor nimmt, nachdem er sie von Niederträchtigkeiten gesäubert hat.

Lassen

Lassen wir die von Geburt sich spreitzende Spötter nur über die Erhebung gemeiner Leute Gift speyen; lassen wir ihren Stolz gegen selbe nur wüthen, mit geinfelten Bauernknechten, mit gnädigen Pöbelskindern darein werfen. Tugend und Klugheit schreiben die sichersten Adelsbriefe, da Laster und Thorheit selbe entsiegeln, und auslöschen. Der Adamslette, der allgemeine Töpferthon läßt sich die beste Lasur nur von Tugend und Klugheit beybringen, da ohne sie so viele durchleuchtige Scherben in den Augen Gottes und vernünftiger Menschen verächtlich bleiben. Bewunderung und Anbethung gebühren da einer ewigen Vorsicht, welche sich in allen Ehrenbestimmungen vervielfältiget, und dennoch eine einzige bleibt, die von keinem Witze der sich betrügenden Menschen abhängt, sondern allein ihre Diener erhöhet.

XX.

Edmund Sartor der zweyte, und zwanzigster Abt.

Die Spur eines großen Prälaten war so merklich, daß in selbe kein kleinerer einzutreten hatte; und dennoch geschah es, daß dem großen Udalrichen ein kleiner Edmund folgte. Wir nehmen aber dessen Maaße nur dem Leibe, nicht der Seele nach, an welcher er sittlichen Riesen gliche. Wird den Munderkingen immer zur Pflanzschule unsrer Aebte seyn? Wahrhaftig auch von dar hatten wir Edmunden.

Von ehrsamen bürgerlichen Aeltern gezeugt begab er sich ebenfalls nach Marchtall, und hatte das Glück unsern Chorherren untermengt zu werden. Er bracht seinen Taufnamen Sebastian mit sich, den er in der heiligen Handlung seiner geistlichen Wiedergeburt den dreyßigsten Wintermonde im Jahre 1696. empfieng.

Das Talent seines unermüdeten Fleißes war die Grundlage seiner Verdiensten. Der Kreis seines ganzen Lebens war von diesen beglänzet; und erwarteten ihn die ansehnlichsten Stellen selbst, ohne daß er sie aufzusuchen hatte. In den ersten Jahren seiner für andere bestellten Wirksamkeit las er den Knaben den Alvarus, den Klosterweltweisen den Aristot, und den Theologen die Lehre des englischen Aquinaten nach der Gesinnung der neuern Art vor. Weit von ihm, daß er nur auf der Obernfläche der Geheimnissen umflatterte, wie jene zu thun pflegen, die von einer fertigen Naturschärfe ausgerüstet sich vieles zutrauen, und mit schwächern Begriffen sich befriedigen. In dem Fleiße unermüdet, in der Anwendung seines Geistes bis zur Schwächung der Kräften gebracht, drang er auf die Gründe seiner zu behauptenden Sätzen, und erhielt durchgehends den Zuruf eines wahren Gelehrten.

Die Stelle eines Priors und Novizenmeisters wurden ihm nachmals zu Theile, welche er mit vieler Aemsigkeit beehrte. Von dar hatte er sich nach seiner Vaterstadt zu begeben, wo er als Pfarrer für die Rechte eines Seelsorgers, ohne Ruckſicht auf natürliche Verbindungen heldenmäßig kämpfte. Es ergieng ihm da, wie dem Heilande in seiner Vaterstadt Nazareth, (i) nur da war die Ungleichheit, daß man nicht an die Stürzung Edmundens von dem Berge dachte. Er stritt für den Tempel, für die Füge eines Seelsorgers, und machte sich Feinde, wie Jesus, unter seinen Landsleuten. (k)

Hier war es, wo man seinen in gerechten Dingen unerschrockenen Muth meistens kennen lernte; und eben dieses Kenntniß machte ihm Gönner, welche ihn zu der Abtey beförderten, in welcher er alsobald von dem hochwürdigen Vater Abten Ignazen von Roth, in Beyseyn Siardens, des hochwürdigen Prälatens von Soreth bestättiget wurde.

Franz

(i) Et venit Nazareth ubi erat nutritus. Luc. 4.

(k) Et repleti ſunt omnes in ſynagoga ira. l. c.

Franz Karl Joseph Graf Fugger von Kirchberg, und Weissenhorn auf Glött, hochwürdiger Weihbischof zu Constanz, Bischoff zu Domitiopel in klein Asien, führte ihn mit der Einsegnung in der Infel und andern Kleinodien auf; und hatte Edmund kaum den Antritt seiner Regierung gemacht, da er die Höhe seines über den Leib ausreichenden Geistes äußerte. Wie er in allen Dingen die Feinheit liebte, und die Unordnung haßte, so wollte er diese eben auch von der Ordenszucht und Wirthschaft verbannet wissen, und jene einführen.

Seine Tagordnung ließ sich keine Zerrittung beybringen, und so sonderheitliche, als andere Geschäfte entschied er zu seiner gewiesen Stunde, wenn sie eine Verweilung geduldeten. Der Dienst des Herrn ist ihm sehr verbunden, weil er auf dessen Pracht und Einrichtung nach dem genauesten Gepränge der Kirche, und nach Anzeigen der Rubriquen, worinn er wenige seines gleichen sah, die fleißigsten Merke hatte. Er war wie von der Tonkunst ein rechtschaffner Kenner, also ein großer Schätzer hauptsächlich, wenn sie zur Ehre der Ewigen abzielte.

Das höchste Opfer stattete er Gott mit solcher Art und Vollkommenheit ab, daß man an ihm nicht den mindesten Fehler, nicht die kleinste Wendung wider den Wohlstand in liturgischen Handlungen bemerkte. Die Tagzeiten und kanonische Bethstunden zu Hause und auf der Reise blieben in ihrem Fache, worein sie die Kirche gesetzt hatte; und in allen diesen Dingen foderte er auch von den seinen eine beste Nachfolge seines Beyspiels. Die Gelehrsamkeit ruhete unter seiner Beschirmung; er schätzte gute Talente, und wünschte sich alle insgesamt in der Thätigkeit zu sehen; und wenn auch hier und da die Edelsten zurückgewiesen waren, konnte man die Schuld nicht so viel ihm, als den mindergünstigen Schnapphahnen zu messen, die für sich, oder für andere den Tag des Glückes und der Beförderung ankräheten.

Täg-

Täglich fand er sich bey der allgemeinen Betrachtung in den Morgenstunden ein, und traf ihn kümmerlich die jüngste Morgenröthe in den Federn an, weil er der erste im Hause schon außer denselben war. In den Bestrafungen gab er von seiner Hitze und Schärfe, und in den Belohnungen von seiner Verbindlichkeit und Güte unlaugbare Proben. Er liebte die seinen bis in Tod. Auch nach diesem erwies er ihnen die letzte Vaterneigung, da er ihre Leichen selbst in die Kruft einsegnete, ihr erstes Besingniß selbst feyerlich hielt, welches anvor unter den Functionen eines Priors war.

Gott prüfte ihn zur Uebung der Geduld mit vielen Beschädigungen der Ernte; daß Wolkenfeuer sengte ihm zwo Zehendscheunen hinweg, und einmal sah er das Gotteshaus in der nächsten Gefahr der Einäscherung, die er aber mit einem Gelübde, das Fest der heiligen Agatha jährlich mit einem fruhen Singamte zu beehren, entfernete. Von der Erfahrenheit schuf er sich einen großen Vorrath, und hörte man so wohl in Ordens- als prälatischen Reichskomitien sein Gutachten mit Aufmerksamkeit an.

Der Ordensgeneral Bruno Becourt benennte ihn da und dort zu Schlichtungen sicherer Irrungen, und hatten seine Räthe in den Gemüthern eine außerordentliche Durchdringlichkeit. Die Nüchternheit war seine Tugend, und die Versammlung des Gemüthes aller Orten sein Eigenthum. Bernardus und Bonaventura lieferten ihm den Stoff zu geistlichen Anreden, und Augustins Regel die Masnehmung zur Einrichtung des Klosters, und hauptsächlich des gemeinen Lebens, dessen Beybehaltung er mit Nachdrucke verfocht, und ein Feind der Sonderlingen war.

Für den Höchsten in dem Tabernackel bekümmerte er sich in Feuer und Glut, befahl die Säuberlichkeit der Altären mit den strengsten

sten Verordnungen, und ließ nicht nur zu diesem Ende ein großes Bild des Gekreuzigten mit sieben Stralen, wie es Norbert in der Wüsteney des alten Prämonstrats sah, von Silber verfertigen, sondern stiftete dem evcharistischen Gott zu einem bessern Throne ein Schaugefäß von großem Werthe, und Meisterstücke.

Die Betrachtung des leidenden und sterbenden Heilandes war der geistreiche Myrrhenbusch seiner Seele. Er ordnete dessentwegen, daß man alle Geheimnissen der göttlichen Martergeschichte an dem heiligen Charfreytage in kurzen theatralischen Auftritten dem gemeinen Volke vorstellen sollte, und daurten diese Leidensscenen bis in das letzte Jahr seines Lebens.

Edmund machte sich von darum auch unvergeßlich, weil er die ehrwürdigen Gebeine der vier ersten, im besten Rufe der Gottseligkeit gestorbenen Pröbsten **Eberhardens**, **Ulrichens**, **Gerlochens** und **Manegoldens** mit einer neuen Grabstätte beehrte. Diese ehrwürdigsten Ueberbleibseln hatten schon in den Zeiten Konrad Kneers eine herrliche Uebersetzung. Dieser obenbelobte Abt hatte das Glück selbe jähling zu finden. Voll des Trostes sah er auf ihre Richtigkeit; und da er sie als die ächte Gebeine besagter ersten Marchtallischen Väter erkennte, legte er sie den ein und zwanzigsten Weinmonde, an dem Festtage der heiligen Ursula, im Jahre 1657. in einer bessern Ruhlage, in Pontificalkleidern und einer besondern Feyerlichkeit andern Reliquien bey. Der annehmliche Geruch, den sie von sich hauchten, bestättigte alle Gegenwärtige, daß sie die ehemalige Wohnung heiliger Seelen waren; und so gebiehrte auch ihnen unter Edmunden eine Ehre.

Es geschah freylich durch ein bedauerliches Vergehen in dem Alterthume, daß die Vermischung dieser Gebeine uns die Sicherheit entzog, wem sie einzeln zugehörten. Edmund setzte sie aber gesellschaftlich frischer Dingen in die Kappelle des heiligen Ursazens über, und verherrlichte sie ebenfalls gemeinschaftlich mit einer glänzenden Grabschrift allda.

Von der edlen Baukunst wurde er sehr belebt, und war sie in ihm desto löblicher, als er die Wohnung der seinen nicht nur eng, sondern auch mangelhaft fand. Wir haben ihm das geraumige Krankenhaus, den schönen Speisesaal, dessen Werth und Theile nur Misgönner schlecht berechnen, die außer dem Tempel neue Kruft der Verstorbenen mit dem darauf gesetzten schönen, und rührenden Oelberge, die zwo Pfarrkirchen zu Unterwachingen, und Amaren, die Apothecke, das auf einer jähen Bergspitze gegen der Donau stehende Lusthaus, den Wasserthurme, das zwar noch nicht vollendete Thorgebäude, und in den Tempel die zween reizende Altäre der heiligen Franciscus Xaverius, und Johannes von Nepomuck zu verdanken.

Da nun **Edmund** für die seinen so viele Steine zur Verherrlichung Marchtalls durch seine zwar öfters wohlredende, und selten gegenwärtige Baumeister in die Ordnung bringen ließ, wußten wir nicht, daß er selbst eine lebendige Kalch und Steingrube wäre.

Ach! wir wußten es nicht. So wenig er sonst von Unpäßlichkeiten befallen war, so heftig wurde er von Stein und Nierenschmerzen auf einmal angegriffen. Die Aerzte versuchten alle ihre Kunstgriffe, und wir seufzeten zu Gott, daß seine Barmherzigkeit uns doch von dem Verlurste **Edmundens** schonen möchte. Seine ihm angebohrne heldenmäßige Entschlossenheit in allen Vorfällen munterte ihn in den heftigsten Schmerzen zur Abbüßung seiner Sünden, wie er selbst sagte, auf, und seine Geduld zwang uns und andern das Bekenntniß ab, daß sie ihres gleichen nicht hätte. Die deutlich ihm bevorstehende Todesstunde war eine Erinnerung, sich

zu

zu selber herzhaft vorzubereiten. Er zauderte nicht. Mit den besten Auffrischungen seiner Seele gelabt wollte er sich das in Seelmessen übliche Gesang vor dem Evangelium

Jener Tag von Zorn, und Brüllen,
Der, nach David, nach Sybillen.
Wird die Welt mit Glut erfüllen. (1)

immer Vorgelesen haben.

Endlich lief die Reisuhr unsers theuresten **Edmundens** mit dem letzten Sandstäubchen ab; und nach einer Segnung, so er den seinen mit Demuth, und Liebe ertheilte, machte er sich in das ewigdaurende Gebäude der Seligen fort den zwölften Brachmonde im Jahre 1768. an dem Jahrstage seiner abteylichen Einsegnung, unter dem Zeichen des marianischen Engelsgrußes, den dritten Sonntag nach Pfingsten, an dem Festtage des norbertinischen Triumphes über die Feinde des allerheiligsten Altarsacraments, davon er die Bruderschaft zu Marchtall, und das besondere Verbindniß für dessen Anbethung unter den studierenden Knaben einführte. In dem zwey und siebenzigsten Jahre seines Alters den zwey und zwanzigsten seiner glorreichen Regierung.

Wir fielen in Furcht und Grauen, als die Aerzte uns jene zween sandichte Tyrannen vorwiesen, die sie aus dem Leichname **Edmundens** hervorzogen; und hätten wir sie zu einem kleinen Epitaph für unsern erblaßten Vater gebrauchen dürfen, würden wir in beyde zumal nur das einzige Wörtchen Ge-duld eingeschnitten haben, welche **Edmunden** sonder Zweifel die ewige Ruh verschuf.

(1) Dies iræ Dies Illa,
Solvet sæclum in Favilla,
Teste David cum Sybilla.

Der hochwürdige Reichsprälat **Nikolaus** von Zwiefalten segnete die gemarterte Leiche unter unsern Thränen in der Kapelle des heiligen Norberts ein, wie er **Edmund**, diesen Liebesdienst dessen hochwürdigen Vorfahrer **Benedicten** seinem innersten Herzensfreunde vor weniger Zeit mit Zähern benetzt erstattete. **Edmund** setzte gemeiniglich den allerheiligsten Namen Jesus seinem Wappenschilde auf, worinn ein mit einem Pfeile durchschoßner Steinbock, drey Lilien **Edmunds** des ersten, und ein Männchen ohne Hände und Füße zusehen waren. Sein Kern und Wahlspruch war in allen Gelegenheiten: **Der Name des Herrn sey gebenedeyt.**

Ein Oberer des Gotteshauses thut wohl, wenn er den seinen mit einer standesmäßigen Wohnung vorsieht. Sie darf auch zu der Kömmlichkeit ein gemäßigtes Aussehen für sich behaupten. Gott hat seinen Dienern in den Himmeln die schönsten Paläste erbaut, dagegen die Burgen der mächtigsten Weltmonarchen eitel Bettelhütten, und Strohmapalien sind. Auch auf Erden will er sie nach ihrem Stande beherberget wissen.

Nur Ueberfluß, nur unmäßiger Pracht nach dem Geschmacke der Weichlichkeit sind davon abzuschaffen; und nur diese fallen den Klosterfeinden so gräßlich in das Auge; doch was kann diesen Beschnarchern gefallen, welche den Ordensleuten auch die Luft misgönnen, und nur Marmor, und Porphyr für sich alleine erschaffen zu seyn glauben? Wohl uns, wenn wir in dem Hause der Ewigkeit unsere Wohnung in Sion beziehen werden, dessen Werkmeister nur Gott ist, und dessen Befestigung noch Luft, noch Feuer, noch Erdebeben, noch Wasserfluten schaden könnten. Unsere Verdiensten werden uns allda die schönsten Tapeten aufhängen, und

nur

nur nach diesen wird unser Saal mit Lustern der im Leben geübten Tugenden verherrlichet seyn.

XXXI.

Ignatz Stein heutiger ein und zwanzigster Abt.

Nichts weniger für uns als die Schmeicheley, wir würden uns des übeln Verdachts dieses unehrsamen Lasters ganz gewiß schuldig machen, wenn wir uns mit einer Lobschrift unter die Augen Ignazens zutreten wagen sollten. Wir wissen, daß das Menschenlob seinen Ohren zum Eckel, und Grauen fallen; und würden wir die unglücklichsten seyn, wenn wir ihn öffentlich anrühmen dürften, das ist, nach seinem Tode.

Himmel! ferne von uns dieser schreckliche Zeitpunkt! nur kurz! Rottenburg am Neckar gab ihn der Welt, und unserm Stifte durch christliche Aeltern den achtzehnten Jänner im Jahre 1721, die Aemter eines Lehrers unterer und oberer Schulen, eines Subpriors, Priors, Novizenmeisters, Pfarrers zu Saulgart, und Bierlingen bereiteten ihn zur Abtey, zu welcher er auftrat den zwanzigsten Brachmonde im Jahre 1768.

Der hochwürdige Vater Abt Moriz von Roth im Daseyn, des hochwürdigen Prälaten zu Soreth Nikolaens bestättigte ihn durch das Vorrecht des Ordens, und Franz Karl Joseph Bischoff zu Domitiopl Suffragan zu Constanz aus den Reichsgrafen Fugger von Kirchberg Weissenhorn auf Glött, der nunmehr in Gott ruhet, theilte ihm die Zierden seiner Würde zu. Sein edler Hang ist nach Tugend, und Wissenschaften, und sein Wappenring trägt auf sich einen brennenden Altarstein, eine Lilie, und ein Pectoral-kreuz mit einem verwundeten Herzen in der Mitte desselben.

Ein Jahr ist es, daß ihm und seinem Stifte die höchste Gnade widerfuhr, als Ihro königliche Hoheit die durchleuchtigste Fürstinn, und Frau Maria Antonia Erzherzoginn zu Oesterreich vermählte Dauphine von Frankreich ihr Nachtlager in Marchtall zu halten gnädigst geruhete. Marchtall war damals in der größten Lebhaftigkeit, so lang es steht. Das ganze Gefolg von fünfhundert Personen war in unserm Klosterumfange mit Wohnung versehen. Bernard Kögel unser würdigster Oberamtmann und erster weltlicher Rath beschrieb, und besang diesen merkwürdigen Vorfall mit seinem in dem Musenbache getauchten Kiele.

Es war dieser erste May des abgewichenen Jahres ein kostbares, und fröhliches Vorspiel der heurigen, und sechshunderten Mayal Kalenden, an denen unsere Stiftung durch Hugon, und Elisabethen beschlossen war. Ignaz erfüllte alles, was ihm der enge Zeitraum von sieben Wochen vergönnte.

Die große Theresie Kaiserinn Königinn beehrte ihn nicht nur durch seine Durchleucht den Fürsten von Stahrenberg mit einem hochwerthigen Pectoral, und Ringe von rothen Steinen, und Diamanten, sondern die Allerdurchleuchtigste, Großmächtigste Monarchinn äußerte ihre allergnädigste Erkenntlichkeit mit dem folgenden an Ignazen abgelassenen Schreiben.

Auf-

Aufschrift.

Dem Ehrwürdigen Herrn Ignatio, des heiligen römischen Reichs Prälaten, und Abten des Reichsstiftes Marchtall, unserm lieben Andächtigen.

Ehrwürdiger, Lieber, Andächtiger!

Obschon unserer geliebtesten Frau Tochter, und nunmehrigen Dauphine königlichen Hoheit, und Liebden, von Dero Andacht derselben zu Marchtall so ausnehmend erwiesenen Dienstfertigkeit, und Geflissenheit uns in Voraus die angenehmste Kenntniß gegeben, so hat uns doch Dero Andacht verbindliches Schreiben vom vierten dieses Monats auch nicht anders, als tröstlich seyn können, weil wir daraus ersehen, daß erstgedachter Prinzessinn daselbstiger Aufenthalt, so wir gewunschen, eben zu Dero Andacht Zufriedenheit gediehen sey. Wenn nun dieselbe durch so edle Bezeigungen, Dero gegen uns hegende beste Gedenkensart, und Ergebenheit öffentlich an Tag geleget, so erkennen wir auch solche mit der aufrichtigsten Danknehmigkeit, und wünschen hingegen von Herzen öftere Gelegenheiten anzu-

anzutreffen, Dero Andacht sowohl, als Dero unterhabendes Stift unserer wahren Zuneigung überzeugen zu können. Inzwischen bleiben wir Dero Andacht mit Kaiserlichen Gnaden und allem Guten wohlbeygethan.

Laxenburg,
den 17. May 1770.

Maria Theresia.

Uebrigens hat er Ignaz, die Ergötzlichkeit das sechshunderte Jubelfest zu erleben; und wir beehren ihn mit unsern kindlichen Wünschen. Der Herr segne dessen Gesinnungen, und vermehre dessen Jahre zu unserer Wonne. Nur mit diesen chronographischen Zeilen schließen wir die noch kurze doch herrliche Periode Ignazens.

IgnatI! tIbI qVot VoLVMVs, sI VIXerIs annIs,
SæCVLa seX tIbI sVnt haVD satIs — — —

Ignaz! bIst Abt, so Langs VerDIenests?
seChshVnDert Iahr sInD nICht genVg.

— — — — — — — — — — — — — — — —
— — — — — — — — — — — — — — —

Sind wir aber schon mit allem fertig? Ist niemand mehr da, dessen Ruhm wir mit Dankbarkeit sprechen sollen? Sind wir die Erhaltung Marchtalls nicht noch andern schuldig? Feldherren, wenn sie siegen, haben die Ehre, daß man nur die glücklich ausgefallene Schlachten ihnen zumißt, und den Sieg nur unter ihrem Namen verbreitet; wie würden sie aber ohne Beyhülfe anderer die Lorbern erfochten haben? Und da wir unsern Vorstehern zu einem

ewigen

ewigen Ruhme diese Blätter einräumten, waren sie allein die Erhalter unsers Stiftes? Nein! sie hatten Infelwürdige Männer ihres Gotteshauses um sich, welche für Gott, für die Kirche, für Religion, für Marchtall mit ihnen kämpften.

Der Menschenkopf trägt zwar alle Hauptzierden auf sich, er ist der geschmückteste Leibestheil, weil er der erscheinendste, der erste ist. Seine Scheitel prangt von aufgesteckten Feder- und Blumenbüschen, glänzt von Juwelen, riecht von Pomade, und cyprischem Staube, gekräuselt, oder wohl gar mit zur Höhe eines Dollhauses der thörichten und lächerlichen Eitelkeit aufborstenden Haaren erscheint er. Der Kopf, der gebutzte, der geschminkte, der oft läppische! kann er sich aber die Ehre allein zumessen, da er ohne die andern Gliedmaßen, nichts vermag? Es stehen zwar die Infeln an der Stirne der Prälaten alleine, was mögen sie aber ohne andere thun, die derselben auch nicht unwürdig wären? Es würde einem Gotteshause zu einer schlechten Ehre gereichen, wenn nur einer allein vorzustehen im Stande daseyn sollte.

Marchtall hatte zu den meisten Zeiten seiner Dauer wackere, gelehrte, tugendsame, wirthschaftende, mit Rath, und Klugheit begabte Männer, und machte die Anzahl derselben die Wahl oft zweifelhaft. Es ist nur ein zufälliges, und von Gott hoffentlich alleine bestimmtes Schicksal, warum nur eben dieser zur Würde kömmt, da andere zurück stehen. Es gebührt aber ihnen nicht von darum ein wenigeres Lob. Ja, sie heischen, daß man ihnen Gerechtigkeit widerfahren lasse. Wir wünschen den Verstorbenen die ewige Ruhe in Sion, und wünschen, daß Marchtall immer mit großen, und schicklichen Männern sich brüsten könne.

Herr! Vertheidiger aller dir in Geist und Wahrheit dienenden Ordenshäusern! dir allein haben wir unsern Bestand von sechshundert Jahren zuverdanken. Entzieh uns ferner, und bis an das Weltende deine gnädigsten Blicke nicht. Wir können uns deiner Hülfe sicher getrösten, so lange wir nämlich von dem Geleise unseres heiligen Berufes nicht abgehen, unsere lobwürdige Ordenssatzungen genau beobachten, den Norbertinischen Geist in uns wirken lassen, und rechtschaffene Ordensmänner sind. Merket es Gegenwärtige! und nehmet es zu Gemüthe ihr Nachkömmlinge! sehet wohl auf die Fußstapfen eurer besten Väter. Die Regeln der Welt ändern sich von Zeit zu Zeiten; doch die unsere nicht, weil sie von Heiligkeit und Wahrheit geschrieben waren. Merket es Gegenwärtige! merket es Nachkömmlinge!

Omnia in gloriam Dei.

1. Corinth. 10. v. 31.

Alles zur Ehre Gottes.

Druckmängel deren Verbesserung.

Lies.

Fol.	2.	Lin.	13.	welcher bis	welche bis
—	2.	—	16.	deren Fleiße die Dichter der Geschichte — — — zulegte.	deren Fleiße die Dichter der Geschichte — — — zulegten.
—	3.	—	15.	der schwäbischen Wappe.	der schwäbischen Mappe.
—	4.	—	8.	Leute mangelten.	Leute waren.
—	6.	—	17.	da in Wappen.	da in Mappen
—	7.	—	21.	den Namen anerbte, setze hinzu:	weißt, der muß von diesem Sueven Schwaben schatzen.
—	9.	—	4.	Vittelspacher	Wittelsbacher
—	9.	—	6.	in Konraden.	in Konradin.
—	9.	—	16.	aus der erhabensten Sippschaft, Karls des Großen	das Komma so gesetzt: aus der erhabensten Sippschaft Karls des großen, Tochter.
—	12.	—	26.	Wappe	Mappe.
—	23.	—	15.	vorstehet.	das Fragezeichen. vorstehet?
—	24.	—	1.	eingeschäukten	eingeschränkten
—	24.	—	23.	seinen Verdiensten.	dessen Verdiensten.
—	25.	—	20.	des in seine.	das in seine
—	32.	—	11.	als unsern	also unsern.
—	33.	—	18.	welchen Vorrath	welcher Vorrath.
—	34.	—	23.	in Tugenden	in Tugend.
—	35.	—	8.	den Tempel	der Tempel
—	37.	—	24.	der apostolischen Schiffe	dem apostolischen Schiffe
—	41.	—	9.	welche wir keine	welcher wir keine
—	41.	—	14.	stellte aller Orten	stellten aller Orten
—	63.	—	13	Maro	Muro NB. Mauer
—	71.	—	25.	den Raub	der Raub
—	74.	—	2.	ohne Zittern ihnen	ohne Zittern ihm
—	82.	—	5.	unvorzunehmende	unzuhemmende
—	82.	—	24.	treffe er	treffe es
—	87.	—	27.	seine Diebsfinger aufhob	ihre Diebsfinger aufhoben
—	88.	—	12.	des Großen	des Grafen so
—	88.	—	18.	ein anderer Isaac	ein anderer Isai
—	89.	Lin.	1.	dahin Spiele	dahin spie
—	89.	—	4.	Viator	Vietor
—	95.	—	23.	Argenauten	Argonauten
—	96.	—	17.	geleges	gelegenes.
—	97.	—	16.	es brennt	es brinnt.
—	99.	—	18	Æthan	Æthon.
—	105.	—	18.	aller Unordnung	allen Unordnungen.
—	110.	—	12.	Rotarius	Notarius.
—	111.	—	4.	auszustehen	auszustehn

Druckmängel deren Verbesserung.

Lies.

Fol.		Zeile	Druckmängel	Lies
Fol. 114.	—	9.	von dem Throne	vor dem Throne
— 114.	—	14.	wie schmal aber seine	wie schmal aber seine Tafel
— 115.	—	15.	grief den	grief er den
— 115.	—	21.	vertheidigte sich	vertheilte sich
— 119.	—	17.	berichtiget ist	berechtiget ist
— 120.	—	8.	Apogrum	Apogeum.
— 224.	—	1.	ein Werth	ein Werk
— 124.	—	16.	welche Billigkeit	welche wegen der Unbilligkeit
— 124.	—	18.	nicht nur eingeladen	nicht nur nicht eingeladen
— 124.	—	20.	der Friede läßt sich	der Feind läßt sich
— 124.	—	25	wie sich die	wie die sich
— 126.	—	19.	Kein Bündniß hatte	kein Kenntniß hatte
— 128.	—	28.	& alio veni	& alii veni
— 134.	—	18.	Kaltfinn	Kaltsinn
— 140.	—	8.	weil ein schon einmal	weil er schon einmal
— 142.	—	28.	Bindum	Pindum
— 162.	—	25	corpora Religionis	corpora religiosius
— 167.	—	4	Einheimische	einheimischer
— 168.	—	4.	Quarta tamen nobis	quanta tamen nobis
— 183.	—	20.	Penthesilern	Penthesileen
— 184.	—	17.	Würtenberg	in Wittenberg
— 195.	—	5.	betrübte Sunamitinn	betrübte Wittwe
— 195.	—	ult.	Tytiruſ und Galather	Tytirus und Galathee
— 200.	—	6.	zu Mous	zu Mons
— 202.	—	1.	würden eben auch mit	würden eben auch ihn mit
— 205.	Sig. (h)		totum pondus prælii versus est.	totum pondus prælii versum est.
— 215.	—	penult	Wepsen	Wespen
— 218.	—	22.	Herzpflaster	Harzpflaster.
— 222.	—	penult.	den Mörder	der Mörder
— 226.	—	14.	machen Klöster zu Feinden.	machen Gäste zu Feinden
— 228.	—	ult.	auf Waisenburg	auf Maisenburg
— 231.	—	13.	einer der seiner	einer der seinen
— 233.	—	25.	des Trostes	voll des Trostes.
— 235.	—	12.	Ihr Erdeschwärme !	ihr Erdeschwämme !
— 239.	—	5.	Uban der achte	Urban der achte

Druckmängel deren Verbesserung.

Lies.

Fol. 246.	—	6.	die Gottesgelehr- heit geflißen	der Gottesgelehrtheit geflißen
— 249.	—	8.	Bracht	Pracht,
— 250.	—	5.	in einer großen Noth erhielt,	setze hinzu: geschildert ist.
— 250.	—	10.	seyn Blitzkeule	seyen Biltzkeule
— 252.	—	9.	sah auf das Beste	sah er auf das Beste
— 255.	—	15.	Abiathern	Abiatharn
— 257.	—	12.	auf die Altäre	auf den Altären
— 260.	—	24.	Aebte unsers Klo- sters	Aebte unsers Ordens
— 261.	—	3.	zu verbessen	zu verbessern
— 262.	—	18.	in welche keine Goldadern	in welchen keine Goldadern
— 262.	—	22.	welche bey schim- mernden Altären	welchen bey schimmerenden Altären.
— 263.	—	6.	die Kästgen der priesterlichen	setze hinzu: Opferkelchen
— 268.	—	3.	der Kahlheit be- diente	der Kahlheit entlehnte.
— 268.	—	23.	Blasomirung	Blasonierung
— 269.	—	13.	der Aerzten, Phar- macopeen	der Aerzten, und Pharmacopeen.
— 279.	—	16.	zur Ehre der Ewi- gen.	zur Ehre des Ewigen.
— 288.	—	12.	VerDIensts?	VerDIenst?

Hans Pörnbacher

Sebastian Sailer – der Prediger Schwabens, Hausdichter und Chronist Marchtals

Dieses nach mehr als zweihundert Jahren wieder nachgedruckte Buch aus dem Jahre 1771 mit der noch ganz ›barocken‹ Titelei ist zum 600jährigen Jubiläum der Reichsabtei Marchtal erschienen. Sein Inhalt bringt eine kurze Geschichte des jubilierenden Prämonstratenserstiftes und seiner Äbte, als Hauptteil aber, wie im Titel angekündigt, die Lebensgeschichte des 13. Abtes, Konrad Kneer. Was die Anfänge des Klosters, die Serie der Äbte, und das Lebensbild des verehrungswürdigen Konrad Kneer betrifft[1], sind wir so gut unterrichtet, daß sich ein Nachdruck erübrigen würde. Zusätzliches, ja besonderes Interesse aber gewinnt das Buch durch seinen Autor Sebastian Sailer[2], einem Kapitular des Stiftes, wie schon der Titel verrät, der zugleich ein angesehener Schriftsteller war und bis heute nicht nur in Schwaben unvergessen ist.

Zu seiner Zeit war er über seine engere Heimat hinaus eine Berühmtheit und ist es noch immer, denn es gibt wenige Autoren aus dem katholischen Deutschland des 18. Jahrhunderts, die heute noch so viel Beachtung finden wie er. Grund dafür ist sein Spiel: »Die Schwäbische Schöpfung« von 1743, nicht nur ein frühes, sondern auch ein geniales Werk der Mundartdichtung. Als Beispiel der Mundartdichtung war das Spiel in Oberschwaben auch nie ganz in Vergessenheit geraten, und mit der Neubewertung dieser Kunstübung, die im frühen 19. Jahrhundert erst richtig in Mode kam und sich auch heute wieder großer Beliebtheit erfreut, kam der Marchtaler Prämonstratenser Sixtus Bachmann (1754–1825)[3] dazu, Sailers »Schriften im schwäbischen Dialekte« zu sammeln und herauszugeben.[4] Sixtus Bachmann muß ein gewinnender Mann gewesen sein, dem im Alter kränklichen Sebastian Sailer aber war er ein guter Freund und vor allem ein hilfreicher Mitbruder. Pater Sixtus, das sei hier noch kurz erwähnt, stammt aus einer begabten Musikerfamilie. Sein Großvater mütterlicherseits war Franz Anton Schmöger, der 41 Jahre lang Chorregent in Maria Steinbach bei Lautrach war. Der Vater, Franz Anton Bachmann, erhielt 1755 eine Stelle als Organist, Mesner und Lehrer an der Wallfahrt Kirchhaslach bei Babenhausen. Musikalische Begabung gab es also schon bei den Großeltern und Eltern, und 1766 (am 6. November) durfte der elfjährige Josef Sigmund Eugen, das waren seine Taufnamen, zusammen mit den jungen Grafen Christoph Moriz Bernhard und Anselm Victorian aus dem Hause Fugger-Babenhausen an einem Orgelwettstreit mit dem zehnjährigen Wolfgang Amadeus Mozart in Markt Biberbach teilnehmen. Das allein zeigt schon seine Begabung auch als Musiker; von ihm haben sich auch beachtenswerte Kompositionen erhalten. Doch zurück zu Sixt Bachmanns Sammlung von Sailers Mundarttexten. Er hat dem Büchlein eine Vorrede beigegeben, die für uns die wichtigste Quelle zu Sailers Biographie ist.[5] Abgesehen von den Lebensdaten – Geburt am 12. Februar 1714 in Weißenhorn als Sohn eines Gräflich-Fuggerschen Amtsschreibers, Besuch der Lateinschule im nahen Kloster Roggenburg, Eintritt in Marchtal am 11. November 1730, Priesterweihe 1738, Tod am 7. März 1777 – gibt diese Vorrede Auskunft über Sailers sprachliche Begabung, seine Kenntnisse verschiedener moderner Fremdsprachen, von Latein und Griechisch ganz abgesehen, rühmt sie seine Beliebtheit als Prediger weitum im Land, ja sogar in der fernen Kaiserstadt Wien, und weist nicht zuletzt auf seinen Humor, der vor allem aus seiner Mundartdichtung spricht, aber auch aus amüsanten Anekdoten, die der Herausgeber Bachmann zum Besten gibt, was ihm sichtlich Freude macht.

Mundartdichtung verfolgt im 18. Jahrhundert andere Ziele als heute, andere auch als im 19. Jahrhundert. Abgesehen davon, daß es auch im 19. und 20. Jahrhundert meist Akademiker sind, die in der Mundart schreiben, diente die Mundartdichtung im 18. Jahrhundert der geselligen Unterhaltung von Gebildeten, bei Sailer der Unterhaltung im Kloster. Es ist bezeichnend, daß er seine berühmte »Schöpfung« beim Namensfest des Abtes von Schussenried, ebenfalls einer Prämonstratenserabtei, vorgetragen hat. Was aber ist so unterhaltsam daran? Es ist nicht nur die Verfremdung literarischer Texte durch die Mundart, die ja gesprochene und

Nuntiabo nomen
tuum Fratribus meis.
Hebr. 2.

nicht geschriebene Sprache war, es ist mehr noch die Denkart des Mundartsprechers, und das war damals vor allem der Bauer, oder genauer gesagt, der weniger Gebildete.[6] Natürlich haben alle Mundart gesprochen, Hoch und Nieder, aber der weniger Gebildete eben ausschließlich. Wenn er dann beginnt, in seiner Denkart und mit seinen Worten die ganz andere Welt des Hofes, der Kirche, der Theologie zu sehen und zu beschreiben, muß das voller Mißverständnisse sein und komisch wirken, gibt das Anlaß zu Spaß in vergnügter Runde.[7] Dabei geht es nicht um den billigen Spott überheblicher Besserwisser, sondern eben um die unfreiwillige Komik, die verstärkt wird durch Gedankengänge, die sich aus dem Gesichtskreis, sagen wir einmal des Bauern, ergeben. Beispiele dafür gäbe es in Hülle und Fülle. Man betrachte nur in Sailers Komödie von der Schöpfung, wie Gott Vater zu Beginn überlegt, welcher Zeitpunkt für die Erschaffung der Welt am besten wäre. Seine Argumente sind die eines Bauern, und so kommt er zu dem Schluß: im Frühling wäre es am besten. Und warum? Dafür sprechen viele Gründe, aber der entscheidende Grund sind die »wenigi Köschta«, die geringeren Kosten.

Die Komik allein macht natürlich ein Gedicht, eine Komödie, eine Mundartpredigt (die es freilich in damaliger Zeit NIE auf der Kanzel gegeben hat – so etwas wäre erst heute denkbar, weil man in dieser Hinsicht gedankenlos ist) noch nicht zum literarischen Kunstwerk. Dazu gehört das Spiel mit der Sprache, dazu gehören Witz und geistreicher Umgang mit den Worten, dazu gehört der überlegte Aufbau und die überraschende Pointe. All dies gelingt Sailer auf eine unnachahmliche Weise.

Wenn überhaupt, so hat sich Sailer von seinen geistlichen Schriften literarischen Ruhm erhofft, jedenfalls bedeuteten ihm die Predigten, die geistlichen Reden, die er in sechs Bänden gesammelt herausgegeben hat[8], viel mehr als die Mundarttexte; dafür gab es auch Interesse beim Verleger, nicht jedoch für die Mundartstücke, deren Drucklegung wahrscheinlich auch Sailer nie erwogen hat. Aber man soll dieses Spiel mit der Mundart, dieses Sich-Hineindenken in eine Mentalität, der so vieles fremd, aus der sich lustige Mißverständnisse und unfreiwillige Komik ergeben, nicht zu gering schätzen. Denn einmal ist ein Stück wie Sailers »Schöpfung« kein dilettantisches Produkt bloßen Probierens, sondern ein wohl geplantes und ausgefeiltes Kunstwerk, zum anderen weist wahrscheinlich auch ein Porträt Sailers auf dieses Stück hin. Dieser noch erhaltene und oft reproduzierte Porträtstich von Gottfried Bernhard Göz in Augsburg zeigt Sailer als Prämonstratenser-Chorherr, das weiße Birett in der Rechten, auf dem Sockel das Jesusmonogramm IHS, um das die Stola drapiert ist, Zeichen priesterlicher Aufgabe und Vollmacht, und darunter die Inschrift »Nuntiabo nomen tuum Fratribus meis« – »Ich [Christus] werde deinen Namen meinen Brüdern verkündigen...«, ein Zitat aus dem Hebräerbrief (2,12), das sich hier auf den Prediger bezieht. In der Linken aber hält Sailer ein Buch, auf dem in hebräischen Buchstaben das erste Wort der Bibel steht: »bršyt« – »Im Anfang (Genesis 1,1). Das kann sich ganz allgemein auf die Bibel beziehen, eher wohl ist mit diesem Wort eine Anspielung auf sein bekanntestes Werk, »Die Schöpfung«, beabsichtigt.

Sebastian Sailer als geistlicher Schriftsteller

Von Sailers Mundartdichtungen braucht hier nicht ausführlich gesprochen zu werden, wenngleich auch dieser Bereich seines literarischen Schaffens noch auf eine gründliche Untersuchung wartet. Wichtiger ist im Zusammenhang mit diesem Nachdruck ein Blick auf seine geistlichen Schriften, die Frage nach der literarischen Landschaft in Oberdeutschland, in die er gehört. Sailers Lebenszeit beträgt 63 Jahre und reicht von 1714 bis 1777. Das ist in der Kunstgeschichte Süddeutschlands genau die Epoche vom beginnenden Régence bis zum vollendeten Rokoko. Zwar war der Klassizismus schon früher eingezogen, der Bau der Stiftskirche in Buchau, um ein nahes und Sailer gut bekanntes Beispiel zu wählen, beginnt 1774, klassizistische Ornamente künden die Neuerungen schon in den sechziger Jahren an. Aber 1777 ist ein berühmtes Datum für Veränderungen im Predigtstil, denn in diesem Jahr wird das Predigerinstitut in München gegründet, das neue Richtlinien, neue Vorbilder für die Predigt zu geben sich bemüht.[9] Der große Theologe und Schriftsteller Johann Michael Sailer, Sebastians jüngerer Namensvetter, geht hier mit gutem Beispiel voran und gewinnt 1777 mit einer Leichenpredigt auf den verstorbenen Kurfürsten Max III. Joseph von Bayern den ersten Preis dieses Instituts.[10] Natürlich ist München weit von Marchtal entfernt. Es geht hier nur um ein sichtbares Beispiel für die Veränderung in der Predigtart, die auch in Oberschwaben zu beobachten ist.

Die Predigtliteratur ist ein besonders wichtiges Genre in dieser Zeit, wie überhaupt die geistliche Literatur in Oberdeutschland noch immer die literarische Landschaft bestimmt, während die Literatur im protestantischen Deutschland längst diese »Fesseln« abgestreift und sich viel stärker, wenn nicht ganz, säkularisiert hat. Das beginnt im katholischen Oberdeutschland erst im letzten Viertel des 18. Jahrhunderts, weil alles, der Alltag und der Festtag, das Denken der Menschen, ihr Fühlen und Streben umfangen war von einer religiösen Atmosphäre. Manches davon ist heute noch zu spüren: die Wallfahrten auf dem Land, die vielen barocken Kirchen und Kapellen, die Bildstöcke und Wegkreuze, religiöse Darstellungen an Hausfassaden in den Dörfern, Brunnen mit Heiligenfiguren und Mariensäulen in den kleinen Städten und Märkten, die Hinterglasbilder und einfachen Schnitzereien, die Hausierer auch in die Stuben der Bauern brachten. Ähnlich war es mit der Literatur, wo den Markt das Erbauungsbuch beherrscht.[11] Das hört sich für heutige Ohren langweilig an und fad. Aber diese Literatur kannte durchaus Abwechslung in Inhalt und Form; neben dem Prosatext gab es das Lied und das Theater, um nur diese beiden Bereiche zu nennen, und natürlich solche Späße, wie sie bei der Mundartdichtung zu beobachten sind.[12] Bei Lied ist nicht nur das Kirchenlied gemeint, sondern auch das historische Zeitgedicht und das Volkslied in seiner ganzen Vielfalt.[13] Was aber das Theater betrifft, so gab es damals ein breites Angebot: Fasnachts- oder Erntetheater auf dem Land, Handwerkertheater in der Stadt, das Schulspiel der Jesuiten und der Prälatenorden, das geistliche Volksschauspiel, das weit verbreitet war. Auch hier sei auf ein wohlbekanntes Stück aus Altbayern hingewiesen, weil es sich als Beispiel besonders anbietet, nämlich die Oberammergauer Passion, die im 17. Jahrhundert entstanden ist, 1750 aber vom Ettaler Pater Ferdinand Rosner einen neuen Text erhalten hat: ein anspruchsvolles Stück mit vielen Rollen und überaus poetischen Passagen.[14] Zehntausende kamen, um das Stück zu sehen, und an vielen anderen Orten wurde der gleiche Text verwendet. Wie groß war die Breitenwirkung dieser durchaus anspruchsvollen Literatur, anspruchsvoll, weil man nichts Billiges vorsetzen wollte, nur um zu gefallen und zu unterhalten! Diese Literatur aber wollte erbauen und zu guten Sitten und zu gutem Geschmack erziehen.

Zwei Vorteile sind dabei unstreitig zu erkennen: einmal der Vorrang des Religiösen, das ja nicht nur eine Angelegenheit unter vielen ist, sondern ganz zentral stehen müßte, wenn man es ernst damit meint; dann aber die Tatsache, daß diese Literatur auch an die einfachen Menschen denkt, die sonst von den Poeten und anderen gelehrten Schreibern der Zeit nicht beachtet worden sind und heute noch kaum beachtet werden. Schließlich ist noch die Rolle der Klöster als literarische, künstlerische und schulische Mittelpunkte ins Gedächtnis zu rufen.

Was die Predigttätigkeit Sebastian Sailers angeht, so stand sie natürlich auch, vielleicht sogar in erster Linie, im Dienst der einfachen Menschen auf dem Lande, wenn auch nicht nur. Sailers erbauliche Schriften, die Predigten und seine Sammlung sogenannter marianischer Orakel, sind noch kaum untersucht.[15] Aber von charakteristischen Zeitgenossen Sailers existieren Monographien, so von dem berühmten Augsburger Domprediger Franz Neumayr S.J. (1697–1765)[16], den Sailer gut kannte und in einer eigenen Rede verteidigte.[17] Nach dessen Tod veröffentlichte Sailer 1765 bei Matthäus Rieger in Augsburg eine Leichenpredigt auf den beliebten und weithin angesehenen Kanzelredner.[18]

Ein paar Beobachtungen zu Sailers Predigten seien hier vorgetragen. Liest man in seinen »Geistlichen Reden«, so überrascht zunächst der flotte Ton seiner Vorreden, die von höchster Anschaulichkeit sind und eine Fundgrube darstellen für die Geistigkeit seiner Zeit und für ihre Kultur. Überzeugend ist die Frömmigkeit, die aus seinen Worten spricht: er steht ganz hinter seinen Aussagen. Als intellektuelle Voraussetzungen für das Predigtamt nennt er das Studium der Heiligen Schrift, der Väter und der Theologen. Tatsächlich sind Bibelzitate bei Sailer, auch in seinem »Jubilierenden Marchtall«, fast allgegenwärtig, doch auch an gelehrten Zitaten aus den Kirchenvätern, aus klassischen theologischen Werken und aus antiken Autoritäten fehlt es nicht. Dabei drängt sich die Beobachtung auf, daß bei ihm nicht die homiletischen Nachschlagewerke des 17. und 18. Jahrhunderts allein den Ausschlag geben, sondern persönliche Bildung mit einfließt.[19] Als weitere Grundlagen seiner Ausführungen nennt er die Geschichte, von der er viel hält, ferner Philosophie und Ethik, Mythologie und die *Sinnbilderey*, womit er die Emblematik meint, und nicht zuletzt schätzt er die Poeten:

> »Ich habe deren viele; und ich lese sie, weil ich sie, auch in prosaischer Art gut zu schreiben, immer als unentbehrlich achte ...« (»Geistliche Reden« II, Vorrede)

Eine hohe Meinung hat er von den französischen Predigern, »den Rednern Galliens«, und nicht zuletzt von den Kanzelrednern in Wien, wohin er ja selbst 1767 als Prediger eingeladen war.[20] In der Vorrede zum 3. Band der »Geistlichen Reden« (S. XXI) zeigt er sein reiches rhetorisches Wissen, seine Gelehrsamkeit. Er hat alle Voraussetzungen für einen geistlichen Schrifsteller und dazu eine genaue Vorstellung von seinem stilistischen Wollen:

> »Meine Schreibart ist nicht von den erhabenen. Die Kräfte mangeln mir, dieselbe so weit in die Höhe zu bringen. Es heischet es aber keine Noth, jedennoch setzte ich sie so, wie die heutigen Menschenohren sie in einem werthern Wohlklange fodern. Ich fiel denjenigen noch niemals bey, welche eine geschlifnere Redensart dem alten Landdeutschen nachsetzen, so lange sie verständlich ist, und auf den Stelzen der Geschwülstigkeit nicht über sich selbsten in heftigen Wallungen hinaus reicht. Sie gereicht dem Worte Gottes zur Ehre ... Man hat freylich auf jene wohl zu sehen, welche den Redner hören. Es muß den Horizont seiner Zuhörer nicht übersteigen, und manchmal sich zu niederträchtigern [einfacheren] Ausdrückungen entschließen, wie Tullius sagt (Cicero lib. II de off.). Sind die Bänke unter der Kanzel mit Witzigen meistens [durchwegs] besetzt, oder will man seine Rede in die Presse schicken, muß man in der Orgel ein anderes Register spielen lassen, weil es die Zeiten itziger Verfassung heischen; und es ist dennoch noch das Wort Gottes.« (»Geistliche Reden« I, Vorrede)

Bei aller Betonung des Formalen, wichtiger als der Geschmack ist ihm die Wahrheit (Vorrede zu Band II der »Geistlichen Reden«). Hier merkt man durchaus einen Unterschied zur Predigt im 17. und zu Beginn des

18. Jahrhunderts[21], die natürlich auch der Unterweisung und der Wahrheit dienen wollte, bei der aber Märlein und Legenden, Anekdoten und Lieder, wohl als Instrument für die Unterweisung in der Wahrheit, aber doch auch als Beweis der Gelehrsamkeit und als Beitrag zur »Unterhaltung« eine fast übermächtige Rolle spielen.[22] Solche Einlagen finden sich bei Sailer viel seltener, seine Sprache ist schlanker geworden, bei allem rhetorischen Aufwand ist das Pathos geringer als noch bei der vorhergehenden Generation. So wechseln Geschmack und Schwerpunkte des rhetorischen Bemühens. Das zeigt, wie Sailer als Prediger bewußt neue Wege geht, sich dem Zeitgeschmack anpaßt, wo es sinnvoll ist, um der Wahrheit und den Hörern des Wortes in rechter Weise zu dienen. Mit Nachdruck sei auf die vielen feinsinnigen Bilder hingewiesen, die Sailer in seinen Predigten, aber auch in der Marchtaler Chronik verwendet. Hier ein Beispiel aus seiner »Lobrede auf das marianische Gnadenbild zu Neubürnau« (»Geistliche Reden« II, S. 12f.):

> »Die Luft in Africa, und den gesammeten heißen Mittag Ländern ist von der Sonnenwärme nicht so | gefüllet, als die Welt von der Liebe: und so viele Herzen der Menschen immer in dem Eingeweide hangen, so viele hat sich die Liebe Höhlen ausgesehen darinn sich niederzulassen. Die Liebe ist das Honig unsres Lebens, und die süsse Kunst unsrer Brust. Sie ist die stärkste menschlicher Anmuthungen. Sie dringet durch alle Gefahren, dessen habhaft zu seyn, was geliebet wird: und kann ihr der Pfeil in dem Köcher gleiches thun, den Geliebten zu verwunden, oder den Widersacher zu tödten...«.

Einprägsam und nachdenkenswert auch, wenn er die heilige Anna »die lehrende und bittende Großmutter des Christenthums« nennt (»Geistliche Reden« II, S. 77). Ein Musterbeispiel ist die »Lobrede auf den heiligen Udalrich, großen Bischof zu Augspurg, ...« den er »als das Urbild eines weisen Schwaben« vorstellt. Es erstaunt, wie er in dieser Predigt über den hl. Ulrich aus dem 10. Jahrhundert eine Predigt über die eigene Zeit zu halten vermag, seiner Zeit gleichsam die Leviten lesend – wenngleich es dabei nicht bleibt. Sailer kann polemisch werden, polemisch gegen die Freigeister, gegen den Zeitgeist, polemisch auch gegen die Protestanten, denn die »Verteidigung seiner Religion« ist ihm stets ein Anliegen (so in

»Geistliche Reden« III, S. XIX). Dies zu sehen und möglichst objektiv und gerecht zu beurteilen, ist nicht leicht, aber doch wichtig, denn auch im »Jubilierenden Marchtall« betont Sailer die Wahrheit der katholischen Religion gegenüber den reformatorischen Lehren, und dies vielfach mit recht deutlichen und harten Worten. Heutigen Ohren klingt das mitunter verletzend, zu wenig versöhnlich. Aber Sailer lebt im 18. Jahrhundert, sein Kloster war in der Vergangenheit verschiedentlich von Aufhebung bedroht, ohne daß jemand die Insassen darüber befragt hätte, das macht vielleicht nicht unsicher, aber unwillig, und einen Streit mit heftigen Worten zu führen, davor fürchtete sich damals ohnehin niemand, im Gegenteil: Polemik will sich Gehör verschaffen, und dies mit allen Mitteln. Das ist heute nicht viel anders. Nehmen sich doch Autoren aller Art mit Berufung auf die freie Meinungsäußerung jede Freiheit, wollen sie durch Satire verletzen, um Änderungen zu erreichen oder um Andersdenkende zu kränken. Toleranz aber war im 18. Jahrhundert etwas Fremdes, Toleranz der Kirche gegenüber kannte ja nicht einmal die gegen Ende von Sebastian Sailers Lebenszeit sich durchsetzende Aufklärung, die sonst mit guten Argumenten für Toleranz eintrat. Auch das ist heute noch so. Andererseits sei nicht übersehen, wie Sailer im »Jubilierenden Marchtall« von Hilfeleistungen, die Konrad Kneer von Protestanten erfährt, objektiv und dankbar berichtet.
Noch eine Beobachtung zur geistlichen Rede bei Sailer sei mitgeteilt: für jede Predigt gibt er im Anhang eine Gliederung oder, wie er es nennt, einen »Grundriß«. Das mag typisch sein für das rationale Denken im 18. Jahrhundert, wie es vor allem in den »Conceptus« der Kirchenbauten beobachtet worden ist, aber diese Gliederungen zeigen doch auch, wie sorgfältig Sailer seine Predigten plant, baut und ausschmückt.

Sebastian Sailer als Hausdichter Marchtals

Jedes Prälatenkloster, wie Marchtal eines war, hatte seinen Hausdichter. Dafür gibt es unzählige Beispiele, im Mittelalter schon, zur Zeit des Humanismus, ganz offenkundig auch im 17. und 18. Jahrhundert. Sebastian Sailer war für seine Generation der Hausdichter Marchtals.[23] Darunter soll man sich keinen »Unterhalter« für die klösterliche Gemeinschaft vorstellen. So etwas war auch Sebastian Sailer nie. Wenn das schon erwähnte und in diesem Band wiedergegebene Porträt Sailers nicht geschönt ist, war dieser Mann ohnehin nicht so laut und polternd, wie er mitunter in gutgemeinten Anekdoten gezeichnet wird. Er muß vielmehr ein eher stiller und vornehmer Chorherr gewesen sein, mehr den Büchern hingegeben als der lauten Unterhaltung. Wie hätte er sich sonst seine Bildung erwerben, wie so viele und so vortreffliche Werke schaffen können? Zudem war er durchaus selbstbewußt, hat er sich nicht unter Preis verkauft.

Der Hausdichter hatte für eine geistvolle Umrahmung der klösterlichen Feste zu sorgen, für Kantaten und Gedichte, für Festschriften und die Embleme der Festdekorationen. Für solche klösterliche Hausdichter gäbe es, wie gesagt, viele Beispiele, aber kaum ein besseres als Sebastian Sailer. Als Hausdichter hat er seine Mundartstücke geschrieben, seine Festspiele, Kantaten, Festpredigten und seine Chronik von Marchtal. Von den Festspielen sei genannt

> »Beste Gesinnungen | schwäbischer Herzen. | Da | Ihro Königliche Hoheit. | die Durchlauchtigste Fürstinn und Frau, | Frau | Maria, Antonia, | Erzherzoginn zu Oesterreich, vermählte | Dauphine von Frankreich, etc. etc. | in dem Reichsstift Marchtall in Schwaben | den 1ten May 1770 | die Nachtruhe zu nehmen | gnädigst beliebten. | In einer einfältigen Cantate abgesungen.«

Ein durchaus gelungenes Beispiel von Sailers Kunst und Fertigkeit, Theatertexte zu schreiben.[24] Gute Dichtung sind Sailers geistliche Oratorien, die 1774 in Druck erschienen sind. Ihr Titel lautet:

> »Geistliche Schaubühne des Leidens Jesu Christi in gesungenen Oratorien aufgeführt.«

»Ich habe sie nicht aus dem sächsischen Helicon entlehnt, sondern zur Erbauung des gemeinen schwäbischen Volkes gestimmt«, schreibt der Dichter in der Vorrede, doch bedürfen die Verse keiner Entschuldigung, so gut sind sie gelungen, und die Aufführungen waren von Erfolg gekrönt.

»Das jubilierende Marchtall«

Auch die Chronistik gehört zu den Aufgaben des Hausdichters. So bekam Sebastian Sailer den Auftrag, eine Festschrift zur 600-Jahrfeier seiner Abtei 1771 zu verfassen. Solche Jubiläen gab es natürlich in jedem Jahrhundert. Aber im 17. Jahrhundert waren sie meist überschattet durch den Dreißigjährigen Krieg und seine Nachwehen. Kremsmünster freilich, das große Benediktinerstift im damals fernen Oberösterreich, feierte 1677 seine 900-Jahrfeier, für die sein Hausdichter Pater Simon Rettenpacher eine wissenschaftliche Darstellung der Klostergeschichte in lateinischer Sprache verfaßte mit vielen Anmerkungen in Form von Marginalien.[25] Als Anhang bringt er die Beschreibung des Festes selber mit Abbildungen der Triumphpforten, der Emblembe und Inschriften. Siebzig Jahre später, 1753, feiert Wessobrunn seine Tausendjahrfeier mit einer Festoktav vom 23. September an, zugleich die goldene Profeß seines Abtes Beda, und veröffentlicht ein halbes Jahr später die Beschreibung dieses Ereignisses mit allen Besuchern, Predigten, Festzügen, Emblemen etc. unter dem Titel

> »Tausendmahl geseegnete | Brünnen Wessonis. | Das ist, | Zweyfaches | Danck-Jubel- | Und | Freuden-Fest | Des Uralt- und befreyten Closters | Wessobrunn, | ...« Augspurg 1754.

Der geschichtliche Überblick macht in diesem 117 Seiten starken Folioband nur 16 Seiten aus, alles übrige ist die Beschreibung der einzelnen Festtage.[26] Solche Feste, dafür gab es auch noch andere Anlässe wie Reliquienübertragungen, Kirchweihen, Jubiläen des Abtes oder Propstes etc., waren wichtig, wichtig im Sinne der Zeit für die Präsentation des Stiftes, für die Selbstdarstellung der Abtei, aber sie waren nicht zuletzt auch für das Volk gedacht. Das ergibt sich aus vielen Äußerungen in diesen Festschriften. Anselm Manhardt aus Rottenbuch nennt sie deshalb GAY [GÄU-]SOLEMNITÄTEN, ein schönes Wort, das »Feierlichkeiten auf dem Land« bedeutet und ihre Wichtigkeit für das Volk anschaulich macht.[27]

Sebastian Sailers Marchtaler Festschrift ist fast 20 Jahre jünger als die Wessobrunns. Das merkt man ihr an. Zwar spricht er in der Widmung an seinen Abt, den gnädigen Herrn, von *frölichen* Äußerungen. Aber so fröhlich ist dieses Buch gar nicht. Einmal ist die Lebensgeschichte des in Marchtal verehrten Abtes Konrad Kneer eine Leidensgeschichte, die beim Lesen eher bedrückend wirkt als fröhlich, und dann weht durch den Text peinlich fühlbar der eisige Wind der Klosterfeindlichkeit, der nicht nur die zeitgebundene Form der Stifte angreift, sondern klösterliches Leben überhaupt in Frage stellt. Inhaltlich besteht das Buch aus drei Teilen: der erste, eine Art »Vortrab«, beschreibt die Gründung oder Stiftung Marchtals, der dritte, »Nachtrab« genannt, ist ein »summarisches Verzeichnis aller hochwürdigen Vorsteher unsers Reichstiftes Marchtall« (S. 157–290) den großen Haupt- und Mittelteil (S. 26–156) aber füllt die Lebensbeschreibung des im Kloster als Seligen verehrten Abtes Konrad Kneer (1592–1660).

Der letzte Marchtaler Abt Friedrich von Walter schreibt in seinem tüchtigen Werk »Kurze Geschichte von dem Prämonstratenserstifte Obermarchtal«, das anonym 1835 in Ehingen erschienen ist[28], im Lebensabriß des Abtes Paulus Schmid (1772–1796):

> »Was unter seiner Regierung noch weiter Merkwürdiges vorfiel, ist erstlich der Tod des P. Sebastian Sailers, eines Mannes, der große Predigertalente und vielen Scharfsinn besaß. Sein Vaterort war Weißenhorn. Er erwarb sich großen Ruhm, war längere Zeit Pfarrer zu Dieterskirch, kehrte von da, weil ein Schlagfluß ihn zur Seelsorge unfähig gemacht, ins Kloster zurück, und starb den 7. März 1777 im 64sten Jahre seines Alters. Seine Werke sind: das jubilirende Marchtall, das marianische Orakel, viele Ehren- und andre Predigten, so wie einige komische Stücke, besonders der bekannte Adam; der aber religiöses Gefühl leicht beleidigen könnte...«

Es ist bezeichnend, daß der Prälat als erstes Werk »Das jubilierende Marchtall« nennt. Offensichtlich war es ihm, wie den Obermarchtaler Prämonstratensern überhaupt, besonders wichtig, weil es einen Abriß der Klostergeschichte bot, wie es ihn bis dahin für das Stift noch nicht gegeben hat.

Welchen Wert hat Sailers Klostergeschichte »Das jubilierende Marchtall« heute? Als bloße Geschichtsdarstellung wäre sie wohl entbehrlich, wenngleich Sailer seine Hochachtung vor der Geschichtsschreibung wiederholt betont und seine Arbeit durchaus ernst nimmt. Doch ist kaum zu übersehen, wie für ihn das Buch mehr ist als nur ein Abriß der Geschichte seiner Abtei. Er macht es zu einem wichtigen Dokument für das geistliche Leben in einer Ordensgemeinschaft, für klösterliches Selbstverständnis im 18. Jahrhundert, und nicht zuletzt ist das Buch ein wichtiges Zeugnis für die literarische Eigenart im Oberschwäbischen jener Epoche. Sailer schreibt nicht unbekümmert, sondern in jeder Hinsicht – was die Geschichte angeht, seine Mitbrüder, die Situation der Zeit, die literarische Kunstfertigkeit – voll Verantwortungsbewußtsein. 1771, im Jahre des Erscheinens dieses Werkes, war die allgemeine Klosterfeindlichkeit der Aufklärung längst offenkundig geworden, waren die Klöster in zunehmendem Maße Verleumdungen ausgesetzt, die einen wachen Geist wie Sailer nachdenklich und besorgt machen mußten. Dagegen will er das geistliche Ideal verteidigen, das Kloster als »wahre Sittenschule« (Vorrede an den Leser) darstellen. Das geschieht durchaus auch polemisch, aber doch nicht nur. Vielmehr beleuchtet er das klösterliche Ideal von vielen Seiten, reflektiert er darüber, macht er es neu bewußt, und dies nicht in erbaulichen Ergüssen, sondern in Zeugnissen persönlicher Frömmigkeit und Klugheit. Auf diese Weise erfährt der Leser viel von dem Selbstverständnis eines Ordensmannes jener Zeit, von seinem Denken und Streben, und von der Trübsal, die weder damals noch in irgendeinem Jahrhundert der Existenz eines Stiftes fehlte. *Jubel*, wie der Titel erwarten läßt, erlaubt nur die Tatsache, daß das Stift sechs Jahrhunderte durchhalten konnte, daß ihm viele gute Pröpste und Äbte geschenkt waren; sonst waren alle Jahrhunderte mehr oder weniger überschattet von Auseinandersetzungen und Anfeindungen, ja selbst von der drohenden Auflösung Marchtals, die dann eine Generation später, 1802, Wirklichkeit geworden ist. In diesem Zusammenhang muß auch die Heftigkeit verstanden werden, mit der Sailer gerade hier gegen den Protestantismus zu Felde zieht, der dem Kloster ja nicht nur durch Besatzung, Raub und Brandschatzung zusetzte, sondern wiederholt seine Existenz in Frage stellte. So sehr den heutigen Leser der Ton dieser Angriffe verwundern oder auch abstoßen mag, er gehörte leider zu dieser Auseinandersetzung, und dies auf beiden Seiten; von vielen Aufklärern aber, die mit Recht daran Anstoß nehmen, wird Sailer allerdings an Heftigkeit überboten, wenn es um Angriffe gegen die Klöster geht.

Ein Bericht muß doch noch eigens erwähnt werden, jener über die Hexenverbrennungen unter dem neunten Abt Konrad Frey (1571–1591).[29] Abt Friedrich Walter schreibt dazu:

> »Was aber zu bedauren, wurden auch um diese Zeit 30 sogenannte Hexen aus verschiedenen Orten der Herrschaft, sammt einigen Männern, theils an einem Pfahl vorher erdrosselt, theils lebendig auf dem Abhang des Berges Wietensteig verbrannt. Hätten Klostergeistliche bei Criminaluntersuchungen einigen Einfluß gehabt, wie würde heut zu Tage über sie geschimpft werden! Indessen weiß ich wohl, daß das Vorurteil dortmal ziemlich allgemein war.«

Sebastian Sailer sieht das noch anders. Er berichtet ebenfalls von dieser traurigen Episode und fährt aber dann fort:

> »Was denken itzt die heutigen Anwalden der Hexen? Welche Gesichtszüge machen sie an diesem Verfahren? Lachen sie in die Faust oder zörnen sie? Diese Wohlredner für die mit dem Satane in dem engsten Bündnisse stehende Abfäume des Menschengeschlechtes? Diese Vertheidiger der abgeneigtesten Feinde der Welt, der unverschamtesten Verläugnern Gottes, und Anbethern der Teufel? ...«

Worum geht es ihm? Nicht um die Art der damaligen Prozesse, nicht um die erzwungenen Geständnisse, sondern um die Tatsache der Besessenheit, von der ja auch in der Bibel mit allem Nachdruck die Rede ist. Mögen seine Haltung und Meinung schwer zu verstehen sein, er war in dieser Angelegenheit ganz Kind einer vergehenden Zeit, wobei es ihm mehr darum zu tun war, Einfluß und Kraft des Teufels ernst zu nehmen, als Menschen anzuklagen. Dabei sollen nicht Fehler verharmlost oder entschuldigt werden, es gilt nur eine Meinung zu verstehen. Die Hexenverfolgung in deutschen Landen war gewiß ein höchst bedauerlicher Vorfall, doch wäre es für unsere Zeit besser, mehr auf gegenwärtige Probleme zu achten, als entrüstet auf vergangene zu zeigen.

Sailer, das ergibt sich aus der Lektüre des Buches eindeutig, ist in erster Linie Chorherr. Sein Streben nach Frömmigkeit wird allenthalben sichtbar, das Ideal der Klostergemeinschaft stellt er in den Vordergrund, ohne Abweichungen und Schwächen zu übersehen. Wie hoch er die Welt der Klöster stellt, wird deutlich aus folgendem Zitat aus diesem Band (S. 29):

> »Die ewige Vorsicht spielt auf der Schaubühne der Zeitlichkeit nicht anders, als in wundervollen Auftritten, und unter dise zählen wir mit größtem Rechte die Bevölkerung der Gott allein und seiner Kirche gewiedmeten Ordenshäuser.«

Das Amt des Chronisten, das ihm auferlegt wurde, nimmt er ernst, so daß er sich gewissenhaft seiner annimmt. Vor allem aber weiß er sich, wie in seinen Predigten, als Schriftsteller, und dies ganz im »barocken« Verständnis: eine nüchterne Darstellung der Fakten genügt ihm nicht, vielmehr umkleidet er das Gerüst des Geschehens mit gelehrten Überlegungen, seien es Betrachtungen aus der eigenen Erfahrung, seien es Beispiele aus der Antike und vor allem solche aus der Bibel, die ihm vertraut ist.

Unübersehbar ist Sailers Freude an Bildern und Vergleichen. Das freilich gehört zu seinem Stil. Einen Priester nennt er »Rebmann in dem Weinberge« (S. 38); Helden, sagt er, »wissen ihrer Hoffnung Panzer zu schmieden, und zur Beybehaltung ihrer Rechten Katapulten zu finden« (S. 15); »Gute Vorsätze sind bey vielen wie jene Brunnen, die man Hungerquellen nennet, welche nach Beobachtung einfältiger Menschen, nur in Teurung und Hungersnoth fließen, und bey bessern Getreidjahren vertrocknen« (S. 16); Elisabeth, die Gemahlin des Pfalzgrafen Hugo von Tübingen, ist für ihn »die von Gott bestellte Ariadne, welche diesen unentschlossenen Theseus [Hugo] aus dem Labyrinthe der Zweifel mit dem Leitzwirne ihrere Räthen führte« (S. 18). Von dem tüchtigen Propst Manegold schreibt er anschaulich und treffend:

> »Er war mit guten Anschlägen, mit Rath, und Klugheit so wohl versehen, daß er die steilesten Gebirge als [wie] aufgeworfene Haufen der Scheermäusen ansah. Er überstieg sie, er machte sie der Erde gleich! und ebnete der Wohlfart die Straße nach Marchtall zukommen.« (S. 165)

Viele Varianten stehen ihm zur Verfügung, wenn er von Geburt und Tod der Klostervorsteher spricht, Ereignisse, die sich ja in jedem Absatz wiederholen. Von Abt Konrad Frey zum Beispiel sagt er:

> »Aus den Fätschen [Fatschen, den weißen Windeln also] von Munderkingen [seinem Geburtsort] wuchs er zum weissen Ordenskleide auf, so ihm Marchtallstift anlegte.« (S. 220)

Und er spielt dann weiter mit seinem Namen, wenn er fortfährt:

> »Nur Frey [frei] von seinem Geschlechtsnamen war er, da er sich durch den Gehorsam aller Orten hinbringen ließ, wohin seine Obern ihn füglich achteten.«

Beim Tod Heinrich Mörstetters schreibt Sailer:

> »Er legte den Abtenstab von sich, und ergriff den Wanderstecken aller durch die Welt in die Ewigkeit pilgernden im Jahre 1461.« (S. 202)

So ernst dem Chronisten seine Aufgabe ist, immer versucht er, Witz und Humor in seine Ausführungen zu bringen. Er kann Hiebe austeilen, die freilich nicht schmerzen, sondern eher erheitern, wenn er z. B. von Buchau, dessen Stadtbild ihm wohl nicht sehr gefallen hat, sagt:

> »Buchau die Reichsstadt an dem Federsee, so geringes Ansehen sie hat, wenn wir nicht ihre Recht, sondern ihre Lage ansehen...« (S. 215)

Ähnliche Beispiele gäbe es noch unzählige, denn Sailer sucht ganz bewußt die schöne Sprache, die überraschenden Bilder.
Eine letzte Beobachtung zur Schreibart Sailers sei noch erwähnt: er macht das Lesen dadurch leicht, daß er die einzelnen Abschnitte kurz hält und mit einem Vierzeiler, der zwar nicht große Dichtung ist, aber deutlich und hilfreich, zusammenfaßt. Diese Methode wird in der Erbauungsliteratur auch des 19. Jahrhunderts noch verschiedentlich angewandt, zum Beispiel von Christoph von Schmid.
Was den Inhalt angeht, ist zu beachten, daß Sailer nicht nur Geschichte vermitteln, sondern daß er erbauen und belehren will. Das tut er nicht auf plumpe Weise, sondern gleichsam nebenbei. Aber dieser Absicht verdanken wir viele aufschlußreiche Bemerkungen über seine Zeit, ihre Denkungsart und ihre Handlungsmotive. Es ist naheliegend, daß er öfter

über den Sinn der Kirchenzier spricht, ein Anliegen, das den Äbten am Herzen lag und für die Barockzeit etwas Selbstverständliches war, aber doch stets neu reflektiert wurde.
Ausgeprägt, wie bei vielen Predigern und Erbauungsschriftstellern des 17. und 18. Jahrhunderts, ist sein Engagement für das einfache Volk, für die Untertanen; hier einige Beispiele. Von Abt Conrad Frey (S. 221) schreibt er:

> »Für die Unterthanen hegte er eine Geneigtheit, wie sie es verdienten, der Strafwürdige lief ihm an seine Faust, und der Getreue an seine Brust.«

Oder über Abt Konrad Kneer (S. 133):

> »Möchte ich noch die Liebe Konraden gegen die armen Unterthanen mit weitern Anekdoten verzieren! möchte ich das reichliche Almosen, so er ihnen in der Armuth des Klosters selbst ausspendete, berechnen! möchte ich seine Räthe und Thaten aufführen, mit welchen er die Nothleidenden selbst besprechend, ihre Bittschriften selbst lesend, in ihren Stroh- und Bettelhütten sie selbst besuchend der Noth zueilte!«

Deutlich ist dagegen seine Kritik an den Herren:

> »So ziehen sich Große [in diesem Fall Graf Ulrich von Wirtemberg] aus der Schlinge, wenn sie ihre Worte auf Schrauben setzen, und wenn andere für sie Dinge verüben, die sich wegen der gegebenen adelichen Parole selbst auszuführen nicht wohl thun konnten... Heinrich [Abt Heinrich Mörstetter] mußte sich zur lieben Geduld wenden, welche der einzige Schild gegen Mächtigere ist, weil man die Berge umzugehen hat, die man nicht besteigen kann, und den Strömen ausweichen muß, die man durchzuwaden keine hohe Beine hat.« (S. 201)

Sailers »Jubilierendes Marchtall« handelt vor allem von den Vorstehern des Klosters, also von den »Großen«. Gegen Ende des Buches (S. 288 f.) stellt der Autor die Frage:

> »waren sie [die Vorsteher] allein die Erhalter unsers Stiftes? Nein! sie hatten Infelwürdige Männer ihres Gotteshauses um sich, welche für

> Gott, für die Kirche, für Religion, für Marchtall mit ihnen kämpften... Es stehen zwar die Infeln an der Stirne der Prälaten alleine, was mögen sie aber ohne andere thun, die derselben auch nicht unwürdig wären? Es würde einem Gotteshause zu einer schlechten Ehre gereichen, wenn nur einer allein vorzustehen im Stande daseyn sollte.«

Eine interessante Überlegung, die an Bert Brechts Gedicht »Fragen eines lesenden Arbeiters« erinnert, aber klüger gestellt ist: der Abt wird bei Sailer Teil der Gemeinschaft, an seinen Leistungen hat die Gemeinschaft teil.

»Das jubilierende Marchtall« ist nicht zuletzt eine kulturhistorische Quelle von Rang, und der Leser erfährt, oft ganz unbeabsichtigt, wichtige und amüsante Kleinigkeiten, so wenn (S. 231) in einem ganz fremdartigen Zusammenhang – es geht um die Klausur im Kloster – zu lesen steht, daß in Marchtal die Fenster der Zellen mit »Mueckengattern« abgedichtet waren. Von anderen Hinweisen ähnlicher Art, wie auf den Sinn der Kirchenzier, war schon die Rede.

Die hier aufgeführten Hinweise und Bemerkungen können nicht erschöpfend sein und wollen dies auch nicht, denn sie sollen die Lektüre des Buches nicht ersetzen, sondern neugierig machen und zur Lektüre hinführen.

Kommt der Wanderer heute nach Obermarchtal oder in ein anderes der großen oberschwäbischen Stifte, so begegnen ihm die imposanten Anlagen mit den kunstvollen Kirchen, den reich ausgestatteten Bibliotheken, Kapitelsälen, Refektorien. Alles sieht aus wie ein Gruß aus einer vergangenen, paradiesischen Zeit, in der Kunst und Wissenschaften geblüht, Wohlstand geherrscht haben und alles eingebettet war in eine vom christlichen Glauben geprägte Welt. Wie ganz anders die Wirklichkeit war mit ihren Schwierigkeiten und Gefahren, Kriegen und Krankheiten, Intrigen und Bosheiten, mit widerborstigen Beamten (S. 219) und mitunter aufsässigen Patres, davon berichtet Sailers Festgabe zum 600. Jubiläum seiner Abtei. So wird Geschichte in diesem Buch lebendig, das eine ganz unmittelbare Begegnung mit der Zeit seiner Entstehung schenkt; zugleich aber ist es ein Dokument geistlichen Strebens und vorbildlicher klösterlicher Haltung, ein Dokument auch schriftstellerischen Könnens.

Sebastian Sailer ist kein Durchschnittsschreiber, sondern ein hervorragender Schriftsteller seiner Zeit, zugleich auch ein Repräsentant des »norbertinischen Geistes«, von dem er so oft in diesem Buche spricht. Seine Zeit freilich ist uns fremd, die Bilder und Anspielungen schwer verständlich, seine Sprache ungewohnt. Die Beschäftigung mit diesem Dokument, die sich lohnt, wird diese Fremdheit wegnehmen und viele, oft ganz unerwartete Einsichten schenken.

Über den schon erwähnten Augsburger Domprediger Franz Neumayr, der Sailer nahestand, schreibt eine zeitgenössische Quelle: »Niemals kann so viel über Franz Neumayr gesagt werden, daß nicht immer noch mehr zu sagen übrigbliebe.«[30] Das gilt auch von Sebastian Sailer, der allzu lange nur mit seinen Mundartstücken identifiziert wurde. Daß dieses selten gewordene Werk durch einen photomechanischen Nachdruck endlich wieder zugänglich gemacht wird, ist überaus verdienstlich, weil dadurch das Buch nicht nur eine neue und intensivere Begegnung mit diesem Autor möglich macht, sondern auch die Chance einer unmittelbaren Beschäftigung mit einem längst vergangenen Zeitraum schenkt, nicht zuletzt mit Obermarchtal und seiner Geschichte. Geschichte war für das 18. Jahrhundert nicht zuletzt Vorbild, Exemplum für das eigene Verhalten. So mahnt der Autor am Ende des Buches seine Mitbrüder, für die es in erster Linie geschrieben war:

> »sehet wohl auf die Fußstapfen eurer besten Väter. Die Regeln der Welt ändern sich von Zeit zu Zeiten; doch die unsere nicht, weil sie von Heiligkeit und Wahrheit geschrieben waren.«

[1] Die jüngste Untersuchung: MAX MÜLLER, RUDOLF REINHARDT, WILFRIED SCHÖNTAG (Hg.), »Marchtal. Festgabe zum 300jährigen Bestehen der Stiftskirche St. Peter und Paul (1692–1992)«. Ulm 1992 – im Folgenden zitiert als MARCHTAL 1992. Besonders hingewiesen sei auf das Werk des letzten Abtes von Obermarchtal, FRIEDRICH VON WALTER, »Kurze Geschichte von dem Prämonstratenserstifte Obermarchtall. Von seinem Anfange 1171 bis zu seiner Auflösung 1802. Zusammengetragen von einem Mitgliede dieses Stiftes.« Ehingen 1835 – heute leicht zugänglich als photomechanischer Nachdruck in: »Aus der Geschichte des Klosters Obermarchtal«. Bad Buchau 1985 (mit ausführlichem Literaturverzeichnis). LORENZ LOCHER (Hg), Abt Konrad Kneer, Zur Erinnerung an seinen 300. Todestag. Munderkingen 1960.

[2] Die Literatur zu Sebastian Sailer ist zahlreich. Wichtig noch immer die Ordens-*Bibliographie* von L. GOOVAERTS, Dicitonnaire biobibliographique des écrivains, artistes et savants de L'ordre de Prémontré, 4 Bde., Brüssel 1900–1916; hier: Bd. II 122–131. – Von der *Sekundärliteratur* sei eine nützliche, aber versteckte Studie von OTTO BASLER genannt mit dem Titel »Einiges zu Sebastian Sailer«, 1967 als Privatdruck erschienen; ansonsten seien aufgeführt die neuesten Lexikon- und Katalogartikel, die auch die wichtigste weiterführende Literatur geben: »Deutsches Literaturlexikon« 13 (Hg. v. W. Kosch, 3. Aufl. 1991), Sp. 701–703; »Literatur Lexikon« 10 (Hg. v. W. Killy, 1991), S. 113f.; »Marienlexikon« 5 (Hg. v. R. Bäumer u. L. Scheffczyk), S. 629f.; »Deutsche Schriftsteller im Porträt« 2, Hg. v. Jürgen Stenzel. München 1980, S. 156f.; HANS PÖRNBACHER, »Literatur in Bayerisch Schwaben. Von der althochdeutschen Zeit bis zur Gegenwart.« Weißenhorn 1979, S. 120ff. – *Textausgaben:* »Sebastian Sailers Schriften im schwäbischen Dialekte. Gesammelt und mit einer Vorrede versehen von SIXT BACHMANN«. Buchau 1819; davon Faksimile-Ausgabe mit einer Einführung und Ergänzung der Worterklärungen von Franz Georg Brustgi. Reutlingen 1976; LORENZ LOCHER (Hg.), »Sebastian Sailer. Jubiläumsausgabe zum 250. Geburtstag des Dichters«. Munderkingen 1965 (mit einer Biographie Sailers vom Hg. und einer Einleitung von Stefan Ott). – »Adams und Evens Erschaffung, und ihr Sündenfall. Ein geistlich Fastnachtspiel mit Sang und Klang: aus dem Schwäbischen in's Oesterreichische versetzt«. 1783. Faksimileausgabe. Biberach 1977 (mit einem Nachwort von Stefan Ott). – »Die Schöpfung der ersten Menschen«. Hg. v. MARTIN STERN. Stuttgart 1969 (Reclams Universalbibliothek 4231).

[3] GERTRUD BECK, »Die Elternhäuser und verwandtschaftlichen Bindungen bei den Klosterkomponisten Isfrid Kayser und Sixtus Bachmann«. In: MARCHTAL 1992, S. 313–316; s. auch Register.

[4] Vgl. Anm. 2.

[5] Wichtige Ergänzungen bei LUDWIG WALTER, »Pater Sebastian Sailer – Der schwäbische Mundartdichter aus Marchtal«. In: MARCHTAL 1992, S. 251–260, und KONSTANTIN MAIER, »Der schwäbische Meister der ›geistlichen Wohlredenheit‹ Chorherr Sebastian Sailer (1714–1777)«, ebda, S. 261–277.

[6] Das Verhältnis Sailers zu den Bauern ist nicht genau zu beschreiben. Bisweilen sind die Äußerungen zweifellos ironisch-distanziert, wenn er z.B. im Schlußchor des Festspieles für Marie Antoinette singen läßt: »so viel di schwäbische Baura haud g'loga«. Aber es gibt bei ihm keine Verachtung der Bauern, keine Bauernschelte, dafür standen sie ihm als Seelsorger zu nahe.

[7] Über diese Funktion der Mundartdichtung kurz in MAX SPINDLER und ANDREAS KRAUS (Hg.), »Handbuch der bayerischen Geschichte« II[2]. München 1988, S. 1007f. u. III. München 1971, S. 712. – Textbeispiele, wenn auch aus dem heutigen bayerischen Raum, bayerisch Schwaben und Franken also mit einbezogen, in: »Bayerische Bibliothek. Texte aus 12 Jahrhunderten«. II. München 1986, S. 1180–1206; III. München 1990, S. 1033–1114 [gehen auf diese Problematik ein].

[8] Des ehrwürdigen | P. Sebastian Sailer | Chorherrn von Prämonstrat, und des unmittelbaren | freyen Reichsstifts Marchtall an der Donau in | Schwaben Capitularen | GEISTLICHE REDEN, bey mancherley Gelegenheiten und über zerschiedene Materien gesprochen. 3 Bände. Augsburg: Rieger 1766. Zweyte verbesserte Auflage 1770. – MARIANISCHES ORAKEL, | das ist | heilsame Räthe | Mariä von dem guten Rath | Ihren Pflegkindern, und Verehrern ihres | Wunderbildes zu Gennazano auch dessen durch die | katholische, und allein wahrglaubende Christenheit | fast allgemeinen Ebenbildern, | Auf die in zerschidenen Zufällen vorgetragene | Anfragen ertheilt und in eine Sammlung gebracht | von | P. Sebastian Sailer | ... Augsburg: Matthäus Rieger und Söhne 1764. 3. Auflage 1769f.

[9] Eine Andeutung der literarischen Bedeutung dieses Instituts im »Handbuch der bayerischen Geschichte« II (wie Anm. 7), S. 1022.

[10] Zu J. M. Sailer (1751–1832) vgl. GEORG SCHWAIGER, »J.M. Sailer. Der bayerische Kirchenvater«. München 1982. – Zu Sailer als Schriftsteller s. »Handbuch der bayerischen Geschichte« (wie Anm. 7) II, S. 1022 und »Bayerische Bibliothek« III (wie Anm. 7), S. 597–612; 1248ff.; IV, S. 1–9; 188–191; 1094f.

[11] Als Beispiel dafür aus vielen mag die Produktion von Sebastian Sailers Augsburger Verleger Matthäus Rieger dienen. Vgl. dazu den Beitrag über Rieger und seine Firma in dem 1995 erscheinenden Band »Augsburg als Druckerstadt«. Wie beliebt diese geistlichen Bücher noch in der zweiten Hälfte des 18. Jahrhunderts waren, zeigt die vorzügliche Untersuchung von ANSELM SPAMER, »Der Bilderbogen von der ›geistlichen Hausmagd‹«. Göttingen 1970; Spamer stellt u.a. den Autor Kaspar Erhard (1670–1743) heraus und zeigt nicht nur seine Beliebtheit, sondern auch den lang anhaltenden Erfolg solcher geistlicher Bücher.

[12] Ein sehr gewinnender Unterhalter mit eigenen Dichtungen war z.B. ein gewisser Ferdinand Joly (ca. 1758–1823) in der Gegend von Tittmoning. Vgl. »Bayerische Bibliothek« III (wie Anm. 7), S. 1223f.

[13] Beispiele dafür in »Bayerische Bibliothek« (wie Anm. 7) Bd. II und III.

[14] Der Text ist ediert von P. Stephan Schaller: »Ferdinand Rosner, Passio Nova. Das Oberammergauer Passionsspiel von 1750. Hist.-krit. Ausgabe.« Bern 1974. – Zur Person Rosners: Stephan Schaller, »Ferdinand Rosner, Benediktiner von Ettal (1709–1778). Leben und Werke.« Kallmünz 1984 (Münchner Hist. Studien. Abt. Bayer. Gesch. XII). – Vgl. auch Walter Frei, Das Marchtaler Schul- und Klostertheater in der Barockzeit. Ulm 1994.

[15] Ein Ansatz bei Konstantin Maier, »Der schwäbische Meister der ›geistlichen Wohlredenheit‹. Chorherr Sebastian Sailer von Marchtal.« In: Marchtal 1992, S. 261–277.

[16] Th. van der Veldt, »Franz Neumayr, Leben und Werk eines spätbarocken geistlichen Autors«. Amsterdam und Maarssen 1992.

[17] »Frag: Ob der Hochwürdige, Hochgelehrte Pater Franciscus Neumayr ... ein wahrer Gesell Jesu seye? Mit einem sicheren Ja ... beantwortet von Pater Sebastian Sailer«, 1762.

[18] »Frag: Ob der Tod des hochwürdigen P. Franciscus Neumayr ... ein apostolischer Tod gewesen sey? Mit einem sichern Ja ... in einer Leichrede ungebethen von selbst vorgetragen von Pater Sebastian Sailer ...« 1765. – Weitere Titel bei v. d. Veldt (wie Anm. 16), S. 404 f.

[19] Als Beispiel seien seine Gedanken über die Kunst, über Raphael und Michelangelo, in »Geistliche Reden« II, S. 15 angeführt.

[20] Sailers Wiener Predigt, eine der wichtigsten und besten in seiner Sammlung, ist eine »Lobrede | auf den heiligen | Udalrich, | großen Bischof zu | Augspurg, | als | das Urbild eines weisen Schwaben, | da eine hochlöbliche schwäbische | Landesgenossenschaft | ihr jährliches Gedächtnisfest in der kaiserlichen | Hofkirche der wohlerwürdigen Patres Augu- | stiner Barfüßer in Wien hochfeyer- | lich begieng, | ...« Die Predigt ist abgedruckt in Bd. II der »Geistlichen Reden«. In der Vorrede zu diesem Band gibt Sailer eine aufschlußreiche Liste von Wiener Predigern.

[21] Auf die Forschungen zur kath. Barockpredigt, die in den letzten Jahren Fortschritte gemacht hat, kann hier nicht eingegangen werden. Soweit Bayern betroffen ist, gibt das in Anm. 2 genannte »Handbuch der bayerischen Geschichte« Auskunft, auch Band 2 des von Walter Brandmüller hg. »Handbuches der bayer. Kirchengeschichte.« St. Ottilien 1993. Erwähnt seien lediglich die von Werner Welzig hg. Kataloge, Wien 1984, 1987, 1989 sowie die Darstellung von Urs Herzog, »Geistliche Wohlredenheit. Die kath. Barockpredigt.« München 1991.

[22] Vgl. dazu die Forschungen von Elfriede Moser-Rath, »Volkstümliches Liedgut in barocken Predigtwerken«. In: Jb des österr. Volksliedwerkes VIII (1959), S. 52–73; Dies., »Predigtmärlein der Barockzeit«. Berlin 1964; Dies., »Dem Kirchenvolk die Leviten gelesen«. Stuttgart 1991.

[23] Es gibt keine Literaturgeschichte für die süddeutschen Klöster, wohl aber vereinzelte Hinweise. Zur Barockzeit vgl. HANS PÖRNBACHER, »Barockliteratur in den Prälatenklöstern Altbayerns«. In: Zeitschrift für bayer. Landesgeschichte. 47 (1984), S. 181–194; für einzelne Klöster, wie z.B. für Benediktbeuern, Irsee, Ottobeuren, Rott am Inn, Rottenbuch, Roggenburg, Ursberg, Seeon oder Ochsenhausen sind in den letzten zwei Jahrzehnten Monographien erschienen, viele davon im Anton H. Konrad Verlag, in deren Literaturkapitel die jeweiligen »Hausdichter« vorgestellt werden.

[24] Das Spiel ist abgedruckt in SIXT BACHMANNS Ausgabe (wie Anm. 2).

[25] Über Kremsmünster orientiert am besten der kleine Stiftsführer »1200 Jahre Kremsmünster. Geschichte, Kunstsammlungen, Sternwarte«. Linz 1977.

[26] Ausführlich berichtet darüber WOLFGANG WINHARD, »Die Benediktinerabtei Wessobrunn im 18. Jahrhundert«. München 1988, S. 56–58.

[27] Diese Literatur ist noch nicht aufgearbeitet. Manche Beispiele, wie die Festbeschreibung von Ottobeuren im Jahre 1762 zur Jahrtausendfeier, müßten erwähnt werden, die Unterschiede in den Beschreibungen herausgearbeitet, etc. Andeutungen finden sich in dem Aufsatz »Barockliteratur in den Prälatenklöstern Altbayerns« (s.o. Anm. 23), S. 191f.

[28] Nachdruck im Federsee-Verlag, Bad Buchau, 1985. – Der Band enthält auch Joh. Nep. von Vanottis »Kurzer Abriß des Lebens und Wirkens Friedrichs von Walter, ...«. Ehingen 1841. Zu Abt Friedrich von Walter vgl. auch Albert Werfer in: Christoph von Schmid, »Erinnerungen aus meinem Leben.« Bd. 4. Augsburg 1857, S. 96ff.

[29] Bei Sailer S. 222; bei Friedrich von Walter (wie Anm. 28) S. 78.

[30] V. d. Veldt (wie Anm. 16), S. 60.

Zu diesem Neudruck

Ziel dieses Neudrucks, herausgegeben vom Landrat des Alb-Donau-Kreises, ist es, einen wichtigen Beitrag zur Geschichte des ehemaligen Klosters Obermarchtal einer breiteten Öffentlichkeit zugänglich zu machen, zugleich aber auch ein Werk des Marchtaler Schriftstellers und Dichters Sebastian Sailer der Vergessenheit zu entreißen. Natürlich genügt der Text allein noch nicht. Er bedarf einer gewissen Hinführung, und seine Lektüre wäre durch mancherlei Hilfsmittel bequemer und leichter. Zu diesen Hilfsmitteln gehörten vor allem Worterklärungen. Wollte man aber alle schwerer verständlichen, weil veralteten, alle regional bedingten Wortformen oder alle in ihrer Bedeutung veränderten Wörter erklären, so wäre ein umfangreicher Apparat notwendig. Es muß hier deshalb genügen, auf diese Schwierigkeiten hinzuweisen, damit der Leser vorsichtig wird und selber überlegt, welche Bedeutung das eine oder andere nicht ohne weiteres verständliche Wort haben könnte, *kürzlich* z.B. heißt einfach *kurz*; *befreundet* heißt *verwandt*; usw. Ähnlich ist es mit der Orthographie, die sich in manchen Teilen von der modernen unterscheidet, mit der Zeichensetzung, die viel freier ist als die heutige, mit der alten, gotischen Schrift, die für jüngere Leute ein geduldiges Einlesen erfordert, dann aber schnell vertraut wird und kein Hindernis mehr darstellt. So mag die Begegnung mit diesem Werk ein kleines geistiges Abenteuer sein, das sich lohnt und Freude machen kann.

Register

Bearbeitet von Anton H. Konrad
Die unpaginierten Seiten I–XVIII mit der Konventualenliste von 1771
sowie Bibelzitate von Sebastian Sailer
wurden nicht in das Verzeichnis aufgenommen.

Adelberg, Prämonstratenserabtei auf dem Schurwald 42 44f 55 62 169 200 209
Akkon/Palästina, Pilgerfahrt 170
Alberschwende, Vorarlberg (Abtei Mehrerau) 113
Albert Hz von Österreich 193 195
Allerheiligen (bei Oberkirch/OG), Prämonstratenserabtei 171 246
Ammern bei Tübingen, Stiftungsgut Marchtals 96 161
– Nikolauskapelle 161
– Pfarrkirche 282
– Sterbeort Abt Johann Englers 238
Augsburg, Reichsstadt 201 208
Aurnhammer O.P., Theologiedozent in Marchtal 141
Axmann Kaspar, Kassier in Marchtal 154

Banner, schwedischer General 83
Basel 113
Bauer Bartholomäus, OPraem von Marchtal 245
Bausenhart Hermann, OPraem von Marchtal 113
Bayern 117
Bebenhausen, Zisterzienserkloster 42
Becourt Bruno, Ordensgeneral OPraem 280
Behemoth 140
Bellelay im Jura, Prämonstratenserabtei im Bistum Basel 142
v. Berg, Grafen 172
Biberach, Reichsstadt 126 172 197 201 259
Bierlingen siehe Kirchbierlingen
Bink a.d. Haye, bei Mons, Hennegau, Ordenskapitel der Prämonstratenser 200
Bintlin Theobald 204
Bischöfe von Augsburg
– v. Knöringen Heinrich 245
Bitterlin Bernhard, Amtmann 222
Bitterlin Tiberius OPraem, Professor der Weltweisheit, Pfarrer von Munderkingen 143
Blaubeuren
– Benediktinerkloster 172
– Bestattungsort? von Pfalzgraf Hugo von Tübingen 164
Boerhaven 243
Braunacker Placidus, OPraem von Marchtal 110 114f
Bruschius Caspar, Chronist 183f 194
Buchau, Reichsstadt 215
Bühel Karl, OPraem von Marchtal 113

Calvin 199
Calw (Kalb)
– Bestattungsort? von Pfalzgraf Hugo von Tübingen 164

Colbert Michael, Ordensgeneral OPraem 252

Dempfle Adrian, OPraem von Marchtal, Kastner 154
Dieterskirch 211 248 266
Dilger …, Geheimer Rat, dann Kanzler der bischöfl. Regierung zu Meersburg, Bruder von Abt Edmund Dilger 266
Dillingen, Universität 141 224 231 236f 246ff 271
Dionysius, OPraem von Rot 61

Eger 98
Ehingen an der Donau 193 197
– Herkunft von Abt Jodok Blank 203
– Herkunft von Abt Simon Götz 206
Elsaß 117
v. Emerkingen, Gualther 181f
v. Emerkingen, Heinrich 181f
Engelberg, Benediktinerabtei in der Innerschweiz 113

Franken 117
Franz, OPraem von Rot 61
Freiburg i. Br., Universität 141 213 218 224
Friedrich Herzog von Schwaben 165
Füssen 243

Gerber Joachim, OPraem von Marchtal, Großkeller 154
Gerer Johann, OPraem von Marchtal, Subprior 154
Gertrud von Altenburg/Wetterau, Hl. 150
Gervasius, Ordensgeneral OPream 171
Gesellschaft Jesu siehe Jesuiten
Gölle Hermann, OPraem von Marchtal, Krankenpfleger 154
Göppingen 62
Gustav Adolf, König von Schweden 57 83 91
– Landung auf Rügen
– Nachfolger als Heerführer 115
Gütlhofen
– Herkunft von Abt Jakob Heß 227

Haslach bei Rot an der Rot 211
Hausen 232
Heinlin Georg, OPraem von Marchtal, Abt von St. Luzi zu Chur 238f
Heiß Johann (Heusse), Maler von Marchtaler Altargemälden 257
Hennenberg (SG, Schweiz) 113
Herlin Jakob, OPraem von Marchtal, Laienbruder 114
Hirsau, Benediktinerkloster 42
Höchstädt, Schlacht bei 256
Hoheneder Augustin, OPraem von Marchtal 113
Hohenlohe, Eberhard von, schwedischer General 83 90 92
Horb 122
Horn, schwedischer General 83
Hugo II., Ordensgeneral OPraem 23

Ingolstadt, Universität 141 218 228

Jeggle Friedrich, OPraem von Marchtal, Professor der geistl. Rechte 154
Jesuiten 162 236, siehe auch Universität
Johann, Ordensgeneral OPraem 200

Kager Mathias, Maler von Marchtaler Altargemälden 257
Kaiser und Könige, deutsche
– Albrecht 189 195
– Ferdinand II. 221
– Friedrich I. Barbarossa 186
– Friedrich II. 165 186
– Friedrich IV. (III.) 205
– Heinrich IV. 165 186

Kaiser und Könige, deutsche
– Karl V. 212
– Leopold I. 142 253
– Maria Theresia 286
– Maximilian I. 210 212
– Maximilian II. 221
– Philipp von Schwaben 186
– Rudolf II. 221
– Rudolf von Habsburg 186
– Sigismund 198
Kaufmann Joachim, OPraem von Marchtal 114
Keil Norbert, OPraem von Marchtal 245
Kempten, Fürstabt 214
Kiene Georg, OPraem von Marchtal 112f
Kirchbierlingen 218 220 248 260 266 271 285
– Kirchenbau 188 195
Knappich Johann Georg, Maler von Marchtaler Altargemälden 257
Kneer Michael, Vater Konrad Kneers, Bäcker in Munderkingen 27
König von Frankreich
– Ludwig XIV. 252
Königsbronn, Zisterzienserkloster 42
Konrad Herzog von Schwaben 165
Konrad, Propst von Schussenried, Abt von »Geheimestal« (Valsecret) Diözese Soissons, dann Erzabt und Ordensgeneral OPraem 173f
Konstantinopel 204
Konstanz 177 209
– Abtsweihe von Konrad Kneer 110f
– Fluchtort von Abt Johann Engler 93
– marchtalische Magdalenenkapelle bei der Rheinbrücke, ihre Abtretung zugunsten Spitalneubau 189
– Jakob Klingler, Propst von Marchtal, Konzilsteilnehmer 198
– Konzil 198
– Sterbeort von Propst Walter v. Schmalstetten 177
Konstanz
– Zufluchtsort von Abt Friedrich Herlin 260
Konstanz, Bischöfe
– Burchard (1320) 191
– Diethalm 166 172
– Friedrich III. v. Zollern 199
– Heinrich III. 196
– Heinrich v. Brandis 196
– Heinrich v. Klingenberg 189
– Heinrich v. Tanne 176 189
– – weiht die Marchtaler Kirche 177
– Hl. Konrad v. Altdorf 189f
– Jakob Fugger 232 236
– Joh. Franz von Stauffenberg 266
– Marquard Rudolph v. Rodt 256
– Marquard v. Randeck 197
– Otto III. Mgf. v. Hochberg 198
– Otto IV. v. Sonnenberg 208
– Rüdiger, Bruder Propst Mangolds OPraem v. Marchtal 166
– Rudolf II. v. Habsburg 186 189
– Rudolf III. v. Montfort 192
Konstanz, Weihbischöfe
– Eliner Jakob 220
– Fugger v. Glött Franz Karl Joseph 279 285
– Geist Konrad Ferdinand 257 260 272
– Georg Sigmund 247
– Mirgel Johann Jakob 228 232f 237
– Tritt Johann Anton 110 238
– Wnorer Balthasar 223
Korsika, Insel 136–140

Lairvelz Servatius, frz. Abt OPraem 225 229
Laufenburg 115
Laxenburg, kaiserl. Sommerresidenz bei Wien 288
Le Scellier Augustin, Ordensgeneral OPraem 246
v. Leiningen, Graf 201

Leopold Hz von Österreich 196
Leopold, Erzherzog von Österreich siehe Kaiser Leopold I.
Leuprand Sebastian, OPraem von Marchtal 113
Leyrer Vitus, OPraem von Marchtal 114
Lindau im Bodensee, Reichsstadt 265
– Herkunft von Propst Gerlach 163
Lorch, Benediktinerkloster 42
Lukas Claudius Honoratus, Ordensgeneral OPraem 270
Luther 199
– »Wildschwein aus Eisleben« 38 41
– »eislebischer Wildschütze« 50
Lützen, Schlacht bei 85 91

Manouri Wilhelm, Ordensgeneral OPraem 23
Marchtal, Pröpste
– sel. Eberhard I. von Tanne (1171 bis 1179) 158–162
– – neues Ehrengrab innerhalb der »Gräber der ersten Marchtaler Väter« 281
– Udalrich (1179–1187) 160–162
– – neues Ehrengrab innerhalb der »Gräber der ersten Marchtaler Väter« 281
– Gerlach (Februar-Mai 1187) 163f
– – neues Ehrengrab innerhalb der »Gräber der ersten Marchtaler Väter« 281
– Mangold (1191–1204) 164–168 172 175
– – Hofkaplan Herzog Welfs VI. von Bayern 164
– – neues Ehrengrab innerhalb der »Gräber der ersten Marchtaler Väter« 281
– Meinradua, Chorherr von Adelberg, dann Propst von Marchtal (1204–1208) 163f 168 171f
– Heinrich von Suppingen (1209–1210) 169f
– Walther von Westernach (1209–1214) 170ff

Marchtal, Pröpste
– Rüdiger (1214–1217) 172f
– Rudolph von Ertingen (1217–1229) 173ff
– Walther von Schmalstetten (1229–1243) 175 189
– Theodorich von Wittenhausen (1243–1251) 177f
– Friedrich (1251–1252) 179
– Heinrich II. (1252–1266) 179f
– Konrad von Taugendorf (1266–1275) 181–185
– Wernherus I (1275–1281) 185–187
– Engelher (1281–1282) 187
– Berchtold I (1282–1292) 188
– Heinrich III. von Datthausen (1292–1299) 188
– Burchard I (1299–1304) 189
– Sifried (1304–1308) 189
– Wernherus II. (1308–1310) 190
– Konrad II. Volk (1310–1312) 190
– Burchhard II. (1312–1322) 191
– Konrad III. (1322–1329) 191
– Hermann Huoter (1329–1333) 192
– Heinrich IV. Walk (1333–1340) 192
– Eberhard II. (1340–1344) 192
– Konrad IV. Gager (1344–1348) 193f
– Konrad V. von Rota (1348–1367) 195
– Berchtold II. (1368–1377) 195 196
– Ludwig Leo (1377–1399) 196
– Wucherer Stephanus (1399–1401) 197
– Kupferschmid Jakob (1401–1409) 197
– Klingler Jakob (1409–1424) 198 202
– – Epitaph gesetzt von Abt Ulrich Blank 155
– Pfluoger Albertus (1424–1436) 199
Marchtal, Äbte
– Mörstetter (Merstetter) Heinrich (1436–1461) 200–203
– Blank Jodokus (1461–1482) 203–206
– Götz Simon (1482–1514), erster Reichsprälat 207–209

Marchtal, Äbte
– Haberkalt Johannes (1514–1518) 209–211
– Stölzlin (Stölzle) Heinrich (1518–1534) 211–213
– Gudin Johannes (1538–1550) 213–215
– Boner Christoph (1550–1559) 215–217
– Schenz Christophorus (1559–1571) 218f 228
– Frei Konrad (1571–1591) 220–223
– Riedgasser Johannes (1591–1600) 223–226 219
– Heß Jakob (1600–1614) erster Träger der Inful 28 32f 218 226–235
– Engler Johann (1614–1637) 34 38 64 66 77 88 93ff 96 102–105 235–241
– Kneer Konrad (1637–1660) 240f 246
– – Lebensgeschichte in Bildern im Kapitelsaal 25
– – im Triumphwagen, gezogen von Sinnbildern seines Lebens 25
– – als Marchtaler Moses 27
– – Eintritt in den Orden 31
– – Noviziat 32
– – Gelübde 33
– – Primiz 35
– – Profeß 33ff
– – Pfarrer von Kirchbierlingen 38
– – Prior des Konvents 38f
– – Restitutor der adelbergischen Pfarrei Steinenberg 43f 46–61
– – Hofkaplan des kaiserl. Generals zu Schorndorf 55
– – Verwalter von Marchtal in schwedischer Bedrängnis 67ff
– – zum Tode am Galgen verurteilt 78ff
– – Verwalter des Maierhofes Ammern 96
– – erleidet in Ammern Folterungen 100ff
– – begräbt in Ammern Abt Johann Engler 104f

Kneer Konrad
– – Abtswahl 106ff
– – Einsegnung durch den Bf. von Konstanz 110f
– – Tod am 13. 8. 1660 148–152
– – Epitaph 155
– Dorner Godefried (1660–1661) 241 bis 245
– Wierith Nikolaus (1661–1691) 244 bis 255
– – Erbauer der neuen Klosterkirche 247
– – Gründer der Rosenkranzbruderschaften 248
– – Verehrer der Schmerzhaften Muttergottes von Elchingen 248
– – Verehrer der Muttergottes auf dem Bussen 248
– – Silberstatuen 249
– – Generalvikar der Schwäbischen Ordenszirkarie 252
– Rieger Adalbert (1691–1705) 255–259
– – Vollender der Kirche 257
– Herlin Friedrich (1705–1711) 259 bis 265 268
– – Ausstattung des Kapitelsaals 263
– – Schöpfer der Prälatengalerie 263
– Dilger Edmund (1711–1719) 265–270 272
– – Prior der Prämonstratenserabtei Roggenburg 266
– – Auftraggeber der Marchtaler Kanzel 268
– – Blank Ulrich (1719–1746) 24f 208 233 270–277
– – Erhebung der Gebeine Konrad Kneers 7. 5. 1725 154
– – Erbauer des Kapitelsaals 155
– – Epitaph für Konrad Kneer 155
– – Silberstatuen 274
– Sartor (Schneider) Edmund (1746 bis 1768) 25 277–285

Sartor (Schneider) Edmund
– – norbertinischer Strahlenkruzifixus (Silberstatue) 281
– – Große Monstranz 281
– – Karfreitagsspiel (bis 1768) 281
– – Sakramentsbruderschaft 283
– Stein Ignaz (1768–1772) 25 285–290
– – Pectorale und Ringe als kaiserl. Geschenke Maria Theresias 286
Marchtal
– Altenburg, Schloßberg bei Marchtal 150 169
– Besitz des schwed. Generals Eberhard v. Hohenlohe 83f
– Bibliothek 142
– Blutbann 212
– Frauenkloster 169 171 180 182f
– Geläute 214
– Gruft mit Ölberg 282
– Hexenverbrennung 222
– Hof zu Konstanz 176
– Hof zu Reutlingen 176
– Kapitelsaal 233
– – Christusgemälde 274
– Kirchenschatz, Elfenbeinarbeiten 257
– Klosterapotheke 282
– Klosterarchiv 145
– Klosterkirche der Spätgotik 207
– Klosterkirche, Franz-Xaver-Altar 287
– Klosterkirche, Johann-v.-Nepomuk-Altar 282
– Klosterkirche, Johanneskapelle 167
– Klosterkirche, Kapelle derer v. Hoheneck 219
– Klosterkirche, Katharinenaltar im »Nonnenschopf« unter der Orgel 171
– Klosterkirche, Marienkapelle 216 232f
– Klosterkirche, Neubau unter Werner v. Schmalstetten 176
– Klosterkirche, Nikolauskapelle 208 215
Marchtal
– Klosterkirche, Norbertuskapelle 284
– Klosterkirche, Rosenkranzkapelle 259
– Klosterkirche, Tiberiuskapelle 276
– Klosterkirche, Ursatiuskapelle 212 282
– Kornhaus 171
– Krankenhaus, Krankenstation 181 214 282
– Lusthaus auf Anhöhe 282
– lutherische Prädikanten 89ff
– Mühle an der Donau 210 263
– Ordenssynode aus Anlaß der Kircheneinweihung 257
– Pfisterei 171
– Reliquien
– – Haupt aus der Gesellschaft der Hl. Ursula 238 267
– – Haupt des Märtyrers Tiberius 238 249f 262 267 274 276
– – Heilige Leiber: Pius, Ursatius, Alexandra, Theodora 257
– Sennerei 182
– Speisesaal (Refektorium) 282
– Theologiestudium 138ff
– Torbau 282
– Turmbau unter Johannes Gudin 213
– von den Schweden zerstört 94
– Wasserturm 282
Maria Antonia (Marie Antoinette) Ehz von Österreich, Dauphinée von Frankreich 286
Maulbronn, Zisterzienserkloster 42
Max Emanuel Kurfürst von Bayern 253
Maximilian I., Kurfürst von Bayern 118
Mayr Johann, OPraem von Marchtal 113
Meersburg 256 266
Mehrerau, Benediktinerabtei (vor 1802) bei Bregenz 113
Mergesingen? 169
Mittenhausen 195
Mochental, Zwiefaltener Schloß 67

Moner Norbert, OPraem von Marchtal, Pfarrer in Wiesensteig 63f
Müller Dominikus, OPraem von Marchtal 113
München 118f
– Hofkirche St. Cajetan (Theatinerkirche) 253
Munderkingen 195 213 256 266
– das »Nazareth der österreichischen Vorlande« 179
– Herkunft von Abt Adalbert Rieger 255
– Herkunft von Abt Christoph Schenz 218
– Herkunft von Abt Edmund Sartor 277
– Herkunft von Abt Konrad Frei 220
– Herkunft von Propst Heinrich II. 179
– österreichisches Gymnasium 142
Münsingen 201
Münster i.W., Friede von 125
Mussipont in Lothringen, siehe Pont-á-Mousson

Nimptsch a.d. Mulda, Frauenkloster in Sachsen 184
Ninguarda Felician, päpstlicher Legat 222
v. Nippenburg auf Grundsheim Philipp 228
Nobs Dr. med. Peter, Pfleger des Marchtaler Hofes zu Reutlingen 243 260
Nördlingen, Schlacht bei 91

Oberzell, Prämonstratenserabtei bei Würzburg 113
Ochsenstirn (Oxenstierna), schwedischer General 83
Oexlin 63
Osnabrück, Friede von 125
Österreich 117 136

Päpste
– Alexander IV. 180
– Alexander V. 197
– Alexander VI. 208
– Alexander VII. 242
– Clemens V. 191
– Clemens VI. 192
– Coelestin III. 166
– Gregor d. Gr. 240
– Gregor XII. 197
– Gregor XIII. 221
– Innocenz III. 166
– Innocenz X. 125
– Martin V. 198 200
– Paul V. 232 239
– Sixtus IV. 208
– Urban VIII. 239
Passauer Verträge 42
Peter und Paul, Hll., Marchtaler Kirchenpatrone 67
Peterzell (SG, Schweiz) 113
Pont-á-Mousson, Prämonstratenserabtei in Lothringen, Ordenshochschule 141
Potosi, Goldbergwerke in Bolivien (ehem. Ost-Peru) 143
v. Pruet Franz, Ordensgeneral OPraem 221 225

Rau Georg, resig. Abt von Zwiefalten 228
Reichlin v. Meldegg auf Maisenburg 229
v. Reischach Burchard 190
Reutlingen siehe Marchtaler Klosterort Reutlingendorf
Reutlingen, Reichsstadt 243
Reutlingendorf 182 201 232
v. Riedern 201
Riedlingen an der Donau 198
v. Rieu Peter, Erzprior von Prämontstrat 229
Riggenbach (SG, Schweiz) 113

Rodi Georg, Verwalter Marchtals für General v. Hohenlohe 87f
Roggenburg, Prämonstratenserabtei 42 167
– Abt Dominikus Schwaninger (1713–1735) 272
Roggersberg/Schweiz, marchtalischer Sennhof
– Kapelle B.V.M. 249
Rom, Pilgerfahrt 170
Rot an der Rot, Prämonstratenserabtei 106 158ff 163 167 188 202 209 220 231 236 246 256
– Propst Otheno (Ottino) v. Tanne (1140–1182) 158
– Abt Heinrich Merk (1417–1420), vorher OPraem von Marchtal 202
– Abt Martin Hesser, vorher OPraem. von Marchtal (1420–1457) 202
– Abt Martin Ehrmann (1560–1589) 220 223
– Abt Balthasar Held (1591–1611) 228
– Abt Joachim Gieteler (1611–1630) 236
– Abt Ludwig Locher (1630–1667) 241 247
– Abt Martin Ertle (1672–1711) 260 266
– Abt Hermann Vogler (1711–1739) 272
– Abt Ignaz Vetter (1739–1755) 278
– Abt Mauritius Moritz (1760–1782) 285
Rottenburg am Neckar 122
– Herkunft von Abt Ignaz Stein 285
Rudolph OPraem von Churwalden, erwählter Propst von Marchtal 164
Ruef Barbara, Mutter Konrad Kneers, Bürgermeistertochter 27

Sachsen-Weimar, Bernhard von, protestantischer General 83 115
Säckingen 115
Sailer Sebastian, Thesendisputation unter dem Bild Konrad Kneers 25
Salzburg 113
Sankt Gallen, gefürstete Benediktinerabtei 113
Sankt Luzi in Chur (Graubünden), Prämonstratenserabtei 246
– Abt Adalbert Rauscher (1694–1711) 260
Sankt Margarethen (SG, Schweiz) 113
Santiago de Compostela, Pilgerfahrt 170
Sauggart (Saulgart) 218 228 285
Schelkle Dionys, OPraem von Marchtal 114
v. Schelklingen, Grafen 181 193
Schenk v. Stauffenberg, Johann Christoph, Landvogt zu Ehingen 228
Schenz Eberhard, OPraem von Marchtal 113
Schenz Johann, Vogt (Amtmann) von Marchtal 110
Schiltung, österr. Landvogt auf dem Bussen 190
Schlägl, Prämonstratenserabtei in Oberösterreich 113
Schmelzler Joseph Anton, Registrator in Marchtal 154
Schorndorf 55
Schussenried, Prämonstratenserabtei 173 200 209 220 225 235f
– Konrad OPraem von Marchtal, dann Propst von Schussenried (1223–1248) 175
– Abt Benedikt Wall (1552–1575) 220
– Abt Ludwig Mangold (1582–1604) 223 228
– Abt Augustin Arzet (1656–1666) 241 246f
– Abt Tiberius Mangold (1682–1710) 256 260
– Abt Innozenz Schmid (1710–1719) 266
– Abt Siard Frick (1733–1750) 278
– Abt Nikolaus Kloos (1756–1775) 285
Schwabenkrieg 200

Schweden 61 67f 71f 75ff 86 98 91 94 121 125f 131 151 234
Schweiz 117
Seekirch, Prälatenschlößchen auf dem Burgberg 210
– Kirchenbau 237
Sigmund Ehz von Österreich 204
Sirnach (Fischingen AG, Schweiz) 113
v. Speth auf Untermarchtal Ulrich 228 241
Speyer, Reichskammergericht 214
v. Stadion Wolfgang Theodorich 228
Stahl Franz Josef, OPraem von Marchtal, Küchenmeister 154
v. Stahremberg, Fürst 286
Stauder Jakob Carl, Maler von Marchtaler Altargemälden 257
v. Stein auf Rechtenstein Heinrich 228
v. Stein zu Uttenweiler Jakob 228
Steinenberg, adelbergische Pfarrei im Welzheimer Wald 43f 46–61
Steingaden/Obb., Prämonstratenserabtei 164f 169
Steinhausen bei Schussenried 235
v. Steißlingen, Albrecht Schedel, zu Untermarchtal 182
Stockholm 234
Stuttgart 201 204
Suntgau, Landschaft im Elsaß 113
Swietten 243

Tanchelin, Irrlehrer in Antwerpen 53
Tiberius, Hl., Marchtaler Schutzpatron 66–68 86, s. Reliquien
Tilger Marquard von, Kanzleiverwalter in Marchtal 154
Tilly, kaiserl. General 63
Tirol 117
Torstensohn, schwedischer General 83
Treutler Moritz, OPraem von Marchtal 154
Tübingen, Pfalzgrafen von, Stifter von Marchtal
– Elisabeth 158f 286
– Hugo 158f 164 172 175 286
– Rudolf 161 168 171f
– Wilhelm 175
Tübingen, Universität 212

Überlingen 209
Ulm, Reichsstadt 202
Ulrich von Augsburg 226
Universität siehe Dillingen, Freiburg, Ingolstadt, Tübingen, Würzburg
Unlingen, »Klosterjungfern« 110
Untermarchtal 241
Unterwachingen 182 223 282
Uppsala 234
Urach 201
Ursberg, Prämonstratenserabtei 200
– Abt Joseph I. Dürr (1681–1708) 256
Uttenweiler 213
– Herkunft von Abt Ulrich Blank 270
– Retirade von Abt Adelbert Rieger 258
– Schloß 276

v. Veringen, Grafen 181
Versailles 252
– Hofkirche 253
Vicari, Dr. Georg Anton, Rat und Oberamtmann in Marchtal 154
Vicon, Jakob von, OPraem 138
Vincennes, Königsschloß östlich von Paris 115
Vogl Hugo, OPraem von Marchtal 113
Volknand, Stifter von Kloster Adelberg 42
Voltaire 136

Wahl, Stadtarzt von Göppingen 62
Wallenstein, Hz von Friedland, kaiserl. Feldherr 98

Weckerlin Bonaventura, OPraem von Marchtal 113
Weimar siehe Sachsen-Weimar
Weingarten, Benediktinerabtei
– Abt Willibald Kobolt (1683–1697) 256
Weißenau, Prämonstratenserabtei vor Ravensburg 167 173 209 220
– Michael Hablitzel (1563–1575) 220
– Abt Johann Christoph Härtlin (1616 bis 1644) 106
– Abt Bartholomäus Eberlin (1644 bis 1681) 241 247
– Abt Leopold Mauch (1708–1722) 260 266
Welf VI., Herzog von Bayern, Stifter von Kloster Steingaden 164
Werner Adelbert, OPraem von Marchtal, Prior 154
Werner, Bischof von Münster (1178 in Adelberg) 42
Werth Johann von der, bayerischer General 115
Wien 119
Wierith, Dillinger Familie 245
Wiesensteig 63
Wilten, Prämonstratenserabtei vor Innsbruck
– Fluchtort Konrad Kneers 115
– Abt Dominikus Löhr (1651–1687) 246
v. Winterstetten Milhans 204
v. Winterstetten Truchsäß 181
v. Wirtemberg, Graf Eberhard 193 204
– legt Marchtal in Schutt und Asche 194
v. Wirtemberg, Graf Ulrich 200 204
Wrangel, schwedischer General 83
Württemberg 41 51 62 64 88 103 122
Würzburg, Universität 224

Zehentner Matthäus, Maler von Marchtaler Altargemälden 257
Zwiefalten, Benediktinerabtei 67 167 228
– Abt Wolfgang Schmidt (1699–1715) 268
– Abt Beda Summerberger (1715–1725) 268
– Abt Benedikt Mauz (1744–1765) 284
– Abt Nikolaus Schmidler (1765–1787) 284
– Annalen 205
Zwingli 199

Als Vorlage für diesen Neudruck diente ein Exemplar
der ehemaligen Bibliothek des Jesuitenkollegs Augsburg, heute unter
der Signatur 4°Bio 972 und der Stempelung »Kath. Studienfonds
Augsburg« in der Staats- und Stadtbibliothek Augsburg.
Für das große Entgegenkommen sei Herrn Bibliotheksdirektor
Dr. Helmut Gier geziemend gedankt.

Umschlaggestaltung von Anton H. Konrad
unter Verwendung des Kupferstiches »Canonia Marchtallensis«
von Gabriel Bodenehr, Augsburg, nach gezeichneter Vorlage
von Franz Joseph Wegscheider,
enthalten in der zweibändigen Prämonstratenser-Ordensgeschichte
Charles Louis Hugo, Sacri et Candidi Ordinis Praemonstratensis Annales,
Nancelli (Nancy), 1734–1736

Gefördert durch die Sparkasse Ulm
Dieser Band erscheint als Band 8 der Reihe
Alb und Donau, Kunst und Kultur

Die Deutsche Bibliothek – CIP-Einheitsaufnahme

Sailer, Sebastian:
Das jubilierende Marchtall / Sebastian Sailer. – Neudr. [der
Ausg.] 1771 / im Auftr. des Alb-Donau-Kreises und in
Verbindung mit der Deutschen Schillergesellschaft hrsg. von
Wolfgang Schürle. Nachw. von Hans Pörnbacher. –
Weißenhorn : Konrad, 1995
(Alb und Donau, Kunst und Kultur ; Bd. 8)
ISBN 3-87437-370-3
NE: GT

Herstellung MZ-Verlagsdruckerei GmbH Memmingen
ISBN 3-87437-370-3

Sebastian Sailer

Das Jubilierende Marchtall

Neuausgabe 1995

Im Auftrag des Alb-Donau-Kreises
und in Verbindung mit der
Deutschen Schillergesellschaft
herausgegeben von Wolfgang Schürle

Nachwort von Hans Pörnbacher

Anton H. Konrad Verlag

Alb und Donau Kunst und Kultur

Band 1 Rudolf Dentler: Schmuck des Königs. 1990 (vergriffen)

Band 2 Adolf Schwertschlag: Malerei und Graphik. 1991 (vergriffen)

Band 3 Frederick William Ayer: Die Augenfälligkeit des Unsichtbaren. 1992 (vergriffen)

Band 4 Albert Kley: Bilder und Zeichnungen. 1992 (vergriffen)

Band 5 Joachim Hahn: Eiszeitschmuck auf der Schwäbischen Alb. 1992

Band 6 Gudrun Kneer-Zeller: Malerei. 1994

Band 7 Paul Kleinschmidt: Die Ulmer Zeit 1927–1936. 1994

Band 8 Sebastian Sailer: Das Jubilierende Marchtall. 1771 (in Zusammenarbeit mit der Deutschen Schillergesellschaft). Neudruck 1995

In Vorbereitung

– Hans Gassebner: Werkverzeichnis Graphik

– Helmut Berninger: Malerei aus vier Jahrzehnten

– Fünfzig Jahre Wirtschaftsgeschichte im Raum Ulm. 1945–1995

– Archäologischer Führer